ZWISCHEN RUHLA, BAD LIEBENSTEIN UND SCHMALKALDEN

Akademie der Wissenschaften der DDR
Institut für Geographie und Geoökologie
Arbeitsgruppe Heimatforschung

Werte unserer Heimat

Heimatkundliche Bestandsaufnahme
in der Deutschen Demokratischen Republik

Band 48

ZWISCHEN RUHLA, BAD LIEBENSTEIN UND SCHMALKALDEN

Ergebnisse der heimatkundlichen Bestandsaufnahme in den Gebieten Ruhla und Schmalkalden

Von einem Autorenkollektiv
unter Leitung von Manfred Salzmann

Mit 40 Abbildungen, 16 Kunstdrucktafeln, 1 Übersichtskarte

1989

Akademie-Verlag Berlin

Leitung der wissenschaftlichen Bearbeitung und Redaktion:
Dr. Luise Grundmann, Akademie der Wissenschaften der DDR,
Institut für Geographie und Geoökologie, Arbeitsgruppe Heimatforschung, Augustusstraße 2, Dresden, 8010

ISBN 3-05-000378-2
ISSN 0138-3213

Erschienen im Akademie-Verlag Berlin, Leipziger Straße 3–4, Berlin, DDR-1086

Lizenznummer: 202 : 100/103/1989
P 17/4/87
Printed in the German Democratic Republic
Gesamtherstellung: VEB Druckhaus „Maxim Gorki“, DDR-7400 Altenburg
LSV 5235
Bestellnummer: 754 731 0 (2084/48)
01250

INHALTSVERZEICHNIS

VORWORT

Nach dem Erscheinen eines Bandes über den Sonneberger Raum 1983 erfaßt der jetzt vorliegende Band einen weiteren Ausschnitt des Thüringer Waldes und seines südlichen Vorlandes. Der Geograph Dr. Manfred Salzmann, Weimar, Mitverantwortlicher für den Band 18, Weimar und seine Umgebung, gewann mit Unterstützung der für die Buchreihe zuständigen Arbeitsgruppe Heimatforschung Autoren, die im wesentlichen bis 1983 ihre Beiträge zusammenstellten. Bei der redaktionellen Bearbeitung erwies es sich als notwendig, Ergänzungen vorzunehmen. Dabei gaben volkseigene Industriebetriebe und landwirtschaftliche Produktionsgenossenschaften sowie Räte der Gemeinden und der Rat des Kreises Schmalkalden, Abteilung Kultur, wertvolle Unterstützung. Allen sei an dieser Stelle gedankt, ebenso Herrn Dr. Erhard Rosenkranz, Jena, für eine Durchsicht der physisch-geographischen Abschnitte sowie den Herren Prof. Dr. Gerd Seidel, Weimar, und Dr. Werner Neumann, Berlin, für Hinweise zur Geologie.
Für die Begutachtung des Gesamtmanuskriptes sei den Herren Prof. Dr. Ernst Ehwald, Eberswalde, und Dr. sc. Wolfgang Mey, Suhl, Dank gesagt. Ihren Hinweisen, die auf ausgezeichnete Orts- und Sachkenntnis zurückgehen, sind wir gern gefolgt, haben sie doch zur Bereicherung und Aktualisierung des Textes beigetragen.
Während der redaktionellen Bearbeitung verstarben unerwartet Herr Dr. Ulrich Heß, einer der beiden Hauptautoren der Abschnitte Geschichte, und Herr Dr. sc. Dietrich Zühlke. Die dadurch entstandenen Verzögerungen beim Abschluß des Manuskriptes in Grenzen zu halten, ist ein Verdienst von Dr. Werner Schmidt, Arbeitsgruppe Heimatforschung.
Herausgeber und wissenschaftlicher Beirat für Heimatforschung bewahren dem langjährigen Leiter der Arbeitsgruppe Heimatforschung, Herrn Dr. sc. nat. Dietrich Zühlke, ein ehrendes Gedenken. Mit Ideenreichtum, Energie und Konsequenz erwarb sich Dietrich Zühlke bleibende Verdienste um eine interdisziplinär angelegte heimatkundliche Inventarisierung der DDR, deren Ergebnisse in dieser so erfolgreichen Buchreihe „Werte unserer Heimat“ dokumentiert sind, an deren Erarbeitung und wissenschaftlicher Leitung er 25 Jahre beteiligt war. Die Buchreihe im Sinne von Dietrich Zühlke kontinuierlich weiterzuführen, ist uns Anliegen und Verpflichtung.

Prof. Dr. sc. H. Lüdemann Prof. Dr. habil. Dr. eh. E. Lehmann Dr. L. Grundmann

AUTORENVERZEICHNIS

Dipl.-Phil. Bernd Bahn, Museum für Ur- und Frühgeschichte Thüringens, Weimar (Ur- und Frühgeschichte)

Dr. Hans Grüneberg, Institut für Forstwissenschaften Eberswalde, Forschungsbereich Landeskultur und Jagd (Botanik, Forstwirtschaft, Jagd)

Dipl.-Ethn. Peter Handy, Museum Schloß Wilhelmsburg, Schmalkalden (Volkskunde)

Dr. Horst Hecht † und Dipl.-Geogr. Hans-Joachim Schmidt, Fachschule für Staatswissenschaft, Weimar (Territorialstruktur)

Dr. Ulrich Heß †, Staatsarchiv Weimar, und Dr. Volker Wahl, Goethe-Schiller-Archiv, Weimar (Geschichte)

Dr. Heinz Rosenkranz, Sächsische Akademie der Wissenschaften, Arbeitsstelle Thüringisches Wörterbuch, Jena (Namenkunde, Mundart)

Dr. Manfred Salzmann, Rat der Stadt Weimar, Abt. Volksbildung (Suchpunkte Physische Geographie)

Dipl.-Phil. Heinrich-Volker Schleiff, Institut für Denkmalpflege, Arbeitsstelle Erfurt (Kunstgeschichte, Volksbauweise)

Dr. Werner Schmidt, Arbeitsgruppe Heimatforschung, Dresden (Beiträge zur gegenwärtigen Wirtschaftsstruktur und zum Siedlungsbild von Gemeinden des Kreises Schmalkalden)

Dr. sc. Walter Steiner, Hochschule für Architektur und Bauwesen, Weimar (Geologie, Bergbau)

Dr. Georg Thielmann, Arnstadt (Eisenbahnlinien)

Doz. Dr. sc. Gerd Villwock, Martin-Luther-Universität Halle—Wittenberg, Sektion Geographie (Überschau Physische Geographie)

Redaktionelle Bearbeitung: Dr. Manfred Salzmann, Weimar, und Dr. Werner Schmidt, Arbeitsgruppe Heimatforschung

Manuskript abgeschlossen am 31. 3. 1986

VERZEICHNIS DER SUCHPUNKTE

Die Nummern entsprechen denen am Rand des Textes sowie denen auf der Übersichtskarte

Überschau

Natur

Das Gebiet zwischen Ruhla und Schmalkalden stellt einen Abschnitt des nordwestlichen Thüringer Waldes dar, der mit dem 916 m ü. NN hohen Großen Inselsberg (s. F 4) sein weithin sichtbares Wahrzeichen hat. Wie das gesamte Mittelgebirge erscheint er von seinen Vorländern aus als wallartige Erhebung. Das unvermittelt entlang einer Vielzahl von Verwerfungen und Flexuren (Abb. 1) aufsteigende Kammgebirge mit seinen seitwärts vorgeschobenen Querrücken erstreckt sich zwischen dem Gollertskopf (s. A 2) und der Grenzwiese (s. F 2) in Nordwest-Südost-Richtung. In diesem Abschnitt liegen die Höhen im Kammbereich zwischen 700 und 900 m, im Bereich der Querrücken um 700 m. Die Breite des Gebirges nimmt von NW nach SO zu und beträgt zwischen Trusetal und Winterstein etwa 12 km. Zum Vorland hin treten beträchtliche Höhenunterschiede auf, die zwischen Großem Inselsberg und der Werra-Aue 670 m erreichen.
Die Oberflächenformen des Gebietes sind seit der Kreidezeit durch tektonische und exogene Vorgänge entstanden. Der Hebung des Gebirgsblockes am Übergang von der Kreidezeit zum Tertiär folgten die Bildung von heute kaum noch erkennbaren Verebnungen im Tertiär und die intensive Abtragung und Zerschneidung während des Pleistozäns. Das heutige Relief spiegelt die unterschiedliche Widerstandsfähigkeit der Gesteine gegenüber der Abtragung wider (Abb. 1 u. 3). So bestehen die höchsten Erhebungen des Inselsbergmassivs aus sehr widerstandsfähigen Porphyren. Die Bereiche der kristallinen Gesteine (s. Seite 7) sind durch tief zertalte langgestreckte Bergrücken gekennzeichnet, über die einige schildförmige Einzelberge, wie Breitenberg (s. B 1), Kahle Kuppe und Gerberstein, hinausragen. Dagegen haben sich in leichter abtragbaren Gesteinen, so in Gneisen, Sandsteinen und Schiefertonen, bei Brotterode und Winterstein Ausräumungskessel gebildet. Die verästelten Täler des Gebirges sind steilhängig und schmal. Sie weiten sich im Vorland und besitzen hier eine mittel- bis steilrandig begrenzte Sohle. Den südlichen Gebietsabschnitt bestimmt ein dicht zertaltes steil- bis mittelhängiges Relief mit Kuppen und Einzelbergen auf den Ablagerungen des Buntsandsteins. Im Zechsteinrand treten steile Hangbereiche und Einzelberge auf, wie Schloßberg und Katzenkopf. Zwischen Wernshausen und Breitungen breitet sich, begleitet von ebenen Terrassen, die breite Talaue der Werra (s. N 4) aus, die im Zusammenhang mit der Salzauslaugung im Untergrund entstanden ist.
Die klimatischen Verhältnisse, insbesondere die westlichen Luftströmungen, werden vor allem durch die Höhenlage und die Exposition abgewandelt. Besonderen Einfluß auf das Wettergeschehen haben Stau- und Föhnerscheinungen

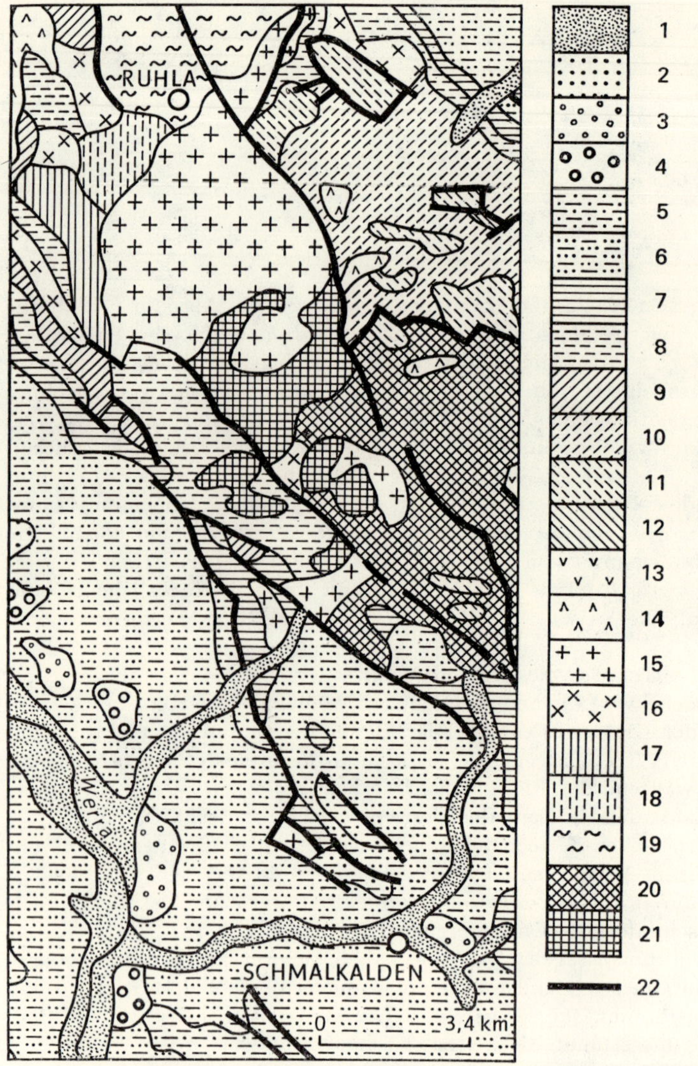

Abb. 1. Geologische Übersicht (nach HOPPE u. SEIDEL 1974, vereinfacht)

1—4	Quartär: 1 Holozäne Sedimente der Talauen, 2 Niederterrassenschotter, 3 Mittelterrassenschotter, 4 Präglaziale Schotter
5—6	Trias: 5 Mittlerer Buntsandstein, 6 Unterer Buntsandstein
7—8	Oberperm: 7 Zechstein (Leine- und Allerserie), 8 Zechstein (Werra- und Staßfurtserie)
9—12	Unterperm: 9 Oberrotliegendes (?), 10 Unterrotliegendes, 11 Porphyr, 12 Basische Ganggesteine
13—15	Karbon: 13 Porphyrite des Siles, 14 Porphyre des Siles, 15 Granite, Granodiorite, Diorite
16	Devon: Saure Magmatite
17—18	Ordovizium: 17 Phycodenserie, 18 Frauenbachserie
19	Kambrium: ungegliedert
20—21	Proterozoikum: 20 Vermutliches Jungproterozoikum, 21 Vermutliches Mittelproterozoikum
22	Verwerfung, sicher

bei südwestlichen Luftströmungen (Ehwald 1956). Die höchsten Bereiche des Inselsbergmassivs weisen für die Pflanzenwelt ungünstige thermische Verhältnisse und hohe Niederschlagsmengen auf (s. F 4). Zum Gebirgsrand hin und in den Vorländern nehmen die Temperaturen kontinuierlich zu und die Niederschläge ab (Anhang A). In den hohen Bereichen liegt im Mittel an 180 Tagen im Jahr eine Schneedecke, und zwar vom 4. November bis 2. Mai. Im Winter sind Temperaturinversionen mit niedrigen Werten im Vorland und hohen im Gebirge relativ häufig. Der phänologische Frühling beginnt verhältnismäßig spät. Die Winde wehen vorwiegend aus südwestlichen Richtungen. Das Relief bedingt lokalklimatische Effekte, die als windexponierte Lagen, als Kaltluftansammlungen in den engen Gebirgstälern und als Temperaturbegünstigungen in den Tälern der Werra und Schmalkalde auftreten.
Die Oberflächenentwässerung erfolgt südlich der Wasserscheide des Rennsteigs über Schmalkalde, Truse, Farnbach, Grumbach und andere Bäche in die Werra, nördlich davon über Emse und Erbstrom in den Werranebenfluß Hörsel. Das Gebiet gehört damit zum Einzugsgebiet der Weser. Die jährlichen mittleren Abflußhöhen nehmen mit der Gebirgsabdachung vom Inselsberg (über 700 mm/Jahr) bis zum Werratal (200—300 mm/Jahr) ab (Bauer 1964). Die Gewässernetzdichte ist mit 1,7—2,6 km/km^2 hoch. Der Jahresgang der Fließgewässer ist ausgesprochen rhythmisch: Dem durch hohe Niederschläge und Schneeschmelze bedingten Spätwinter-/Frühjahrsmaximum, oft verbunden mit Hochwassern, wie 1890, 1967, 1981, 1982, steht eine Niedrigwasserperiode im Sommer und Frühherbst gegenüber.
Das hydrologische Verhalten der Gesteine ist sehr unterschiedlich. Im Bereich des Ruhla-Brotteroder Kristallins (Abb. 4) besitzen die Granite, Glimmerschiefer und Porphyre eine äußerst geringe Wasseraufnahme- und Wasserleitfähigkeit. Grundwasser kommt nur in den Verwitterungsdecken sowie in Kluft- und Verwerfungsbereichen vor. Die Brunnenergiebigkeit ist gering. Die Gesteine des Rotliegenden gehören zu den ausgesprochenen Kluftgrundwasserleitern; hier entstehen durch den Wechsel von wasserstauenden Schiefertonen und -leitenden Konglomeraten Schichtquellen. Daneben sind auch Kluft-, Verwerfungs- und Hangschuttquellen anzutreffen. Im Zechstein befindet sich die ergiebige Gespringe-Quelle (s. P 7) mit einer Schüttung von 70 bis 660 l/s. Eine bedeutende Rolle für die Wasserversorgung spielen der Buntsandstein mit teilweise reichlich Kluftwasser und die Schotterkörper des Werratales (Hoppe 1954).
Der Raum zwischen Ruhla und Schmalkalden gehört zur Bodenregion des Thüringer Waldes, in der die Bodenbildungsprozesse vor allem durch die klimatischen Verhältnisse — hohe Niederschläge, relativ geringe Temperaturen — bestimmt werden. Die Verteilung der Böden ist in erster Linie abhängig von der geologisch vorgezeichneten, vielgestaltigen Verbreitung der Ausgangssubstrate (Abb. 1) und der Reliefformen. Mit Ausnahme der Talböden, Auen und Terrassen (s. Seite 12) bilden durch intensive Frostverwitterung der Festgesteine in den pleistozänen Kaltzeiten entstandene Schuttdecken (Schilling, Wiefel 1962) das Ausgangsmaterial für die Bodenbildung. Entsprechend dem Verhalten der Gesteine gegenüber den Verwitterungsprozessen und je nach Beimengung feinerdereicher Substrate, wie Löß, ist der engräumige Wechsel von lehmigen, tonigen, sandigen und grusig-kiesigen Böden charakteristisch.

Flache Hanglagen und Verebnungen in den Bereichen der Rotliegendsedimente und der Kristallingesteine weisen weitflächig Berglehm- und Bergsandlehm-Braunerden auf, die durch mehr oder weniger steinige Substrate, eine saure Bodenreaktion und eine intensive Verbraunung unterhalb des Humushori-

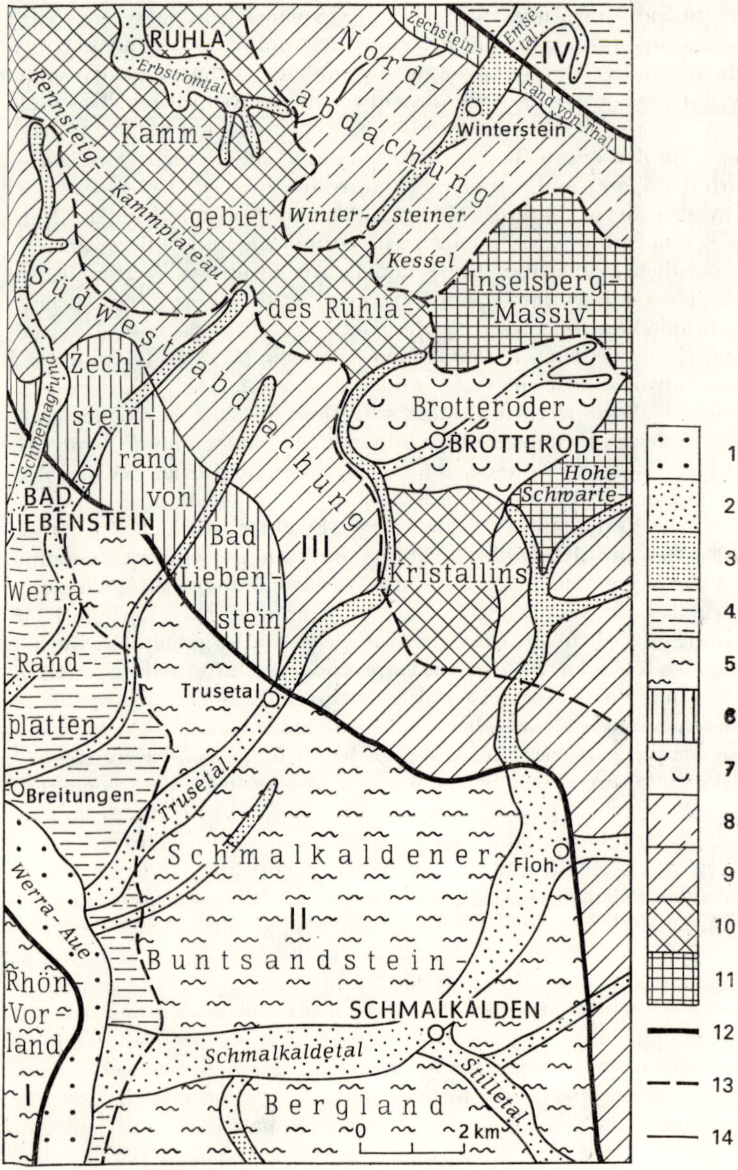

Abb. 2. Landschaftsgliederung (Entwurf G. Villwock)

zontes gekennzeichnet sind (Horizontformel $A_h - B_v - C$). Eine höhere Wasserdurchlässigkeit des Substrats bewirkt unter Einfluß von den aus der Nadelstreu freiwerdenden Säuren eine verstärkte Vertikalverlagerung von den Eisen, Mangan und Humus und damit die Bildung von Braunpodsolen. Im Bereich des Inselsbergmassivs entstanden durch hohe Niederschlagsmengen in den grusig verwitterten Quarzporphyren nährstoffarme Bergsandlehm-Podsole ($A_h - E_s - B_s - C$). Die steilen Hanglagen mit geringmächtiger Lockermaterialdecke sind durch flachgründige, zumeist sehr steinige Schutt-, Fels- und Bergsandlehm-Ranker (kalkfreies $A_h - C$-Profil) gekennzeichnet. In flachen Mulden können über schwerdurchlässigen Substraten Staugleye auftreten. Berglehm-Braunerden, Braunpodsole und Ranker sind typisch für das Buntsandsteinbergland, während im Zechsteinbereich kalkhaltige Böden, so Berglehm-Rendzina und -Braunerde, vorherrschen. Auf den sandigen und lehmigen Sedimenten der Täler und der Werra-Aue entstanden bei permanentem Grundwassereinfluß zumeist humusreiche Gleyböden — Vegagleye, Humusgleye —, die durch Oxidation und Reduktion von Eisen und Mangan gekennzeichnet sind. Daneben treten grundwasserferne Auenböden — Vega — auf.

Zu Abbildung 2:

Landschaftsregionen

I Fulda-Werra-Bergland
II Südliches Vorland des Thüringer Waldes
III Thüringer Wald
IV Waltershausener Vorberge (Nördliches Vorland)

Landschaftstypen

1 Talebene mit schluffig-lehmigen, verbreitet grundwasserbeeinflußten Auenböden (Vegagley, Humusgley Vega). Vorwiegend Grünlandnutzung.

2 Mittel- und steilhängige Sohlentäler mit lehmig-schluffigen, z. T. grundwasserbeeinflußten Talböden (Vega, Vegagley) und skelettreichen Hangböden (Bergsandlehm-Braunerden und Ranker). Ackerbauliche und forstwirtschaftliche Nutzung.

3 Zumeist steilhängige, z. T. wandige Sohlenkerb- und Kerbtäler mit lehmig-sandigen, grundwasserbeeinflußten Talböden (Amphi- und Vegagley) und skelettreichen, flachgründigen Hangböden (Ranker), kaltluftgefährdet. Forstwirtschaftliche Nutzung.

4 Flach- und mittelgeneigte kuppige Platten mit überwiegend mäßig feuchten bis trockenen Lehmsand- und Berglehm-Braunerden, teilweise Kiesranker. Vorwiegend ackerbauliche Nutzung.

5 Steil- und mittelhängiges, zerschnittenes Bergland mit überwiegend flachgründigen Verwitterungsböden (Bergsandlehm-Braunerden, Braunpodsole, Ranker), mäßig kühl. Vorwiegend forstwirtschaftliche Nutzung.

6 Steil- und mittelhängiges Bergkuppen-Senken-Gebiet mit hoher Reliefenergie, überwiegend skelettreiche, z. T. flachgründige Kalkböden (Berglehm-Rendzina und -Braunerde), stellenweise wärmebegünstigt. Kleinräumig wechselnde forst- und landwirtschaftliche Nutzung.

7 Mittel- bis flachhängige Beckenlagen mit skelettreichen Verwitterungsböden (Braunerde, Podsole). Acker- und Gründlandnutzung.

8 Riedel-Hangkomplexe mit lehmigen bis sandigen, z. T. skelettreichen Verwitterungsböden (Braunerde, Ranker), teilweise Staugleye. Forstwirtschaftliche Nutzung.

9 Überwiegend steilgeneigte Riedel-Muldenkomplexe mit skelettreichen Verwitterungsböden (Bergsandlehm-Ranker, -Braunerden), hohe klimatische Feuchte. Forstwirtschaftliche Nutzung.

10 Mäßig geneigte Hochlagen mit überwiegend skelettreichen, lehmig-sandigen Verwitterungsböden (Braunerde Braunpodsole), kalt, hohe klimatische Feuchte. Forstwirtschaftliche Nutzung.

11 Überwiegend steilhängiges Bergmassiv mit skelettreichen, zumeist flachgründigen Verwitterungsböden (Ranker, Podsole), kalt und sehr niederschlagsreich. Forstwirtschaftliche Nutzung.

12 Landschaftsregiongrenze

13 Teilgebietgrenze

14 Grenze untergeordneter Landschaftsgebiete

Die natürlichen Voraussetzungen für die Nutzung des Gebietes sind durch das Zusammenwirken der klimatischen Bedingungen, der Bodenverhältnisse und der Reliefgestalt geprägt. Der hohe Steingehalt, die Nährstoffarmut und die Flachgründigkeit der Bodendecke sowie eine mangelhafte klimatische Wärmeversorgung und die teilweise erheblichen Hangneigungen bewirken, daß der überwiegende Teil des Gebietes forstwirtschaftlich genutzt wird. In flacher geneigten Bereichen mit lehmigen Böden ist eine agrarische Nutzung möglich, die sich aufgrund der Klimaverhältnisse zumeist auf eine Grünlandwirtschaft beschränkt. Auch die Talböden dienen vorwiegend als Grünland. Der Ackerbau findet vor allem auf den relativ fruchtbaren Böden der Randplatten des Werratales und den gering geneigten Abschnitten im Buntsandstein und Zechstein ausreichende Bedingungen.
Die Landschaftsgliederung des Gebietes zwischen Ruhla und Schmalkalden (Abb. 2) wird im wesentlichen durch die Verteilung der Großreliefformen, die dadurch hervorgerufenen klimatischen Unterschiede und durch die geologisch bedingte Substratdifferenzierung bestimmt. Anteil besitzen die Landschaftsregionen Thüringer Wald und Südliches Vorland des Thüringer Waldes.
Die durch kühles und niederschlagsreiches Klima gekennzeichnete, überwiegend forstlich genutzte Großlandschaft des Thüringer Waldes gliedert sich in Teillandschaften, wobei die mäßig geneigten, in sich in schildförmige Einzelberge und Ausraumkessel (Brotteroder Kessel) unterteilten Kammflächen des Ruhla-Brotteroder Kristallingebietes das größte Areal einnehmen. Sie werden durch das klimatisch sehr exponierte Inselsbergmassiv überragt (s. F 4). Das landschaftliche Bild der Abdachungen des Thüringer Waldes ist aufgrund der geologischen Bedingungen sehr abwechslungsreich. Die Nordabdachung gliedert sich in das Abtragungsgebiet des Wintersteiner Kessels und eine schmale Rücken-Senken-Landschaft des Zechsteinrandes. Steilhängige Riedel-Hangmulden-Bereiche, die von Kerbtälern, z. B. der Schmalkalde, der Truse und des Grumbachs, zerschnitten werden, bestimmen weite Teile der Südabdachung. Im Gebiet Bad Liebenstein—Trusetal wird die Südabdachung durch die unregelmäßig gegliederte Landschaft des südlichen Zechsteinrandes mit waldbestandenen Kuppen und ackerbaulich genutzten Hang- und Talbereichen gebildet.
Der größere Teil des Südlichen Vorlandes gehört dem stark zergliederten, waldbestandenen Buntsandsteinbergland von Schmalkalden an. Es wird durch die breiten Sohlentäler der Schmalkalde und ihrer Nebenbäche zerteilt. In seinem vorwiegend ackerbaulich genutzten Südwestteil hat das Gebiet Anteil an den kuppig-welligen Randplatten des Werratales und an der ebenen, verbreitet grundwasserbeeinflußten und teilweise überflutungsgefährdeten Werra-Aue (s. N 4) mit vorherrschender Grünlandnutzung.
Im nordöstlichen und südwestlichen Randbereich reichen das Nördliche Vorland des Thüringer Waldes bzw. das Vorland der Rhön herein.

G. Villwock

Das Gebiet zwischen Ruhla und Schmalkalden kann als „klassische Quadratmeile" der Geologie der DDR bezeichnet werden, denn hier ist es möglich, in hervorragender Weise einen für Mitteleuropa charakteristischen wie außerordentlich vielseitigen Bau zu studieren. Die äußerste Nordostecke gehört zum südwestlichen Teil des Thüringer Beckens, einer großen Mulde mit Zechstein- und Triassedimenten zwischen Harz und Thüringer Wald. Am Beckenrand streichen vorwiegend terrestrische Sand- und Schluffsteine des Buntsandsteins und in einem schmalen Streifen marine Zechsteinsedimente zutage. Gerade noch berühren die in der Landschaft so auffälligen dolomitisch-kalkigen Algenriffkörper des frühen Zechsteinmeeres das Gebiet.

An das Thüringer Becken schließt sich die geologische Baueinheit des Thüringer Waldes an, die als Ganzes eine schmale, in saxonischer Zeit emporgehobene NW—SO orientierte Horstscholle darstellt, in der ältere Gesteine zutage treten (Abb. 3). Die Südbegrenzung verläuft von Bad Liebenstein über Bairoda, Crusetal nach Floh, die Nordbegrenzung von Schmerbach über Fischbach nach Tabarz. Die Scholle des Thüringer Waldes ist durch eine außerordentliche geologische Vielfalt gekennzeichnet. Den größten Teil nimmt das kristalline Grundgebirge von Ruhla—Brotterode (Ruhla-Brotteroder Kristallinkomplex) ein, welches einen kleinen Ausschnitt aus der von SW nach NO verlaufenden mitteldeutschen Kristallinzone darstellt. Sie setzt sich im Untergrund Südthüringens und des Thüringer Beckens fort und tritt im Kristallin des Kyffhäusers erneut zutage. Man kann ein mittelproterozoisches Strukturstockwerk mit WNW—OSO gerichteten Faltenachsen (Altkristallin = Liebensteiner Serie) im zentralen Teil von der oberproterozoischen Truse-Serie (Jungkristallin) mit SW—NO streichenden Faltenachsen im O sowie das ebenfalls zum Jungkristallin gehörende metamorphe Ruhlaer Altpaläozoikum im W unterscheiden.

Die zentral gelegene Liebensteiner Serie besteht aus kleinkörnig-granoblastischen (gleichmäßig körniges Gefüge bei Metamorphiten, das durch mehr oder weniger gleichzeitiges Wachsen neugebildeter Kristalle gekennzeichnet ist) Migmatitgneisen (Migmatite sind Mischgesteine im Übergangsbereich vom Magmatismus zur Gesteinsmetamorphose), die infolge starker tektonischer wie thermischer Beeinflussung deformiert sind. Sie umfassen Orthogneise, Paragneise und Hornblendegneise. Auf das hohe Alter dieser Einheit weisen die neuverschieferten Haubenpartien hin. Hierher gehören die Liebensteiner Gneise (s. H 2) ebenso wie der zwischen Großem Weißenberg und dem Rennwegskopf vorkommende Glimmerschiefer, der heute als Rennwegsgneis bezeichnet wird, sowie zahlreiche andere Gneisschiefer zwischen Laudenbach (s. H 6) und Brotterode. Auch der ästhetisch schöne, durch große Kalifeldspatkristalle gekennzeichnete Steinbacher Augengneis (s. D 6) zwischen Schleifkothengrund und Thüringer Tal ging durch spätere Deformation aus dem Liebensteiner Gneis hervor. Beim Trusetaler Wasserfallgneis kam es indessen nur zu einer blastischen Umkristallisation von Liebensteiner Gneis, die durch den angrenzenden Trusetalgranit (s. L 9) hervorgerufen wurde.

Der Trusetalgranit geht nach N in Sedimente der jungkristallinen Truse-Serie über. Diese reicht vom Südhang des Großen Inselsberges im N bis zu den Orten Seligenthal und Trusetal im S und besteht nördlich und westlich von Brotterode aus Migmatitgneisen (s. H 3). Im Gebiet zwischen Seimberg, Leimbach, Hundsrück und Pappenheim kommen Glimmerschiefer und Paragneise mit Quarziten vor (s. H 7), die Granat, Staurolith (Mineral von rötlichbrauner bis bräunlich-

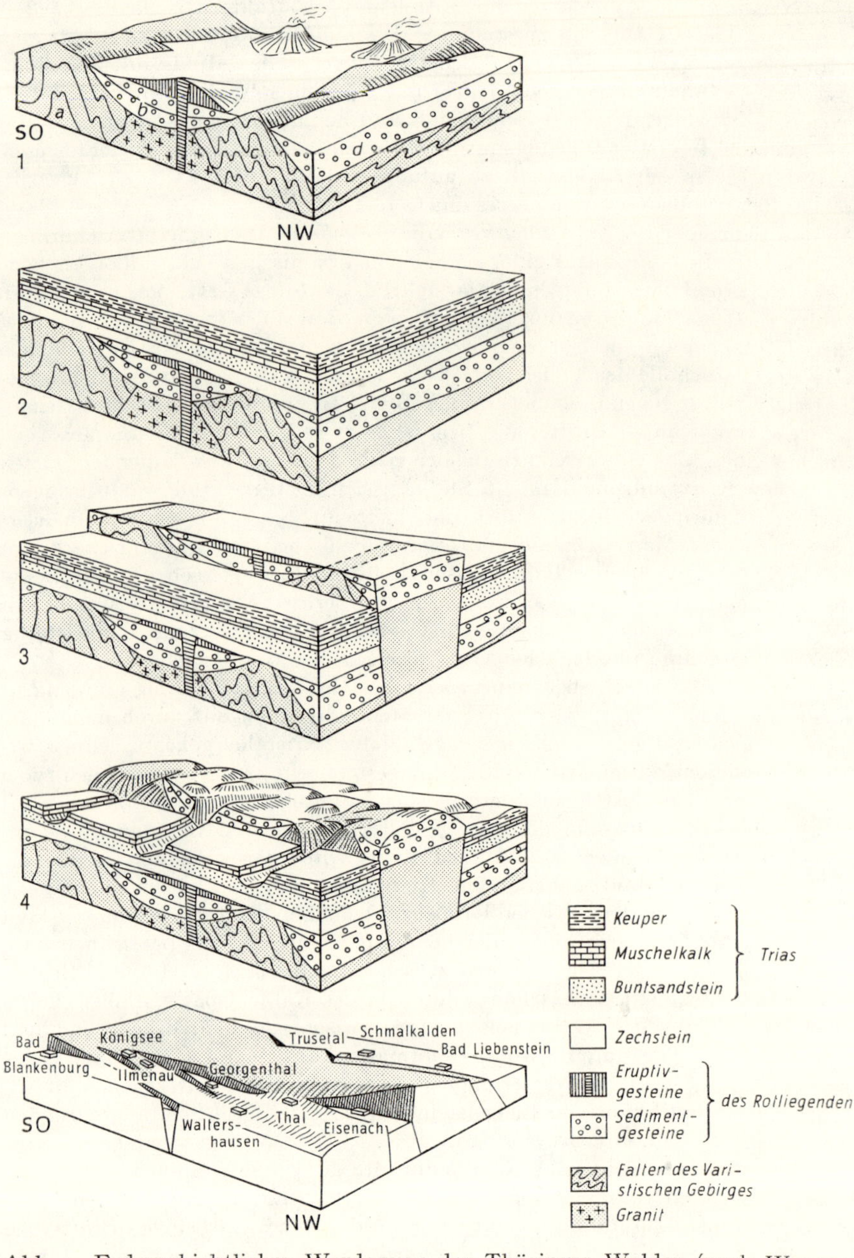

Abb. 3. Erdgeschichtlicher Werdegang des Thüringer Waldes (nach WAGENBRETH u. STEINER 1982)

schwarzer Farbe) und Disthen (Mineral von himmelblauer, seltener grüner oder gelber Farbe) enthalten. Die kristallinen Schiefer sind zu Sätteln und Mulden gefaltet, die allerdings nur schwer nachweisbar sind. Alle Versteinerungen wurden durch die kinetische Metamorphose (Gesteinsumwandlung, die an Verformungserscheinungen gebirgsbildender Tektonik geknüpft ist) zerrieben und unkenntlich.
Zwischen dem Schweinaer Grund im S und Thal im N erstreckt sich das metamorphe Ruhlaer Altpaläozoikum. Das Hauptgestein bildet der Ruhlaer Glimmerschiefer (s. B 1), ein blaugrauer Metapelit (metamorphes Tongestein). Diese Glimmerschiefer sind etwas geringer metamorph verändert als die der Truse-Serie und enthalten Horizonte aus Graphitschiefer, Quarzit, Rotschiefer, Amphibolit und Albitgneis. Wegen fehlender Fossilien erfolgte die Alterseinstufung aufgrund eines Vergleiches mit den weniger metamorphen kambrischen und silurischen Serien des thüringisch-fränkischen Schiefergebirges bei Schwarzburg, Katzhütte und Gräfenthal. Aus Glimmerschiefer bestehen halbkugelige Bergformen wie der Breitenberg (s. B 1) und der Windsberg (s. D 3). In diesem Ruhla-Brotteroder Kristallinkomplex sind in geologisch späterer Zeit, gegen Ende der variskischen Ära, im Oberkarbon, durch Aufschmelzungsprozesse Granite entstanden, die als Ruhlaer Granit (s. E 2), als Trusetalgranit und als Pappenheimer Granit bezeichnet werden.
Im Nordost- und Ostbereich lagern auf dem Kristallin die für den Thüringer Wald typischen sedimentären und vulkanischen Gesteinsfolgen des Rotliegenden (Abb. 3). Östlich der Linie Pappenheim—Asbach bestehen sie aus unterschiedlichen Sedimenten und Vulkaniten der Oberhofer Scholle, die ihrerseits einen Ausschnitt aus dem von SW nach NO sich erstreckenden rotliegendzeitlichen Sedimentationstal der Saalesenke darstellen. Da es sich um den äußersten Westrand der muldenförmigen Oberhofer Scholle handelt, treten hier die ältesten Gesteine zutage. Es sind vorwiegend die oberkarbonischen (stefanischen) bis unterrotliegenden Gehrener Schichten (s. B 3) mit kohleführenden Sedimenten und vulkanischen Decken, Gängen und Staukuppen.
Zwischen Schmerbach, Winterstein, Großem Inselsberg und Cabarz liegen in der Wintersteiner Scholle jüngere unterrotliegende Gesteine, und zwar vorwiegend Goldlauterer Schichten mit mächtigen fossilführenden Sand- und Schluffsteinen (s. M 1, P 2). Eingeschaltet sind bituminöse Schiefer und Konglomerate. Die Goldlauterer Schichten werden durchschlagen und überdeckt von vulkanischen Magmagesteinen, die während der Oberhofer Unterrotliegendzeit bei verbreiteter lebhafter Vulkantätigkeit entstanden sind. Hierzu gehören verwitterungsbeständige Decken verschiedener Quarzporphyre wie des Inselsbergporphyrs (s. F 4).

Zu Abbildung 3:

1 Zur Zeit des Varistischen Gebirges: a Schwarzburger Sattel, b Oberhofer Mulde, c Ruhlaer Sattel, d Eisenacher Mulde

2 Am Ende der Trias: Das Gebirge ist abgetragen und von jüngeren Schichten überlagert.

3 In Kreidezeit und Tertiär: Der Thüringer Wald ist als Horstscholle emporgehoben; auf dieser sind die jüngeren Schichten abgetragen.

4 In der Gegenwart

Darunter: Die Randstörungen detailliert (ohne Berücksichtigung der Abtragungsvorgänge)

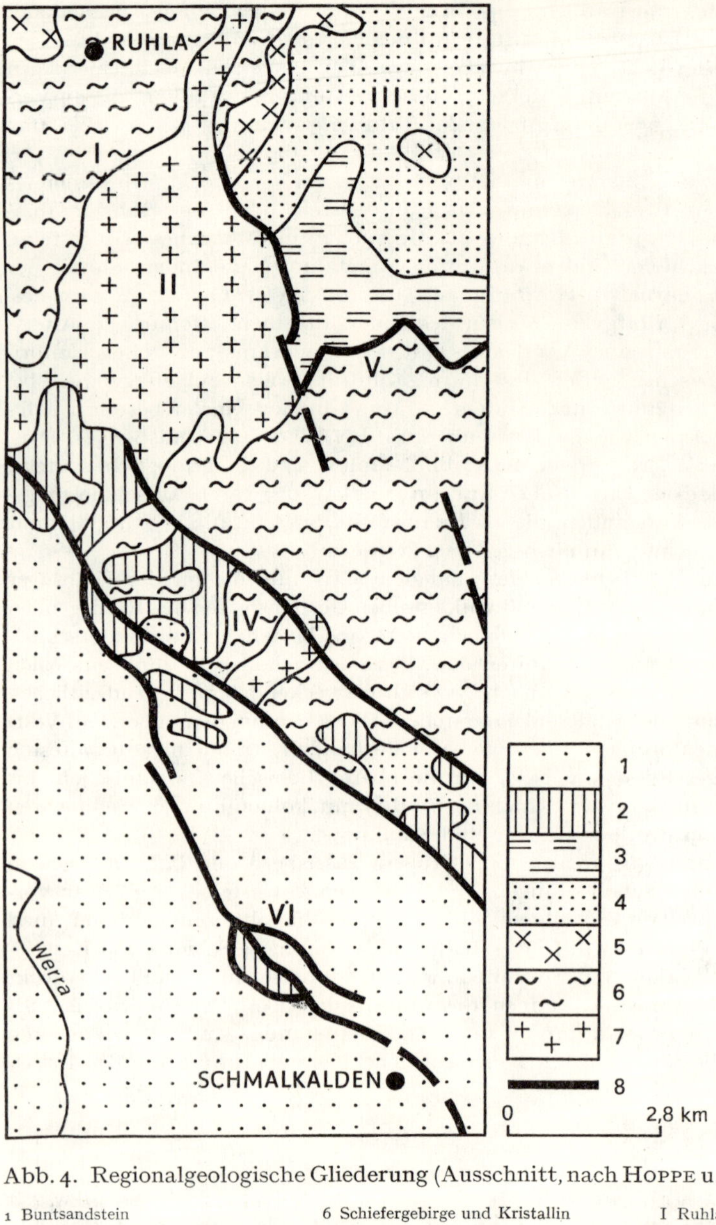

Abb. 4. Regionalgeologische Gliederung (Ausschnitt, nach HOPPE u. SEIDEL 1974)

1 Buntsandstein
2 Zechstein
3 Oberhofer Schichten
4 Goldlauterer u. Manebacher Schichten
5 Gehrener Schichten
(3–5: Rotliegendes)

6 Schiefergebirge und Kristallin
7 Granit
8 Störung

I Ruhlaer Kristallin
II Ruhlaer Granit
III Wintersteiner Scholle
IV Liebensteiner Scholle
V Inselsbergstörung
VI Heßleser Störung

In der Rotliegendzeit wurden im Thüringer Wald verschieden orientierte Spalten mit Magmatitgängen unterschiedlicher mineralogischer Zusammensetzung ausgefüllt. Eine besondere Erscheinung ist die aufeinanderfolgende Füllung gleicher Gangspalten mit Magmagesteinen. Es entstanden die sogenannten gemischten oder zusammengesetzten Gänge, die an einigen Stellen, so bei Trusetal und Bad Liebenstein, besonders gehäuft auftreten (s. L 5).
Der von NW nach SO orientierte Südrand des Thüringer Waldes ist durch zwei bedeutende Verwerfungen gekennzeichnet. Zwischen Steinbach und Laudenbach verläuft die nördliche, die sogenannte Klinger Störung (s. G 1), an der eine etwa 2 km breite südliche Scholle abgesunken ist. An der genannten Störung grenzen in der Regel Kristallingesteine des Ruhla-Brotteroder Kristallinkomplexes an marine Zechsteinsedimente.
Diese südliche Scholle ist durch ein sehr unruhiges Relief der Kristallinbasis und darüberlagernde, das Relief ausgleichende Sedimente des Zechsteinmeeres gekennzeichnet. Auf inselartigen Kristallinklippen wuchsen Algensaumriffe aus dolomitischen Kalken empor, die heute, in annähernd zechsteinzeitlicher Form von der Abtragung wieder freipräpariert, die Landschaft prägen (s. D 2, G 1). Lagunenartige Meeresbuchten sind an tonig-sandigen Sedimenten und an heute darüberliegenden morphologischen Senken zu erkennen. An nicht wenigen Stellen ragen die ehemaligen Kristallinklippen heute wie zur Zeit des Zechsteinmeeres als rundliche Bergkuppen mit Felspartien (Katzenstein; Dorngehege, s. H 5) empor und verleihen der sehr bewegten Landschaft einen besonderen Reiz.
Die südliche Randstörung des Thüringer Waldes verläuft von Bad Liebenstein über Bairoda und Herges-Auwallenburg nach Floh. Sie wird als Liebensteiner bzw. Stahlbergstörung (s. L 1) bezeichnet. An ihr berühren sich die oben beschriebene Scholle und das tiefer abgesenkte südthüringische Buntsandsteinland.
Die Stahlbergstörung und die Klinger Störung (Abb. 27) sowie äquivalente Parallelstörungen haben infolge des Zusammentreffens mehrerer günstiger Faktoren, so durch Spaltenbildung, besonderen Gesteinsbestand und günstige paläohydrologisch-hydrothermale Bedingungen, eine jungvaristische (Quarz-Hämatit-Gänge) und saxonische Vererzung und Mineralisation (Siderit-Baryt-Fluorit-Mineralisation) erfahren. Die aufsteigenden Erz- und Minerallösungen haben gelegentlich Kalksteine des Zechsteins metasomatisch (umgewandelt durch Austausch von zu- und weggeführten Stoffen) in nutzbare Erz- und Schwerspat-(Baryt-)Körper umgewandelt, wie auf der Mommel (s. L 1) und am Stahlberg (s. M 5). Die Liebensteiner Störung hat darüber hinaus eine weitere Bedeutung. Die auf ihrer Zerrüttungszone zirkulierenden und vorwiegend durch Bohrungen erschlossenen Mineralwässer besitzen einen hohen Gehalt an Eisen und freier gasförmiger Kohlensäure sowie eine nicht geringe Kochsalzmenge (s. G 1). Die Kohlensäure ist als Nachwirkung des jungtertiären Vulkanismus in der Rhön zu verstehen, der Salzgehalt die Folge von Ablaugung der Zechsteinsalze im Untergrund des südlichen Thüringer-Wald-Vorlandes.
Südwestlich der Liebensteiner bzw. Stahlbergstörung folgt das südthüringische Buntsandsteinland. In ihm herrschen helle und rotgeflammte Sandsteine des Unteren Buntsandsteins vor (s. S 1.1), aus denen viele Bergrücken bestehen und

die jahrhundertelang als Bausteine gewonnen wurden, so für die Wilhelmsburg in Schmalkalden (s. S 1.3).

Das breite Werratal ist ein junges Stromtal, dessen topographische Position sich im Laufe seiner geologischen Geschichte veränderte. Seit dem Jungtertiär wird die Talentwicklung durch die Vorgänge der Salzauslaugung (Subrosion) der mächtigen Zechsteinsalze im Untergrund und die nachfolgenden Kiesakkumulationen maßgeblich beeinflußt (s. N 2, N 4). Die im Untergrund der Werra-Aue liegenden weichselkaltzeitlichen und holozänen Niederterrassenschotter sind ein wichtiger Rohstoff. Sie werden deshalb bei Breitungen und Immelborn abgebaut.

W. Steiner

Der Wald ist die bestimmende Vegetationsform im Gebiet zwischen Ruhla und Schmalkalden. Der heute noch hohe Anteil recht naturnaher Laubholzbestände,

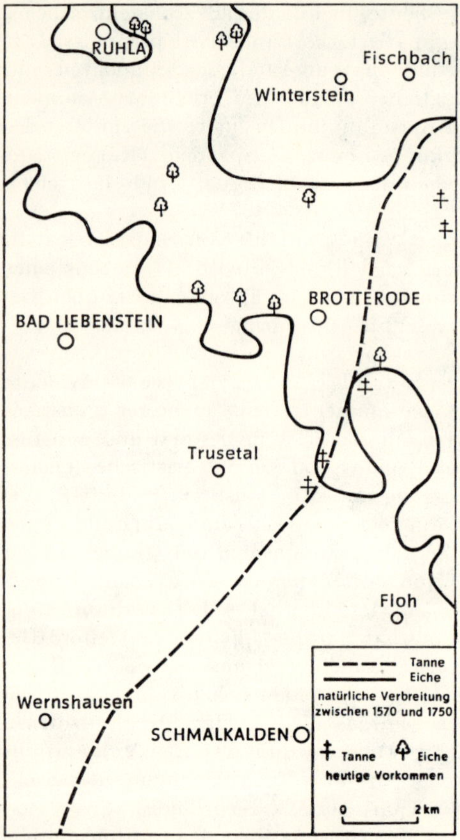

Abb. 5. Verbreitung von Tanne und Eiche zwischen 1570 und 1750 sowie in der Gegenwart (Entwurf H. GRÜNEBERG)

die sich in einer Vielfalt gut erkennbarer Waldgesellschaften darstellen, und die natürlichen Arealgrenzen von Fichte und Tanne (Abb. 5) machen den Raum, der zum forstlichen Wuchsbezirk Nordwestlicher Thüringer Wald und dessen Vorland gerechnet wird, zu einem sehr interessanten Studienobjekt. Entsprechend den großen Höhenunterschieden (250—über 900 m ü. NN) lassen sich das kolline Vorland, die submontanen Berglagen, die montane Stufe und die hochmontanen Kammlagen ausgliedern. Charakteristisch für das Vorland und den Gebirgsfuß ist der Traubeneichen-Buchen-Wald (s. B 4), der bis in die unteren Berglagen hineinreicht und hier auf mehr oder weniger sauren Böden wächst. Das schmale, teils durch Talaustritt oder geologische Störungen unterbrochene Zechsteinband am Gebirgsfuß wird von kalkliebenden Buchenwäldern besiedelt. Daneben treten in diesen klimatisch milden Bereichen noch Eichen-Hainbuchen-Wälder (s. E 3) und an den Wasserläufen Eschen-Erlen-Bachwälder auf. Folgende Baum- und Straucharten kennzeichnen diese Wälder: Traubeneiche, Spitzahorn, Hainbuche, Vogelkirsche, Feldahorn und Frühblühende Traubenkirsche *(Prunus padus)*, Schwarzer Holunder (*Sambucus nigra*), Esche, Winterlinde, Gemeiner Schneeball (*Viburnum opulus*) sowie Hasel (*Corylus avellana*). Von den Bodenpflanzen sind vor allem Waldlabkraut (*Galium silvaticum*) und Große Sternmiere (*Stellaria holostea*) zu nennen, daneben Goldhahnenfuß (*Ranunculus auricomus*), Erdbeerfingerkraut (*Potentilla sterilis*), Haselwurz (*Asarum europaeum*), Vielblütige Weißwurz (*Polygonatum multiflorum*) und Schwalbenwurz *(Cynanchum vincetoxicum)*.

Diese Arten sind in der Regel pflanzengeographisch als ,,südeuropäisch-montane-mitteleuropäische Gewächse" einzustufen (Meusel 1943), das heißt, sie besiedeln in Südeuropa montane Regionen, in Mitteleuropa steigen sie jedoch nicht mehr so hoch in die Gebirge. Sie haben außerdem überwiegend eine atlantische bzw. subatlantische Ausbreitungstendenz. Winterlinde, Spitzahorn und Hainbuche breiten sich aber auch bis auf gemäßigt kontinentale Bereiche aus und reichen über die östlichen Verbreitungsgrenzen von Buche und Traubeneiche hinaus. Ihre großräumige Verbreitung läßt den Schluß zu, daß sie in unserem Gebiet die Standorte einnehmen, die insgesamt und vor allem während der Sommermonate wärmeklimatisch begünstigt sind.

Auf den Wiesen läßt sich ebenso eine deutliche Höhenstufengliederung dort erkennen, wo intensive Beweidung und Düngung die Artenzusammensetzung nicht radikal verändert haben. Für das kolline Vorland, den Gebirgsfuß und die unteren Berglagen sind Hoher Glatthafer (*Arrhenaterum elatius*), Wiesenglockenblume (*Campanula patula*), Weiche Trespe (*Bromus hordeaceus*) und Wiesenschwingel (*Festuca pratensis*) sowie Herbstzeitlose (*Colchicum autumnale*), Wiesenpippau (*Crepis biennis*), Wiesenbocksbart (*Tragopogon pratensis*), Kohldistel (*Cirsium oleraceum*), Sumpfschafgarbe (*Achillea ptarmica*) und Heilziest (*Stachys officinalis*) bezeichnend (s. C 3).

Im Inselsberggebiet, wo das Kammgebirge nur schmal ausgebildet ist, sind die etwas wärmeliebenden Elemente (s. B 4, F 1) ziemlich weit in den Tälern südwestlich des Rennsteigs und in der Wintersteiner Rotliegendmulde bergwärts verbreitet und machen verschiedentlich erst nahe am Rennsteig halt.

Die montane Stufe wird von der Buche beherrscht. Die charakteristische Waldgesellschaft, der Hainsimsen-Buchen-Wald (s. F 4), nimmt selbst die höchsten

Kamm- und Gipfellagen ein. Auf den nährstoffreicheren Standorten wird sie von Bergahorn und Bergulme begleitet, auf versumpften Stellen — Quellmooren — vom Bergerlenbruch ersetzt (s. F 2). Von den Bodenpflanzen ist lediglich die Quirlblättrige Weißwurz (*Polygonatum verticillatum*) in der montanen Region weiter verbreitet, während die Zahnwurz (*Dentaria bulbifera*) nur auf die nährstoffreichen Grundgesteine beschränkt bleibt. Andere montane Elemente, wie Waldschwingel (*Festuca altissima*) und Fuchskreuzkraut (*Senecio fuchsii*), verhalten sich ebenso und steigen auch tiefer herab, wenn ausreichend Feuchtigkeit und Nährstoffe vorliegen. Als Strauchart tritt der Traubenholunder (*Sambucus racemosa*) auf, der in seinen Ansprüchen der Quirlblättrigen Weißwurz ähnelt. Berglappenfarn (*Lastrea limbosperma*) ist in den höheren Lagen an frische bis feuchte Böden gebunden.

Die Kamm- und Gipfellagen des Thüringer Waldes werden vom Ebereschen-Buchen-Wald (s. F 4) eingenommen. Hier zeigt die Buche deutlich verminderte Wuchsleistungen gegenüber den tieferen Regionen, und die Eberesche (*Sorbus aucuparia*) tritt als gleichwüchsiger Partner hinzu. In der Bodenflora sind Wolliges Reitgras (*Calamagrostis villosa*), Siebenstern (*Trientalis europaea*) und Waldbärlapp (*Lycopodium annotinum*) zu beobachten, nordische Elemente mit teils kontinentaler, teils subozeanischer Verbreitung, welche die extremen hochmontanen Standorte kennzeichnen.

Die Wiesen tragen Pflanzen der montanen Region (s. B 5); die Arten der wärmeren unteren Lagen fehlen. Dafür treten als charakteristische Pflanzen auf: Waldstorchschnabel (*Geranium silvaticum*), Weichhaariger Pippau (*Crepis mollis*), Bergwohlverleih (*Arnica montana*), Rote Lichtnelke (*Melandrium diurnum*), Buchenhainsimse (*Luzula luzuloides*), Trollblume (*Trollius europaeus*), Perückenflockenblume (*Centaurea pseudophrygia*) sowie Bergplatterbse (*Lathyrus montanus*), Waldrispengras (*Poa chaixii*), Ährige Teufelskralle (*Phyteuma spicatum*), Maiglöckchen (*Convallaria majalis*) und Bärwurz (*Meum athamanticum*). Die sonst im Wald vorkommenden Arten Waldstorchschnabel, Ährige Teufelskralle, Rote Lichtnelke, Maiglöckchen, Bergplatterbse, Bergrispengras und Buchenhainsimse treten in dem montanen Bereich aus dem Wald auf die Wiesen hinaus, offensichtlich wegen dort ausreichender Wärme während der Vegetationszeit.

Die Ackerlandnutzung ist nahezu ausschließlich auf den Buntsandsteinstreifen zwischen Zechstein und Werra-Aue beschränkt. Sie beträgt weniger als 10%, da die Geländeformen den Einsatz moderner Maschinen sehr erschweren; viele ehemalige Äcker mußten außerdem Grünland und Weiden weichen. Die Anwendung chemischer Mittel in der Landwirtschaft hat die Ackerunkräuter stark dezimiert, und landschaftscharakteristische Ackerunkrautgesellschaften sind so gut wie verschwunden. Lediglich aus der Brotteroder Gemarkung liegen Einzelbeobachtungen aus der Zeit vor der Umwandlung in Grünland und Weide vor, wonach auf den Getreide- und Hackfruchtfeldern die Saatwucherblume (*Chrysanthemum segetum*), der Ackerspörgel (*Spergula arvensis*) und der Ackerziest (*Stachys arvensis*) gediehen, also Arten, die auf wintermildes humides Klima hindeuten.

Von den jagdbaren Tieren ist das Schalenwild (Abb. 6) zahlenmäßig am stärksten vertreten. Unter diesem kommt das Rehwild am häufigsten vor, wenn es

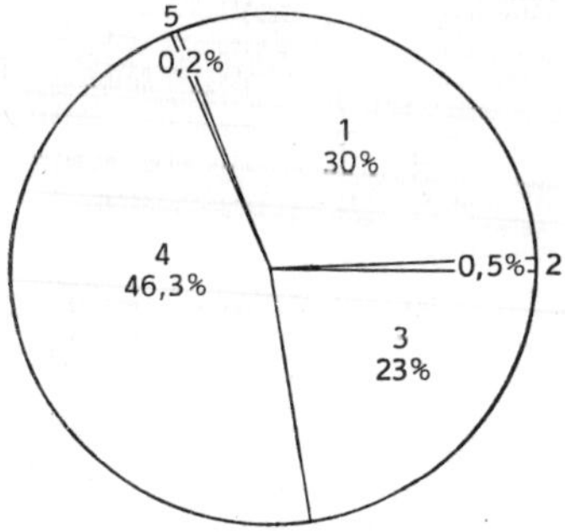

Abb. 6. Anteil von Rot- (1), Muffel- (2), Schwarz- (3), Reh- (4) und Damwild (5) am Schalenwildbestand des Gebietes (Entwurf H. GRÜNEBERG)

auch in den ausgesprochenen Rotwildeinstandsgebieten um Tabarz, Winterstein und Brotterode etwas zurücktritt. Das Rotwild ist hauptsächlich im Gebirge und in den großen geschlossenen Waldungen, aber nur gering im Schmalkalder Raum anzutreffen. Das Schwarzwild hingegen ist mehr oder weniger gleichmäßig über das Gebiet verteilt, wenn sich auch eine gewisse Konzentration um Schmalkalden abzeichnet. Eine kleine Population von Damwild beherbergt der Schmalkalder Wald, und Muffelwild wurde in den Wintersteiner und Ruhlaer Wäldern eingebürgert. Hasen und Wildenten kommen in nennenswerter Anzahl nur im Vorland des Gebirges vor, Fuchs und Marder hingegen überall, vermehrt aber dort, wo auch das Niederwild häufiger ist.
In den sauberen Bächen findet man die Bachforelle. Hin und wieder ist auch ein Feuersalamander zu beobachten. Ornithologisch besonders interessant sind die Breitunger Seen, die als Rastplätze für Zugvögel Bedeutung besitzen (s. N 2).

H. Grüneberg

Gesellschaft

In ur- und frühgeschichtlicher Zeit waren die Mittelgebirge nicht besiedelt. Erst mit der Suche nach Erzen seit der Bronzezeit wurde der Thüringer Wald durchforscht. Besonderes Interesse fand der kupferführende Zechsteingürtel. Die eisenerzhaltigen Gebiete des Mittelgebirges wurden seit der vorrömischen Eisenzeit (Hallstatt- und Latènezeit) von der damals keltischen Bevölkerung erkundet und einige der an der Oberfläche ausstreichenden Vorkommen abgebaut.
Anders verhielt es sich mit dem Vorland des Thüringer Waldes, das auf geeigneten Böden bereits in der jüngeren Steinzeit stellenweise besiedelt war. Sandige Lehmböden auf Buntsandstein wurden von den damaligen Bewohnern deshalb aufgesucht, weil sie eine leichtere Bearbeitung bei allerdings geringen Erträgen gewährleisteten. Hinzu kommen hohe mittlere Julitemperaturen von 14—15 °C im Vorland und 15—16 °C im Werratal. So konnte die Landschaft um Breitungen einen Anreiz für die ältesten Ackerbauern bieten. Sind auch Siedlungen bisher noch nicht nachgewiesen, so zeigt ein Schuhleistenkeil vom Gehege bei Brotterode das Vordringen der Siedler in die oberen Wald-

gebiete. Das Ende der Jungsteinzeit, die Schnurkeramikkultur, wird durch Funde aus der Altensteiner Höhle belegt (s. D 2).
Der Übergang zur Bronzezeit läßt sich durch einen fünfkantigen Axthammer vom Inselsberg nachweisen. In dieser Epoche wurden die Buntsandstein- und Zechsteingebiete zwecks Kupfergewinnung erkundet, besonders um Bad Liebenstein. Wahrscheinlich erfolgte zur Hügelgräberbronzezeit eine Neubesiedlung aus hessischen Gebieten durch die osthessische Gruppe der Hügelgräberkultur. In der folgenden Urnenfelderzeit scheint Südthüringen nur gering besiedelt gewesen zu sein, zwischen Bad Liebenstein und Schmalkalden gibt es keine Fundstellen. Dagegen gehört der obere Werraraum in der anschließenden frühen Eisenzeit (Hallstattzeit) zum Gebiet der süddeutschen Hallstattkultur, und die Fundpunkte reichen stellenweise bis zum Rand des Thüringer Waldes. Aus der jüngeren Hallstattkultur entwickelte sich in Südthüringen um 500 v. u. Z. die Latènekultur. Die Träger dieser Kultur, die Stämme der Kelten, besiedelten das Gebiet vor dem Südwestrand des Gebirges, und ihre Handelswege überschritten den Thüringer Wald, doch gibt es zwischen Ruhla und Schmalkalden bisher keine entsprechenden Funde.
Noch vor dem Ende des letzten Jahrhunderts v. u. Z. brach die keltische Besiedlung in Südthüringen völlig ab. Mit frühen Germanenvorstößen aus dem N seit dem letzten Jahrhundert v. u. Z. muß aufgrund von Hinweisen der Namenforschung besonders entlang der Hohen Straße (s. S 5) gerechnet werden. Mit Floh (s. P 5), Schmalkalde (s. S 1.2) und Truse (s. L 9) läßt sich hier ältestes germanisches Namengut erkennen, ohne daß bisher archäologische Belege dazu vorliegen.

B. Bahn

Geschichte

Das Gebiet zwischen Ruhla und Schmalkalden wird durch den Kamm des Thüringer Waldes in zwei Teile gegliedert, die auch für die historische Entwicklung ihre Bedeutung haben. Zunächst gehörten beide Teile in der Zeit der Völkerwanderung dem großen Thüringer Reich an, das 531 durch Franken und Sachsen zerstört wurde. Das Gebiet südlich des Gebirgskammes wurde dem Frankenreich eingegliedert, während das eigentliche und spätere Thüringen zu Sachsen kam. Beide Gebiete behielten aber eine relative Selbständigkeit.
Seit dem Untergang des Thüringer Königreiches bildete die Kammlinie des Gebirges die natürliche Grenze zwischen Thüringen und Franken. Sie hatte zunächst eine ethnische und überwiegend auch sprachliche Differenzierung (s. Seite 35) zur Folge. Später folgten kirchliche und territorialpolitische Grenzen ebenfalls der von der Natur bestimmten Scheidelinie der Landschaft. Der Thüringer Wald bildete jedoch zu keiner Zeit ein unüberwindliches Hindernis und wurde, wo nötig, an den von der Natur vorgezeichneten Einschnitten von N und S her überschritten. Vor allem der Schmalkalder Raum lag im Bereich wichtiger, aus dem Werratal das Gebirge überquerender vor- und früh mittelalterlicher Straßenzüge. Für den Übergang spielten die Pässe im Ruhla—Schmalkalder Raum eine wichtige Rolle. Bis zum Ausgang des Mittelalters entwickelte sich hier im fränkisch-thüringischen Grenzgebiet eine ganze Reihe

von Bahnen, die den Verkehr aus den zentral gelegenen Siedlungsräumen im Inneren des Thüringer Beckens zu den benachbarten Altsiedelgebieten am Main aufnahmen. Es bildeten sich als Übergänge über das Gebirge die Glasbachswiesen unterm Gerberstein (s. B 4), die Stelle beim Dreiherrnstein am Großen Weißenberg (s. E 9) und die Grenzwiese unterhalb des Inselsberges heraus. Die Ausgangspunkte im Werratal lagen im Gebiet von Breitungen und Salzungen, für die sich östlich anschließenden Schmalkalder Pässe waren es das Werratal bei Walldorf und Meiningen sowie die Straßengabel bei Niederschmalkalden (s. Q 2).

Im 6. und 7. Jh. wurde der Gebirgskamm vom N her an zwei wichtigen Teilen überschritten, im Gebiet des Gerbersteins und bei Brotterode. Die Franken reagierten hierauf mit einer stärkeren Besiedlung und der besseren Verwaltungs- und Kirchenorganisation in den Gebieten südlich der neuen thüringischen Grenze, um den Expansionen Einhalt zu gebieten. Die intensive Erschließung des nur locker vorbesiedelten Raumes mit seinen ausgedehnten Waldgebieten in fränkischer Zeit wurde mit Hilfe des aus dem Rhein-Main-Gebiet kommenden Adels und lokaler Kräfte durchgeführt. Noch vor der Jahrtausendwende erreichten die von der Mainlinie vorstoßenden Franken das Werratal bei Breitungen und den Talkessel bei Schmalkalden. Die Erschließung der Gebirgstäler erfolgte im wesentlichen jedoch erst in der Hauptrodungszeit vom 11. bis zum 13. Jh.

Das Land südlich des Thüringer Waldes kam während der fränkischen Besiedlung an den damals errichteten großen Grabfeldgau, der in untere Gerichtsbezirke, die Zenten, eingeteilt wurde, die territorial mit den gleichzeitig entstehenden Urpfarreien übereinstimmten. Alte fränkische Zentenarsbezirke sind Meiningen, (Alten)Breitungen und Schmalkalden, die mit den entsprechenden Urpfarreien identisch waren. Die später auftretenden Kleinzenten sind dagegen Absplitterungen im Interesse des sich ausbildenden Feudalismus mit seinen Grundherrschaften und der noch später einsetzenden Territorialbildung. So wurden mit hoher Wahrscheinlichkeit die Zent Wasungen von Meiningen und die Zent Benshausen von Schmalkalden abgezweigt. Dagegen sind die im späten Mittelalter auftauchenden kleinen Ortszenten Brotterode und Wallenburg frühestens am Ende des 13. Jh. entstanden und rechnen zur jüngsten Schicht mittelalterlicher Hochgerichte.

Das thüringische Gebiet ist erst in der Zeit der karolingischen Hausmeier stärker in das Frankenreich einbezogen und die dortigen altthüringischen Siedlungen sind mit fränkischen durchsetzt worden. Auch hier bildete sich die Gaueinteilung mit Grafschaftsverfassung aus. Das Gebiet von Gotha, Eisenach und Salzungen kam zum thüringischen Westergau (westlich vom Bezugspunkt Erfurt, dem Mittelpunkt Thüringens). Eine Unterteilung des Gaues erfolgte in (Groß-)Marken, in denen ähnlich wie in den fränkischen Zenten politische und kirchliche Verwaltungseinheiten übereinstimmten. Nördlich des Thüringer Waldes erstreckte sich im Gebiet um Eisenach die Mark Lupnitz, deren Urpfarrei in der Peterskirche in Großenlupnitz, Kreis Eisenach, ihren Sitz hatte und die bis an die Ruhla gereicht haben muß (s. A 1.2). Östlich davon schloß sich ein Gerichtsbezirk an, der zunächst in Mühlberg, dann in Tenneberg (Waltershausen) seinen Sitz hatte. In den von Thüringen okkupierten Gebieten südlich des Thüringer Waldes, wo durch thüringische Siedler die fruchtbare Werra-Aue besetzt worden war, bildeten sich die Marken Dorndorf, Salzungen und Breitungen (mit der Urpfarrei der Marienkirche in Frauenbreitungen) aus. In diesem Bereich stellte damit die Ost- und Südgrenze der Mark Breitungen gegen die Zent Schmalkalden die Trennungslinie zwischen Thüringen und Franken dar. Sie verlief vom Kamm des Gebirges auf der Wasserscheide zwischen Truse und Schmalkalde zur Mündung der Rosa.

Entsprechend war die kirchliche Einteilung innerhalb dieses Gebietes. Der fränkische Teil kam zu dem 740/41 gegründeten Bistum Würzburg, der thüringische zunächst zu dem zur gleichen Zeit gebildeten Bistum Erfurt, das aber schon bald im Erzbistum Mainz aufging. So gehörte die Urpfarrkirche zu Frauenbreitungen zum entfernt liegenden Archidiakonat Dorla (bei Mühlhausen) des Erzbistums Mainz, das damit noch Wernshausen umschloß, während das weiter südlich gelegene Niederschmalkalden ein Bestandteil des alten Franken war. Zum Mainzer Erzbistum zählte aber auch die Pfarrei von Brotterode, das offenbar auf altthüringischem Boden lag, der sich hier über den Gebirgskamm hinweg nach S erstreckte.

Aus späteren Besitzverhältnissen und -veräußerungen können wir mit Sicherheit schließen, daß der nordwestliche Thüringer Wald und sein Vorland fränkischer Königsbesitz waren, der mit der Gründung des deutschen Reiches Reichsbesitz wurde. Schon im 8. Jh. setzte hier der Feudalisierungsprozeß ein, der im 9. Jh. durch Schenkungen an die geistlichen Niederlassungen schnell vorangetrieben wurde. Wir finden im 9. Jh. den nahezu unbesiedelten, aber bereits von Fernstraßen durchzogenen Thüringer Wald, während im Vorland Königshöfe in Meiningen, (Frauen-)Breitungen, Salzungen und Großenlupnitz Mittelpunkte und Ablieferungszentren der Reichsgrundherrschaften bildeten. Dieses umfangreiche Reichsgut ging seit dem 8. Jh. in anderen Besitz über. Der Vorgang ist zum Teil genau zu belegen, zum Teil indirekt zu erschließen.

Hauptempfänger der aus Reichsbesitz ausgeschiedenen Teile waren die Reichsabteien Fulda und Hersfeld sowie das Erzbistum Mainz. Die Abtei Hersfeld erhielt vom Reich schon im 8. Jh. Salzungen und Dorndorf, 933 die Mark Breitungen und 1016 den großen Wildbannbezirk östlich von Ulster und Werra mit dem Breitunger Becken und dem Südhang des Thüringer Waldes westlich vom Gerberstein. Unter Wildbannbezirken versteht man Waldungen, die in Ausübung des Bannrechtes hinsichtlich der Jagd für den allgemeinen Gebrauch geschlossen waren. Auch im Westteil der nördlichen Mark Lupnitz setzte sich Hersfeld fest, wie überhaupt seine Hauptbesitzungen in Thüringen um Arnstadt und Ohrdruf lagen. Der Abtei Fulda wurden seit dem 8. Jh. zahlreiche Güter einzelner Angehöriger des entstehenden kleineren und größeren Feudaladels in Thüringen geschenkt. In Marksuhl entstand ein zentraler fuldaischer Fronhof, und 1014 schenkte Kaiser HEINRICH der Abtei den Wildbann in der Mark Lupnitz, in deren Nordostteil die Abtei Fulda zahlreiche grundherrliche Besitzungen erworben hatte. Auch im nördlichen Grabfeld hatte sie bis in das 10. Jh. hinein unbestritten die Vormacht. So wurde Schmalkalden bereits 874 neben vielen anderen Orten des fränkischen Grabfeldgaus dem Kloster Fulda übereignet (s. S 1.2).

Im 10. Jh. trat auch der einheimische weltliche Feudaladel deutlicher ins

Licht der Geschichte. Er nutzte die Zeit der hochmittelalterlichen Auseinandersetzung zwischen Kaiser und Papst (Investiturstreit) zu seinen Gunsten. Jedenfalls läßt sich seit dem 12. Jh. in unserem Gebiet kein Reichsgut mehr nachweisen. Als erste Repräsentanten dieser Edelfreien, die später den Hochadel bilden, treten hier die Grafen von Weimar auf, die auch sonst in Westthüringen Besitzungen hatten. Sie wurden im O der Mark Breitungen ansässig und gründeten noch im 10. Jh. die Abtei Herrenbreitungen (s. N 1.1), die sie mit ihrem dortigen Besitztum ausstatteten. 1112 wurden sie auch hier von den askanischen Grafen von Orlamünde beerbt, und zwar gegen den Willen des Kaisers. Damals war aber bereits die Macht des Reiches nicht mehr mit Reichsgut auszubauen, sondern lediglich durch Unterstützung des Hochadels, der ein entsprechendes Entgegenkommen erwartete.

Unter den neuen Bedingungen im Hochmittelalter erstarkten als kaiserliche Parteigänger die Grafen von Henneberg, die von den alten Gaugrafen des Grabfeldes abstammten. Zu ihren Grundherrschaften um Meiningen und Wasungen kam, ohne es im einzelnen belegen zu können, der Reichsforst um Schleusingen, Suhl und Benshausen, der später hennebergisches Reichslehen war. Richtete sich der Blick der Henneberger zunächst nach S in die Mainlande, so änderte sich das für die 1274 gegründete Schleusinger Linie, die sich mehr als drei Jahrhunderte im Gebiet um Schmalkalden behauptete. Unter BERTHOLD VII. gingen in der ersten Hälfte des 14. Jh. die Bestrebungen der Grafen von Henneberg-Schleusingen auch über den Kamm des Gebirges nach Thüringen hinüber.

Im N des Thüringer Waldes hatten mittlerweile ebenfalls Edelfreie solche Herrschaften auf Rodeland gegründet. Dazu gehörten die Herren von Stein, deren Stammburg in Altenstein (s. D 2) bei Bad Liebenstein lag. Nördlich des Thüringer Waldes gewannen sie die Burg Scharfenberg bei Thal und drangen von dort bis Ruhla vor. Östlich davon gingen die Herren von Wangenheim bei Schwarzhausen, Fischbach und Winterstein (s. C 1) gegen den Wald vor. Am nachhaltigsten aber nutzte ein aus Franken kommendes hochadliges Geschlecht die Gunst der Stunde: die von den Grafen von Rieneck abstammenden und nach ihrem Leitnamen genannten Ludowinger. Sie erwarben, offenbar mit Unterstützung des Reiches, eine kleine Rodeherrschaft um Friedrichroda mit der angeblich 1044 hauptsächlich als Straßendeckung erbauten Schauenburg als Mittelpunkt, schoben sich dann zwischen den Fuldaer und Hersfelder Wildbannbezirken längs des Thüringer Waldes bis zur Wartburg vor, die LUDWIG DER SPRINGER 1067/80 gründete. Von Mainz erhielten sie Tenneberg und Gotha zu Lehen, die sie zu Ämtern ausbauten, so wie sie aus dem größten Teil der Mark Lupnitz das Amt Wartburg (= Eisenach) schufen. War die ursprüngliche Rodeherrschaft um die Schauenburg längst zur Ausstattung ihres Hausklosters, der 1085 gegründeten Benediktinerabtei Reinhardsbrunn, verwendet worden, so hatten sie, robuster als alle anderen ihren Vorteil suchend, in Thüringen ein ansehnliches Territorium zusammengebracht, als sie 1131 das mit der Reichsfürstenwürde versehene Amt des Landgrafen von Thüringen erhielten.

Südlich des Thüringer Waldes müssen die Ludowinger schon vor Errichtung der Landgrafschaft Brotterode (s. J 1) mit seinen Eisenerzvorkommen und auch Schmalkalden besessen haben (s. S 1.2). Von hier aus unternahmen die

Landgrafen am Ende des 12. Jh. den Vorstoß ins Breitunger Becken, der aber scheiterte, als die Reichsabtei Hersfeld nur gegen Abtretung wichtiger Rechte im mittleren Werratal die thüringischen Lehen in Hessen erneuerte.
Eine Nebenlinie der Henneberger, die Herren von Frankenstein, genannt nach der Burg bei Salzungen, erreichten als Lehenträger und Verbündete Hersfelds im 13. Jh. den Höhepunkt ihrer Machtstellung auf der Südseite des Gebirges. Als Hersfelder Lehnsleute besaßen sie den wichtigen Wildbann von 1016 zwischen Ulster und dem Kamm des Thüringer Waldes mit zahlreichen Rodungsmöglichkeiten und hatten die Vogtei über Herrenbreitungen inne (s. N 1.1). Im Frankensteiner Herrschaftsbereich lagen die Rodeherrschaft der Herren von Stein um Altenstein (s. D 2) und Bad Liebenstein. Eine Nebenlinie der Steins waren die Herren von Frankenberg, die eine kleine Herrschaft um die gleichnamige Burg bei Helmers im Rosagrund besaßen und Vögte des Klosters Frauenbreitungen wurden (s. N 1.1).
Die Abtei Hersfeld wie auch die Frankensteiner und die Frankenberger wurden schließlich zu Beginn des 14. Jh. durch die Grafen von Henneberg-Schleusingen aus dem Gebiet zwischen Ruhla und Schmalkalden gedrängt. Schon vor 1278 erwarben die Henneberger Burg Frankenberg, 1301 die Vogtei über Frauenbreitungen und 1337 über Herrenbreitungen. 1330 kauften sie schließlich von den im Niedergang befindlichen Herren von Frankenstein den großen Wildbann (s. A 2) von 1016 ab. Burg und Stadt Schmalkalden hatte die Coburger Linie der Grafen von Henneberg schon 1247 bei Aussterben der ludowingischen Landgrafen geerbt, während die übrige Landgrafschaft den wettinischen Markgrafen von Meißen zufiel. Schmalkalden vermochten die Henneberger aber nicht zu halten, 1291 fiel es wie das Coburger Gebiet durch Erbschaft an die Markgrafen von Brandenburg. Diese neue Herrschaft wurde jedoch mit Henneberg-Schleusingen verbunden, als sich die Erbin dieses Gebietes, Jutta, mit dem Grafen Heinrich VIII. von Henneberg-Schleusingen verheiratete. Da das Gebiet aber Allod und nicht Lehen war, fiel Schmalkalden nach dem Tod der Gräfin Jutta, die nur Töchter hinterließ, 1353 an einen ihrer Schwiegersöhne, den Burggrafen von Nürnberg. Dieser konnte an einem dauernden Besitz des für ihn abgelegenen Landes kein Interesse haben und war bereit, Schmalkalden an Henneberg-Schleusingen zu verkaufen. Da das Haus Henneberg nicht das erforderliche Geld aufbringen konnte, mußte es 1360 den Kauf zusammen mit den Landgrafen von Hessen tätigen. Es entstand die zweiherrige Herrschaft Schmalkalden (s. S 1.2), die seit 1584 als ausschließlich hessische Exklave fortbestand.
So war der Raum zwischen Ruhla und Schmalkalden zweigeteilt, als im 14. Jh. die Territorialbildung abgeschlossen wurde und durch die stärker aufkommende Ware-Geld-Beziehung die Krise des Feudalismus einsetzte. Der N und W des Gebietes gehörte den wettinischen Landgrafen von Thüringen, die 1423 Herzöge und Kurfürsten von Sachsen wurden, der S und O den Grafen von Henneberg-Schleusingen, die im Schmalkalder Raum ein Kondominat mit den Landgrafen von Hessen eingegangen waren. Auch südlich des 1330 erstmals erwähnten Rennsteigs (s. A 2), der Kammlinie des Gebirges, hatten die Wettiner dauerhaft feste Stützpunkte erworben. 1346 gingen an sie Burg und Herrschaft Altenstein über, und sie konnten, gestützt auf Salzungen, das ihnen 1366 zufiel, weitere Vorstöße der Henneberger im Werratal abriegeln.

Im Vorland des Thüringer Waldes überwog die agrarisch tätige Bevölkerung. Sie war seit der Auflösung der Fronhofverfassung im 12. und 13. Jh. der feudalen Herrschaft durch Zahlung von Erbzins und Leistung von Fronen verpflichtet, persönlich aber frei. In die vor allem mittelbäuerliche Besitzstruktur waren unter den Bedingungen des Feudalismus größere, meist durch Fronarbeiter bewirtschaftete Güter eingestreut, die Adligen und geistlichen Niederlassungen gehörten und sich seit dem 16. Jh. immer mehr in der Hand des Landesherrn konzentrierten. Dieser stieg durch die unmittelbare Herrschaft über die meisten Bauern gleichzeitig zum größten Grundherrn auf. Die Festigung der Landesherrschaft im 14. Jh. führte zur umfassenden Registrierung aller grund- und lehnsherrlichen Rechte, frühzeitig in der Grafschaft Henneberg durch die beiden Urbare von 1317 und 1340/47 und für Schmalkalden auch durch den „Liber dominorum meorum" (nach 1362), später durch das „Registrum dominorum marchionum Missnensium", das Register der Markgrafen von Meißen von 1378 (Beschorner 1933), und das Lehnbuch Friedrichs des Strengen von 1349/50 (Lippert u. Beschorner 1903), die beide auch die thüringischen Gebiete der Wettiner umfaßten.

Der nordwestliche Thüringer Wald war bis ins 12. Jh. kaum besiedelt, und nach der letzten großen Rodungsperiode bis zum 13. Jh. entstanden keine weiteren Siedlungen. Zunächst wurde das Gebirge nicht wegen seines Holzbestandes, sondern wegen seiner Bodenschätze aufgesucht. Sowohl auf der Nord- als auch besonders auf der Südseite, wo die Grafen von Henneberg 1216 durch Kaiser Friedrich II. von Hohenstaufen das Hoheitsrecht über „alle Silbergruben und andere Erzgruben oder Salinen" (Berg- und Salzregal) erhalten hatten, gab es Eisenerze und Kupferschiefer. Sie wurden zunächst in primitiven Tagebauen, seit dem 16. Jh. mit weitaus verbesserten Techniken, wie Schächten und Stollen, abgebaut. Im 18. Jh. erreichte der Bergbau im Thüringer Wald seinen Höhepunkt, bis sich im 19. Jh. die Bodenschätze erschöpften. Im heimischen Erzverhüttungsverfahren gewann dabei das Holz als Ausgangsmaterial für Holzkohle große wirtschaftliche Bedeutung (s. P 7). Der hier vorherrschende Buchenbestand fiel weithin dem Verhüttungsprozeß, für den er der einzige Brennstoff war, schon seit dem Ende des 15. Jh. zum Opfer. Als dann im 16. Jh. die Wälder systematisch aufgenommen und beschrieben wurden (s. Seite 27), waren sie weithin durch die Köhlerei verwüstet. Da sich der Wald nur langsam auf natürliche Weise verjüngt, gab es jahrhundertelang Streitigkeiten zwischen Forstwesen und Schmelzhütten um die Holzversorgung.

Reformation und Bauernkrieg als frühbürgerliche Revolution fanden auch in diesem Teil des Thüringer Waldes einen lebhaften Widerhall. Die Kirchenreformation Martin Luthers wurde von Anfang an von der Bevölkerung begrüßt. Das Kurfürstentum Sachsen und die Landgrafschaft Hessen gehörten zu den Gebieten, die sie am frühesten einführten und mit staatlichen Mitteln festigten. Die Grafen von Henneberg-Schleusingen folgten mit Rücksicht auf das Bistum Würzburg, das noch bis 1542 Meiningen besaß, erst 1544. Eine Ausnahme bildete lediglich das zweiherrige Schmalkalden, wo Hessen bereits 1525 einen evangelischen Prediger in der Stadtkirche einsetzte und sich in dieser Frage gegen den hennebergischen Mitregenten behauptete. Die frühbürgerliche Revolution fand ihren Höhepunkt im deutschen Bauernkrieg von 1525, in den auch der Raum Schmalkalden einbezogen war. Die als Werrahaufen bezeichneten Aufständischen zogen im April 1525 von Vacha durch das Werratal nach S, nahmen die Klöster an der Werra und eine Reihe von Burgen ein und veranlaßten die Stadt Schmalkalden zum Anschluß (s. S 1.2). Es kam jedoch nicht zur Vereinigung mit dem auf Meiningen vorstoßenden Bildhäuser Haufen. Im Lager vor Meiningen bekannte sich zunächst Graf WILHELM IV. von Henneberg-Schleusingen zu den Forderungen der Bauern, sagte sich aber später wieder davon los. Er und Landgraf PHILIPP von Hessen begannen nun mit Strafmaßnahmen gegen die am Aufstand beteiligten Dörfer und Städte. Im weiteren Verlauf der Reformation wurde das landesherrliche Kirchenregiment durchgesetzt und auch die ökonomische Basis der Landesherrschaft durch die Einziehung der Güter der Klöster wesentlich gefestigt.

Während die Grenzen gegen Thüringen festlagen, drängte das unklare Verhältnis zwischen Henneberg und Hessen im Gebiet von Schmalkalden zu einer Regelung. Die Anlage der Landwehr (s. Q 3) zwischen dem Amt Schmalkalden und der Vogtei Herrenbreitungen 1367/69 ist ein deutliches Anzeichen der zwischen beiden Herrschaften bestehenden Spannungen. Durch einen 1492 abgeschlossenen Vertrag behauptete sich Henneberg gegen den Mitregenten. Mit dem sogenannten Kasimirianischen Vertrag von 1521 gewann Hessen die Anwartschaft auf die hennebergische Hälfte von Stadt und Amt Schmalkalden, die ihm nach dem Tod des letzten hennebergischen Grafen, GEORG ERNST, am 27. Dezember 1583 tatsächlich auch zufielen. Außerdem hatten die stark verschuldeten Grafen von Henneberg 1554 in Kahla einen Erbverbrüderungsvertrag mit den ernestinischen Wettinern abgeschlossen. Gegen die Übernahme von 130474 Gulden hennebergischer Schulden wurde das sächsische Fürstenhaus erbberechtigt, soweit nicht Hessen durch den Vertrag von 1521 Ansprüche hatte. Beim Aussterben der Grafen von Henneberg leitete Hessen allerdings auch Rechte auf Herren- und Frauenbreitungen ab, weil die hennebergische Vogtei über beide Klöster Hersfelder Lehen gewesen war. Man wurde sich durch den Salzunger Vertrag von 1584 dahin einig, daß Frauenbreitungen zur hennebergischen Erbschaft der Wettiner, dagegen Herrenbreitungen an Hessen kam (s. N 1.1). Die endgültige Abgrenzung zu Hessen erfolgte, nachdem dieses schon 1589 die Wallenburg erworben hatte, durch den Austauschvertrag von 1619, durch den das Amt Hallenberg und endgültig auch Barchfeld gegen die Abtretung eines Anteils an der Zent Benshausen an die Landgrafschaft Hessen-Kassel fielen. Die Ämter Schmalkalden, Hallenberg, Herrenbreitungen (Vogtei Herrenbreitungen), Brotterode (Zent Brotterode) und der Ort Barchfeld (unter dem Schutz des Amtes Schmalkalden) bildeten von nun an die hessische Exklave Schmalkalden, die im amtlichen Sprachgebrauch als Herrschaft bezeichnet wurde.

In der Herrschaft Schmalkalden wurde 1608 auf landesherrliche Anweisung, die den lebhaften Widerstand der Bevölkerung herausforderte, anstelle des Luthertums der Kalvinismus eingeführt, wodurch einschneidende Veränderungen in der Ausübung der Religion eintraten und das Schmalkalder Gebiet von seiner lutherischen Umgebung isoliert wurde. Als schließlich 1626 die Herrschaft Schmalkalden als Pfand an Hessen-Darmstadt kam, gelang es ohne Schwierigkeiten, das Luthertum wieder offiziell einzuführen. Sobald aber 1648 die

Exklave am Thüringer Wald wieder an Hessen-Kassel zurückfiel, wurde neben der lutherischen auch die reformierte Konfession wieder zugelassen, wodurch sich weitere Auseinandersetzungen ergaben. Besonders unter der Wittumsherrschaft der Landgräfin HEDWIG SOPHIE, die von 1677 bis 1683 in Schmalkalden residierte, wurden die reformierten Kirchen und Schulen gefördert.
Der Dreißigjährige Krieg ergriff seit 1631 das Gebiet um Schmalkalden und Ruhla mit voller Härte, seitdem die Landgrafen von Hessen-Kassel und die ernestinischen Herzöge von Sachsen offen die schwedischen Interessen vertraten. Dagegen nahm Hessen-Darmstadt Partei für die kaiserliche Seite, so daß die Herrschaft Schmalkalden nacheinander auf der Seite beider kriegführenden Mächte stand. Den Höhepunkt erreichten die Leiden der Bevölkerung, als nach der für die Schweden und ihre deutschen Verbündeten verlorenen Schlacht bei Nördlingen 1634 das Land am Südhang des Thüringer Waldes in kaiserliche Hand fiel und sich in unserem Gebiet ein jahrelanger Kleinkrieg abspielte, da die Schweden im N die Festung Erfurt behaupteten.
Die von den Wettinern 1583 geerbte Grafschaft Henneberg mit Meiningen und Schleusingen als Hauptorten blieb zunächst ungeteilt. Dazu gehörten beispielsweise die zu den Ämtern Frauenbreitungen und Wasungen zählenden Orte. Bei der 1660 erfolgten Aufteilung des ehemals hennebergischen Territoriums zwischen der albertinischen und der ernestinischen Linie des sächsischen Fürstenhauses fielen die beiden Ämter an das Fürstentum Gotha, während das nach Salzungen orientierte Gericht Altenstein schon 1645 vom Fürstentum Eisenach an Gotha gekommen war. Diese wettinischen Gebiete südlich des Thüringer Waldes mit den Ämtern Frauenbreitungen und Wasungen sowie dem erst 1722 zum landesherrlichen Amt erhobenen Gericht Altenstein samt Liebenstein gingen 1681 an das neue Fürstentum Meiningen der Herzöge von Sachsen-Meiningen, seit 1714 von Sachsen-Coburg-Meiningen über. Der nördliche Bereich bis an den Rennsteig, der seit 1572 zum Fürstentum Coburg gehört hatte, wurde schon 1641 bis zum Erbstrom bei Ruhla dem damals gegründeten Fürstentum Gotha zugeteilt. Die Orte westlich des Erbstroms gehörten in das Amt Eisenach des Fürstentums Eisenach. Östlich des Erbstroms füllte das gothaische Amt Tenneberg den Nordteil aus.
Im 18. Jh. traten zwischen Ruhla und Schmalkalden keine territorialen Veränderungen mehr ein (Abb. 7), bis 1806 Norddeutschland unter französischen Einfluß kam. Die thüringischen Staaten erhielten durch den Eintritt in den Rheinbund 1807 volle Souveränität. Das betraf einerseits das Herzogtum Gotha, das unter dieser Staatsbezeichnung bis zum Sturz der Monarchie 1918 fortbestand. Zum anderen war es das Herzogtum Sachsen-Coburg-Meiningen, das nach einer 1826 erfolgten Neuverteilung größerer ernestinischer Gebiete bis 1918 das Herzogtum Sachsen-Meiningen bildete. Das nur am Rande beteiligte Herzogtum Sachsen-Weimar-Eisenach wurde 1815 zum Großherzogtum erhoben und führte ab 1903 die Bezeichnung Großherzogtum Sachsen.
Die hessische Exklave Schmalkalden teilte im 19. Jh. das wechselvolle Schicksal mit dem Mutterland. Das 1803 zum Kurfürstentum erhobene Hessen-Kassel kam 1807 an das neue Königreich Westfalen, das die Herrschaft Schmalkalden in den Distrikt Eschwege des Werra-Departements eingliederte. An die Stelle der bisherigen Verwaltungsgliederung in Ämter trat die Einteilung in

Kantone mit Kantonshauptorten und Kommunen. Die Kantone entsprachen in ihrem Umfang den zur gleichen Zeit gebildeten Friedensgerichten, wodurch die Trennung von Justiz und Verwaltung perfekt wurde. So gliederte sich das Schmalkalder Gebiet während der Zeit der französischen Besetzung Kurhessens in die sechs Kantone Schmalkalden, Herrenbreitungen, Seligenthal, Floh, Brotterode und Hallenberg. Nach der Leipziger Schlacht wurde durch Ausschreiben vom 10. Januar 1814 der Zustand des Kurfürstentums Hessen-Kassel vor 1807 wiederhergestellt. Die Trennung von Verwaltung und Justiz in den Unterbehörden erfolgte hier 1821, in Sachsen-Meiningen 1827, im Herzogtum Gotha erst 1858.

Im Gebiet von Schmalkalden traten weitere Veränderungen 1867 ein, als nach der Annektierung des Kurfürstentums Hessen durch Preußen die alte Herr-

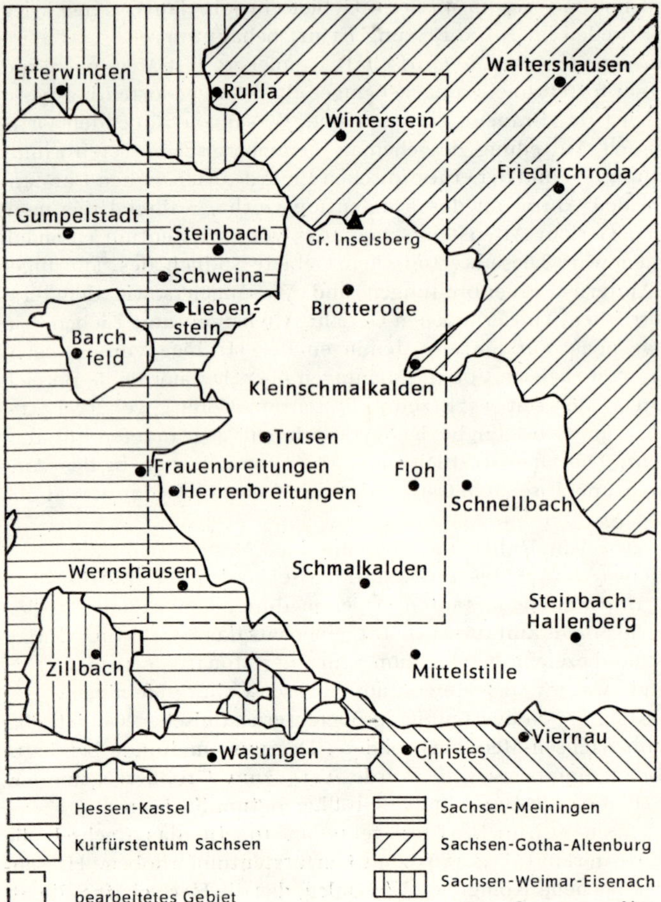

Abb. 7. Territoriale Gliederung 1792 (Entwurf U. Hess)

schaft Schmalkalden ein preußischer Kreis wurde, der zum Regierungsbezirk Kassel der Provinz Hessen-Nassau gehörte. 1907 wurde ihm mit Rücksicht auf seine historische Vergangenheit die Bezeichnung Kreis Herrschaft Schmalkalden beigelegt. Die thüringischen Staaten vereinigten sich 1920 zum Land Thüringen, wodurch aber die Grenzverhältnisse im mittleren Werratal und im Thüringer Wald unter kapitalistischer Herrschaft nicht entwirrt werden konnten. Sie wirkten sich besonders bei Breitungen (s. N 1.1) und Kleinschmalkalden (heute Pappenheim, s. M 1) aus, die infolge der Grenzziehung zwischen Preußen und Thüringen geteilt waren.

Im 18. Jh. nahm die gewerbliche Produktion einen deutlichen Aufschwung. Vielfach erreichte der Bergbau auf Eisen, Kupfer und Kobalt seinen Höhepunkt (s. D 6, H 6). Die Eisen- und Stahlwarenherstellung, zumeist im Verlagssystem betrieben, breitete sich über die Walddörfer aus (s. A 1.2, J 1, P 3, M 4). Während die Köhlerei im Rückgang war, gewann die Holzverarbeitung an Bedeutung. Mit der Durchsetzung der kapitalistischen Gesellschaftsordnung nach 1815 und noch deutlicher nach 1848 entstanden auch Fabrikbetriebe der Metall- und Textilindustrie. Einige von ihnen, so besonders in Ruhla (s. A 1.2) und an der Werra (s. N 1.1), entwickelten sich am Ende des 19. Jh. zu Großbetrieben und wandelten sich nach der Jahrhundertwende zu monopolkapitalistischen Unternehmen (s. G 2, S 1.2). Daneben erlangten aber aus Handwerksbetrieben hervorgegangene Klein- und Kleinstbetriebe als Zulieferer eine weite Verbreitung (s. D 6).

Die Arbeiterbewegung fand von Gotha und Salzungen her um 1875 frühen Eingang in Ruhla (s. A 1.2) und, wenn zunächst auch nur vorübergehend, in Schweina und Steinbach (s. D 6). Das Schmalkalder Gebiet (s. S 1.2) wurde erst nach der Aufhebung des Sozialistengesetzes um 1890 von Eschwege her erfaßt. Doch erreichte auch hier die Sozialdemokratie schon bald die Mehrheit der Stimmen. In der Zeit der Weimarer Republik dominierten in den thüringischen Gebieten innerhalb der Arbeiterbewegung die Kommunisten, dagegen im Kreis Herrschaft Schmalkalden die Sozialdemokraten.

Im Werratal, unteren Schmalkaldetal und unteren Trusetal herrschte die landwirtschaftliche Nutzung vor. Im übrigen Gebiet zwischen Schmalkalden und Ruhla betrieben die Bewohner früher landwirtschaftlichen Nebenerwerb; im Hauptberuf waren sie als Bergmann oder Waldarbeiter, in der Holzverarbeitung, in Eisenhütten oder -hämmern, vor allem aber in der Eisenwaren- und Stahlwarenproduktion tätig. Der landwirtschaftliche Nebenerwerb sicherte vorwiegend den sogenannten Kleinfeuerarbeitern eine dürftige Existenz, besonders seit dem 18. Jh. Aus einer Statistik für die Herrschaft Schmalkalden (Frankenstein 1887) geht die starke Zersplitterung der Flächen, deren Zusammenlegung in den Anfängen steckengeblieben war, und die große Anzahl kleiner Betriebe hervor (s. Übersicht Seite 26). Die knappe Hälfte der Betriebe lag in den Händen von Eisen- und Stahlwarenarbeitern, wie die Berufsstatistik von 1882 ausweist.

Im Werratal dagegen führten die bürgerlichen Agrarreformen mit der Ablösung der Feudallasten durch Meininger Gesetz vom 5. Mai 1850 und mit der Zusammenlegung der Grundstücke der sehr zersplitterten Fluren durch Gesetz vom 21. Mai 1855 sowie die neue landwirtschaftliche Technik zu einer Hebung der

Betriebsgröße in ha	Anzahl der Betriebe	Gesamtfläche in ha
unter 1	2720	1257
über 1—2	980	1479
über 2—10	1095	5379
über 10—50	128	2477
über 50—100	7	603
über 100	3	375

Erträge. Die meisten zum Großgrundbesitz zählenden Domänengüter wurden um die Wende zum 20. Jh. aufgelöst (s. O 1).

In der territorialen Verwaltungsgliederung traten in der neueren Zeit wesentliche Veränderungen nur noch im Schmalkalder Gebiet ein. Die 1932 vom preußischen Staat beabsichtigte Auflösung des Landkreises Herrschaft Schmalkalden kam zunächst nicht zustande, aber am 1. Juli 1944 wurde er in den Regierungsbezirk Erfurt einbezogen. Am 16. Juni 1945 wurde der bisherige preußische Regierungsbezirk Erfurt in das Land Thüringen eingegliedert. Wegen seiner besonderen historischen Entwicklung bis 1944/45 führte die Verfassung des Landes Thüringen vom 20. Dezember 1946 den ehemaligen Kreis Herrschaft Schmalkalden ausdrücklich als Teil des neuen Landes Thüringen auf. Die wirtschaftspolitische Entwicklung im Ergebnis der antifaschistisch-demokratischen Umwälzung und nach der Gründung der DDR führte 1950 zu großen Änderungen bei den Kreis- und Gemeindegrenzen im Land Thüringen. Diese betrafen wiederum den Landkreis Schmalkalden, der aufgelöst wurde. Insgesamt 24 Gemeinden, aus dem Gebiet um Schmalkalden 12, wurden in den Landkreis Suhl eingegliedert, weitere 11 Gemeinden kamen an den Landkreis Meiningen. Als bei der endgültigen Auflösung des Landes Thüringen und der Bildung der Bezirke im Juli 1952 der Landkreis Schmalkalden im bisherigen Umfang wieder entstand, erhielt er mit den Gemeinden Breitungen, Möckers, Niederschmalkalden und Wernshausen aus dem Landkreis Meiningen sogar noch einen Zuwachs. Andererseits waren bereits 1950 von Meiningen die Orte Liebenstein, Schweina und Steinbach und 1952 noch Meimers an den neugebildeten Landkreis Bad Salzungen gekommen. Die in den Landkreisen Bad Salzungen und Schmalkalden gelegenen Orte gehören seitdem zum Bezirk Suhl, die nördlich des Rennsteigs gelegenen Gemeinden innerhalb der Landkreise Gotha und Eisenach zum Bezirk Erfurt.

Das Ende des zweiten Weltkrieges war mit einer vorübergehenden Besetzung Thüringens durch amerikanische Streitkräfte verbunden. Der Raum Ruhla—Schmalkalden wurde von den aus der Rhön vorstoßenden Panzertruppen, die am 1. April 1945 westlich von Eisenach die hessisch-thüringische Grenze überschritten hatten, vom 3. bis 5. April 1945 besetzt und von amerikanischen Militärregierungen in den Kreisen verwaltet. Alliierten Vereinbarungen gemäß wurde Thüringen Anfang Juli 1945 in die sowjetische Besatzungszone einbezogen. Die antifaschistisch-demokratische Ordnung und der ihr folgende Aufbau des Sozialismus in der Deutschen Demokratischen Republik schufen in dem bisher oft von wirtschaftlicher Depression und Armut bestimmten Gebiet neue Verhältnisse. Die demokratische Bodenreform überführte die großen Privatwaldungen nördlich und südlich des Rennsteigs in Volkseigentum. Der noch vereinzelt vorhandene Großgrundbesitz in Sorga (s. K 1), Farnbach (s. K 3) und Bairoda (s. G 5) wurde unter Kleinbauern aufgeteilt. Durch die Gründung der landwirtschaftlichen Produktionsgenossenschaften (LPG) seit 1952, zunächst im örtlichen, später im überörtlichen Rahmen, konnte die Landwirtschaft zur Großproduktion mit rationellem Einsatz der Technik übergehen (s. Seite 32).

Die Industriebetriebe, die fast alle in die faschistische Kriegswirtschaft verstrickt gewesen waren, wurden 1945 sequestriert und schließlich 1948 in Volkseigentum übergeführt. Bei einigen Großbetrieben verlief dieser Weg 1946 und 1952 über Sowjetische Aktiengesellschaften (s. A 1.2). Andere, in Privathand verbliebene Handwerks- und mittlere Industriebetriebe, schlossen sich seit den fünfziger Jahren zu Produktionsgenossenschaften des Handwerks (PGH) zusammen oder nahmen staatliche Beteiligung auf. Industriell produzierende PGH, halbstaatliche und noch verbliebene Privatbetriebe mit Industrieproduktion, im Schmalkalder Gebiet vor allem die zahlreichen Werkzeugproduzenten, wurden 1972 zu volkseigenen Betrieben.

U. Heß und *V. Wahl*

Wald- und Forstgeschichte

Die ältesten Hinweise auf das Vorkommen bestimmter Baumarten sind Orts-, Flur- und Gewässernamen zu entnehmen (GERBING 1910). Sie stammen aus einer Zeit, aus der nur wenige urkundliche Berichte vorliegen. Solche Hinweise ergeben sich beispielsweise auf Buche bei Büchig, Buchenjohn; auf Eiche bei Eichleite, Eichgraben, Schweina (s. D 1, Schweineeintrieb zur Mast in Eichenwäldern); auf Esche bei Aschenberg, Aschental; auf Ahorn bei Aehrental; auf Ulme bei Ilmengraben; auf Linde bei Lindenberg, Lindengraben; auf Hasel bei Heßles (s. O 2); auf Erle bei Böses Erlicht; auf Laubholz allgemein Weißenberg, Weißholz im Gegensatz zu Schwarzholz oder Schwarzenberg.

Von wesentlich größerer Bedeutung sind jedoch Forstbeschreibungen und Berichte über Forstbereitungen. Die älteste Beschreibung stammt von 1522 und bezieht sich auf das Tabarzer und Wintersteiner Revier. In ihr werden beispielsweise Eichberg und Eichleite, beide westlich von Winterstein gelegen, genannt. Dort wuchsen zu jener Zeit „gut eichen Stangen und eichen gehölz" bzw. „viel junge eichen ...". Auch am Scharfenberg, einem Forstort unweit des Inselsberges, stand „etwas eichengewächs". Wenn man den Hinweis von GERLAND (1874) beachtet, wonach unter dem Begriff Bauholz in den Forstbeschreibungen im allgemeinen nur Eichenholz verstanden werden kann, wenn nicht eine andere Baumart genannt wird, dann erreichte die Eiche am Gerberstein und am Kleinen Weißenberg sogar den Rennsteig (GERBING 1900). Von der Buche wird zwar auch berichtet, aber sie selbst — offenbar wegen ihrer Häufigkeit — namentlich wenig genannt. Offenbar ist sie mit dem fast überall erwähnten Kohlholz gemeint.

Von der Fichte ist in der Beschreibung von 1522 kaum die Rede. Lediglich die Bemerkung „der kleine Wahnbergk" (Wagenberg nordöstlich der Grenzwiese) „hat auch ziemlich holz und da hat auch ein Köller darin gelacht" läßt den

Schluß zu, daß hier Fichte wuchs, denn eine andere Baumart kam für das Lachen, das heißt Harzen, in diesem Gebiet zu jener Zeit nicht in Betracht (Minckwitz 1957). Auch im Lauchagrund kam sie vor (Gerbing 1910). Die Beschreibung von 1584 nennt am Fuße der Wildenwand – unweit des Wagenbergs – einen „riesigen Fichtenbaum".

Die Forstwirtschaft des 16. Jh. nutzte ohne rechtes Verständnis für Ursache und Wirkung nur eben gemachte Erfahrungen. Anfangs herrschte regellose Plenterwirtschaft vor, die später ein schlagweiser Mittelwaldbetrieb ablöste. Diese Schläge bestanden aus jährlich sich aneinanderreihenden Hauungen und wurden Johne oder Jharesgehawe genannt, aus denen die nutzbaren Hölzer vollständig oder teilweise entnommen wurden. In Forstortnamen wie Buchenjohn oder Heuberg (Hauberg) ist ein solcher schlagweiser Betrieb überliefert.

Die leicht zugänglichen Waldteile waren am stärksten ausgehauen. Sie wiesen schon Ende des 15. Jh. große Lücken auf (Hering 1939). Verfolgt man die Beschreibungen über einen längeren Zeitraum hinweg, so bleibt zuletzt kein Forstort übrig, der bis zum 18. Jh. nicht mindestens einmal abgeholzt, plätzig gehauen, in Schlag gelegt oder gänzlich abgetrieben worden ist. Aber immer wieder hat sich die Buche durchgesetzt, die bis heute dem Inselsberggebiet sein Gepräge gibt (s. F 4).

Die intensive Inanspruchnahme der Wälder durch Rodungen, das Erzschmelzen an Renn- oder Luppenfeuern unmittelbar an den noch in den Wäldern sichtbaren zahlreichen Erzpingen (s. J 1), den seit 1348 urkundlich belegten Eisenhammer bei Laudenbach (s. L 4), das Eisenbergwerk vom Gehege bei Brotterode vor 1560 (s. J 1) sowie die Messerschmieden von Steinbach, Schweina, Ruhla und Brotterode bewirkten einen solch schlechten Zustand der Waldungen, daß sogar von Holznot berichtet wurde (Hess 1898; Regel 1884). Die für den Schmelzbetrieb erforderliche Holzkohle mußte teilweise aus dem Herzogtum Gotha gegen Eisenerz von der südwestlichen Seite des Rennsteigs eingetauscht werden (Creutzburg 1925).

Eintrift und Trift mit Pferden, Kühen, Schafen und Ziegen erfolgten in fast unbeschränktem Umfang (Hess 1898; Kürbis 1942). Hinzu trat ein über die Maßen hoher Wildbestand infolge bewußter Förderung der Jagdprivilegien der feudalen Grundherren, und in vielen Forstbereitungen wird über den Verbiß des Weideviehs und des Wildes Klage geführt. Strenge Vorschriften in den Forstordnungen über die Schläge, die „in Hege gelegt" wurden, ja selbst das strikte Verbot der Waldweide wurden erlassen (Kius 1869). Die überhöhten Wildbestände wurden davon allerdings nicht berührt, weil die Feudalherren daraus ihren persönlichen Nutzen zogen. Der Brenn- und Bauholzverbrauch der Hofhaltungen, Gemeinden, Amtsschösser und Forstbediensteten war im 16. und 17. Jh. außerdem sehr hoch (Kius 1869). Die über Jahrhunderte fortdauernde Schlagwirtschaft stützte sich in der Hauptsache auf das Ausschlagvermögen der Baumarten. Da die Naturverjüngung aus Samen nicht bewußt genutzt wurde, ging die Qualität der Wälder zurück.

Die künstliche Walderneuerung mit Saat und Pflanzung – 1569 schon vorgeschlagen – begann wahrscheinlich erst 1747 (Hering 1937; Minckwitz 1951). Zu dieser Zeit wurden erstmals Fichten am Inselsberg erwähnt (s. F 4), denen im Gebirge vorzugsweise die schlechteren Standorte, wie steile Süd- und Westhänge oder flachgründige Kuppen und Rücken, eingeräumt wurden. Auf den besseren Böden regenerierte sich die Buche zu geschlossenen Beständen. Im Vorland wurde neben der Fichte in verstärktem Maße die Kiefer zur Walderneuerung eingesetzt. GREBE (1872) beschreibt eingehend, wie sich der Wandel mit zunehmender Erkenntnis über die zweckmäßigste Bewirtschaftung vollzog und machte seinerseits Vorschläge für die weitere Verbesserung des Waldzustandes.

Die Rationalisierung der Forstökonomie, die von den Gothaer Domänenforsten ausging, brachte seit etwa 1820 Fichtenmonokulturen mit Kahlschlagwirtschaft und künstlicher Verjüngung des Waldes. Das Gothaer Bewirtschaftungssystem drang auch im Schmalkalder Gebiet voll durch, als 1866 — sehr zum Schaden der dortigen Wirtschaft — die Waldungen des preußischen Kreises Schmalkalden an den Herzog von Sachsen-Coburg-Gotha und den Staat Gotha fielen. Dieser Besitzerwechsel hatte zur Folge, daß die Gemeinden das Recht auf die Nutzung von Streu aus den Staatswaldungen verloren und die übrigen Rechte stark eingeschränkt wurden, so das Sammeln von Raff- und Leseholz und die Hutung für das Vieh. Ein nicht unerheblicher Teil des Waldes blieb bis 1945 Kommunal- oder Privatbesitz, wie der große Brotteroder Gemeindewald am Südhang des Inselsberges und die Wangenheimer und Seebacher Forsten südlich von Winterstein. Die Privatwaldungen überwogen sogar, als bei der Gothaer Domänenteilung 1905 ein großer Teil des Domänenwaldes an das Gothaer Herzogshaus fiel, das den Besitz trotz zeitweiliger Enteignung nach der Revolution von 1918 mit 16349 ha bis 1945 behaupten konnte.

Das gegenwärtige Waldbild ist das Ergebnis der geschichtlichen Entwicklung und der bisherigen Behandlung der Bestände. Die in den Waldbeschreibungen der früheren Zeit genannten Baumarten sind größtenteils heute noch an den damals bezeichneten Forstorten zu finden, wenn auch nicht mehr in den vorherigen Mengenverhältnissen. Das trifft besonders für Traubeneiche und Tanne zu. Das jetzige Vorkommen der wenigen Tannen deckt sich trotz seines bereits weit über hundert Jahre dauernden Rückgangs mit der früheren Grenze (Abb. 5).

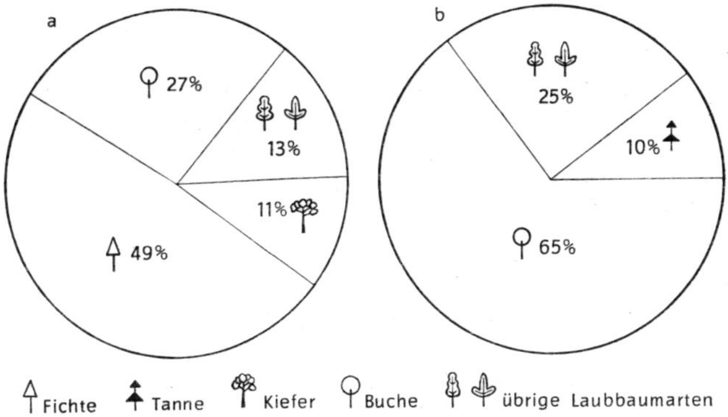

Abb. 8. Baumartenverteilung (a) in der Gegenwart und (b) im 17. Jahrhundert (Entwurf H. GRÜNEBERG)

Eine wesentliche Vergrößerung ihrer Areale erfuhren — als Folge des anthropogenen Einflusses — Fichte und Kiefer, wobei letztere vorzugsweise auf den Buntsandsteinböden des Vorlandes verbreitet wurde.
Die Wälder des Gebietes werden von vier staatlichen Forstwirtschaftsbetrieben bewirtschaftet: Eisenach (Oberförsterei Eisenach), Gotha (Oberförsterei Tabarz), Bad Salzungen (Oberförsterei Bad Liebenstein) und Meiningen (Oberförsterei Schmalkalden). Die Flächenanteile der Baumarten sind folgende: Kiefer 11%, Fichte 49%, Buche 27%, übriges Laubholz 13% (Abb. 8).

H. Grüneberg und *U. Heß*

Territorialstruktur

Das Gebiet zwischen Ruhla und Schmalkalden nimmt eine Fläche von nahezu 250 km² ein, an der der Bezirk Suhl mit 83% und der Bezirk Erfurt mit 17% Anteil haben. In den 24 Gemeinden, Ortsteilen und Wohnplätzen lebten 1981 insgesamt etwa 64700 Einwohner. In den letzten Jahren vollzog sich eine Umverteilung der Bevölkerung, die überwiegend zu Lasten der Gemeinden unter 2000 Einwohnern ging. Aber auch Landstädte wie Breitungen und Ruhla verzeichneten einen zahlenmäßigen Rückgang. Lediglich die Kreisstadt hatte eine Bevölkerungszunahme um 13%.
Die Siedlungen südlich der Kammlinie ordnen sich vorwiegend in Bändern entlang der Bäche Truse, Schmalkalde und Werra an. Die Bebauung einiger Orte geht nahtlos ineinander über: Floh und Seligenthal sowie Mittelstille, Näherstille, Schmalkalden, Haindorf und Mittelschmalkalden. Die übrigen Orte liegen regellos zwischen den Bändern und sind oft recht klein, wie Nüßleshof, Heßles und Volkers.
Die nördlich der Kammlinie gelegenen Siedlungen Fischbach und Winterstein ordnen sich in das Band Thal—Tabarz ein. Die Stadt Ruhla ist produktions- wie arbeitsräumlich stark mit Eisenach verbunden (s. A 1.3).
Die Produktionsstruktur des Gebietes Ruhla—Schmalkalden weist räumlich sehr große Unterschiede auf (Abb. 9). Dabei spielt die natürliche Ausstattung mit metallischen und nichtmetallischen Rohstoffen eine große Rolle. Die Erzgewinnung reicht bis mindestens in das 16. Jh. zurück (s. L 1), der Fluß- und Schwerspatabbau bis in das 19. Jh. (s. L 6). Anfangs wurden die geförderten Erze und Spate in nahe gelegenen Werken verhüttet bzw. weiterverarbeitet. Heute bereitet der VEB Fluß- und Schwerspat sein Fördergut zwar ebenfalls auf, liefert aber beispielsweise das Eisenerz zum Eisenhüttenkombinat in Eisenhüttenstadt im Bezirk Frankfurt/Oder. Der Bergbau auf Spate sowie Brauneisen- und Spateisenstein geht gegenwärtig bei Schmalkalden, Steinbach, Ruhla und vor allem Trusetal um (s. L 6).
Der Bergbau zog seit dem Mittelalter die Erzaufbereitung und -verarbeitung nach sich. So arbeiteten beispielsweise im 16. Jh. in Brotterode (s. J 1) mehrere Eisenhämmer und in Weidebrunn (s. P 7) im 17. Jh. je ein Stahlhammer und ein Blauofen. Diese gewerblichen Einrichtungen lieferten die Rohstoffe für die jahrhundertelang handwerklich betriebene Eisen- und Stahlwarenherstellung (s. Seite 25), die in den meisten Dörfern des Schmalkalder Gebietes verbreitet war. Aus ihr gingen durch die Konzentration und Spezialisierung

der Produktion bedeutende Betriebe der Metallverarbeitung hervor. Einige von ihnen entwickelten sich nach 1945 zu wichtigen Industriewerken. Nachdem die materiell-technische Basis des Sozialismus bis 1960 geschaffen war, erweiterte sich nach 1960 die Vielfalt der Produktion im Zusammenhang mit der Spezialisierung im Rahmen der internationalen arbeitsteiligen Beziehungen im Rat für Gegenseitige Wirtschaftshilfe. Gleichzeitig erfolgte eine standörtliche Konzentration auf die Städte Schmalkalden und Ruhla sowie mit einigem Abstand auf Breitungen, Trusetal, Brotterode und Schweina.

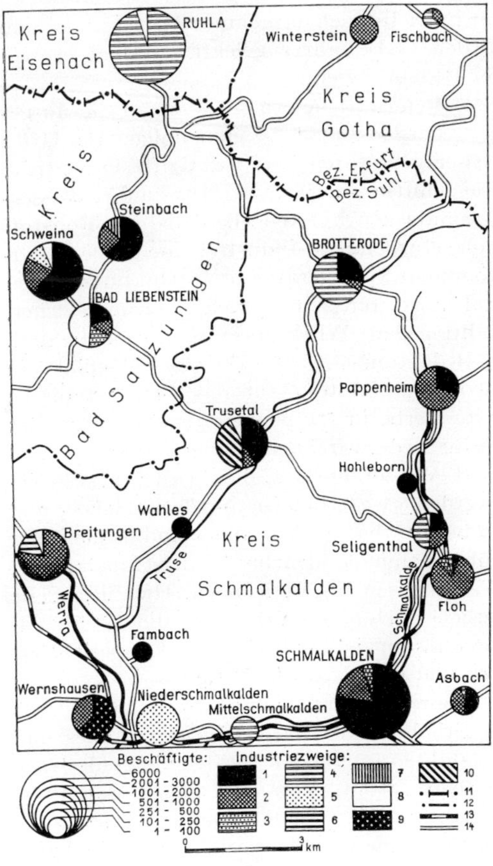

Abb. 9. Industriestruktur nach den Beschäftigten in den Gemeinden (Entwurf H.-J. SCHMIDT)

1 Maschinen- u. Fahrzeugbau
2 Leichtindustrie
3 Lebensmittelindustrie
4 Elektrotechnik/Elektronik/Gerätebau
5 Textilindustrie
6 Energie- u. Brennstoffwirtschaft
7 Metallurgie
8 Chemische Industrie
9 Baumaterialienindustrie
10 Bergbau
11 Bezirksgrenze
12 Kreisgrenze
13 Eisenbahn
14 Straße

Die Erzeugnisse der Industrie sind sehr vielfältig und werden in einer Vielzahl räumlich zersplitterter Klein- und Mittelbetriebe hergestellt. Zu den mehr als 30 Betrieben des Kreises Schmalkalden gehören solche, die mit ihren Produkten die Volkswirtschaft der DDR und den Export bestimmen. So entwickelte sich der VEB Werkzeugkombinat (s. S 1.3) zum größten Werkzeugproduzenten der DDR mit über 60000 verschiedenen Erzeugnissen, und sein Produktionsbereich Sägenfabrik ist der einzige Hersteller von Kreissägen.
Die industrielle Entwicklung von Ruhla (s. A 1.3) wurde nach 1945 maßgeblich durch den heutigen VEB Uhrenwerk Ruhla bestimmt, den Leitbetrieb im VEB Kombinat Mikroelektronik mit Betriebsteilen in mehreren Orten innerhalb und außerhalb des Gebietes. Wie der VEB Fahrzeugelektrik ordnet er sich in die Zweige von gesamtstaatlicher Bedeutung ein.
Einen weiteren wichtigen Roh- und Brennstoff liefern seit langem die ausgedehnten Wälder, die heute etwa 30% der Gesamtfläche einnehmen. Aus Holz stellte man sowohl Teile für die Eisenfertigwaren her, wie Griffe und Stiele, als auch eigenständige Produkte, wie Schiffsmasten (s. Q 1). Die an den Wasserläufen gelegenen Papier- und Pappenfabriken nutzten ebenfalls den Rohstoff Holz. Auch heute noch weist die holzverarbeitende Industrie eine große standörtliche Streuung auf. Der VEB Kombinat Sportgeräte mit Produktionsstätten in Schmalkalden (s. S 1.3), Trusetal und Floh (s. P 5) stellt Erzeugnisse her, die besonders in Ländern mit traditionellem Wintersport sehr begehrt sind. Von großer volkswirtschaftlicher Bedeutung ist der Holzumschlagplatz in Wernshausen (s. Q 1). Daneben existieren weitere, für das Gebiet typische Industriezweige, so der VEB Kunstgewerbe in Pappenheim (s. M 1). Aus der Korbflechterei ging im gleichen Ort die Lederwarenherstellung hervor.
Obwohl Geländeformen, Böden und Wasserhaushalt die landwirtschaftliche Nutzung stark einengen, werden 53,5% der Gesamtfläche acker- und wiesenbaulich im Verhältnis 60 : 40 bewirtschaftet. Vor allem sind es die Täler der Schmalkalde von Seligenthal über Schmalkalden bis Niederschmalkalden, der Stille sowie der Werra von Wernshausen bis Breitungen. Hier liegen die Ackerzahlen über 28, dem gebietlichen Durchschnitt, und die Grünlandzahlen über 32. Die Pflanzenproduktion ist teilweise stark spezialisiert auf den Anbau von Intensivkulturen und von Tabak (s. N 1.4).
Die Landwirtschaft hat nach 1960 eine rasche Entwicklung genommen. Durch bodenmeliorative Maßnahmen, die Erhöhung des Mechanisierungsgrades und die Einführung industriemäßiger Produktionsmethoden wurden die Felderträge wie auch die Viehbestände wesentlich erhöht. Voraussetzungen waren die veränderten Betriebsgrößen und -strukturen. Herrschten Anfang der sechziger Jahre noch die landwirtschaftlichen Produktionsgenossenschaften (LPG) Typ I bis III vor, die sich Mitte der sechziger Jahre zu Kooperationsgemeinschaften zusammenschlossen, waren es Anfang der siebziger Jahre die Kooperativen Abteilungen Pflanzenproduktion (KAP), aus denen die spezialisierten LPG Pflanzen- und Tierproduktion hervorgingen. Folgende LPG bewirtschaften das Gebiet südlich der Kammlinie des Thüringer Waldes: LPG (P) Breitungen (s. N 1.4), Schmalkalden (s. S 1.3) und Witzelroda sowie die LPG (T) Barchfeld, Fambach (s. N 5), Mittelstille (s. S 4) und Trusetal (s. L 6).
An der südwestlichen Begrenzung des Thüringer Waldes verlaufen mehrere

geologische Störungen, an denen mineralhaltige heilkräftige Wässer zutage treten, die seit dem 17. Jh. zu Kuren und Bädern verwendet werden (s. G 1). Diesem natürlichen Vorzug verdankt Bad Liebenstein seine Anziehungskraft für Genesungsuchende. Seit der Verstaatlichung der Kureinrichtungen 1947 prägt das Kur- und Bäderwesen in mannigfacher Weise den Ort wie sein unmittelbares Umland. Heute ist Bad Liebenstein das größte Heilbad für Herz-Kreislauf-Erkrankungen in der DDR, und seine Bedeutung reicht über den nationalen Rahmen hinaus.
Wie Bad Liebenstein werden die meisten Orte am Rand und im Inneren des Thüringer Waldes von ausgedehnten Wäldern umgeben. Dieser Tatsache sowie dem Lokalklima und den Geländeformen, nicht zuletzt der kulturgeschichtlichen Mannigfaltigkeit ist der hohe Erholungswert des Raumes zwischen Ruhla und Schmalkalden zu verdanken. Dieser wird seit etwa 1950 in verstärktem Umfang genutzt. Mehr als drei Viertel aller Gemeinden sind Ferienorte, wobei die Erholungsfunktion zu den beidseits des Kammes gelegenen Gemeinden hin zunimmt. Allein der Feriendienst des FDGB und das betriebliche Erholungswesen betreuen nahezu ebensoviel Urlauber, wie das Gebiet Einwohner hat. In den Zentren Brotterode (s. J 1), Pappenheim (s. M 1), Floh (s. P 5) und Heßles (s. O 2) kommen 3 bis 4 Urlauber auf einen Einwohner im Jahr. Viele Gemeinden, darunter Asbach, Trusetal und Brotterode, tragen den Titel Staatlich anerkannter Erholungsort. Hinzu kommen viele Touristen, die vor allem den Großen Inselsberg, das Gebiet Schweina—Bad Liebenstein und den Raum Floh—Pappenheim—Brotterode aufsuchen. Hervorzuheben sind die Gemeinden Brotterode, Steinbach, Pappenheim und Schweina auch als Trainingszentren der Wintersportler.
Außer den Urlaubern besuchen viele Menschen aus der Umgebung bei Tages- oder Wochenendbesuchen das Gebiet zwischen Ruhla und Schmalkalden. Für sie alle bieten das Naherholungsgebiet Alte Ruhl (s. A 1.3) sowie die Veranstaltungen auf der Bergbühne in Fischbach und den Freilichtbühnen in Bad Liebenstein, Trusetal und Steinbach Abwechslung. Viele Kulturgruppen in den Gemeinden pflegen und verbreiten die Volkskunst. Zahlreiche traditionelle Festspiele und Kulturveranstaltungen werden in den Monaten Mai bis August jährlich unter der Mitwirkung der ortsansässigen Betriebe und Einrichtungen in den einzelnen Gemeinden bzw. Gemeindeverbänden durchgeführt (s. G 1, G 2, J 1, L 6, S 1.4; Abb. 10).
Sowohl die größeren Täler als auch die breiten Geländerücken boten günstige natürliche Voraussetzungen für die Anlage eines dichten Wege- und Straßennetzes. Einige dieser Straßen überschreiten den Kamm des Thüringer Waldes auf zum Teil tief eingesenkten Sätteln, so an der Grenzwiese (s. F 2) am Kleinen Inselsberg und nahe bei der Schillerbuche südlich von Ruhla. Aber nicht nur durch das Gebiet, sondern vor allem randlich führen Straßen und Eisenbahnlinien vorbei, die zur Makrostruktur des Verkehrsnetzes der DDR gehören. Nördlich des Gebietes verlaufen in West-Ost-Richtung die Autobahn und die Fernverkehrsstraße 7 Eisenach—Gotha—Erfurt sowie die Haupteisenbahnlinie Eisenach—Erfurt—Berlin. In Wutha — 7 km nördlich von Ruhla — zweigt von der F 7 die F 88 ab, die bei Fischbach den äußersten NW des Gebietes berührt und bei Ohrdruf in die F 247 mündet. Im W verläuft die F 19 von

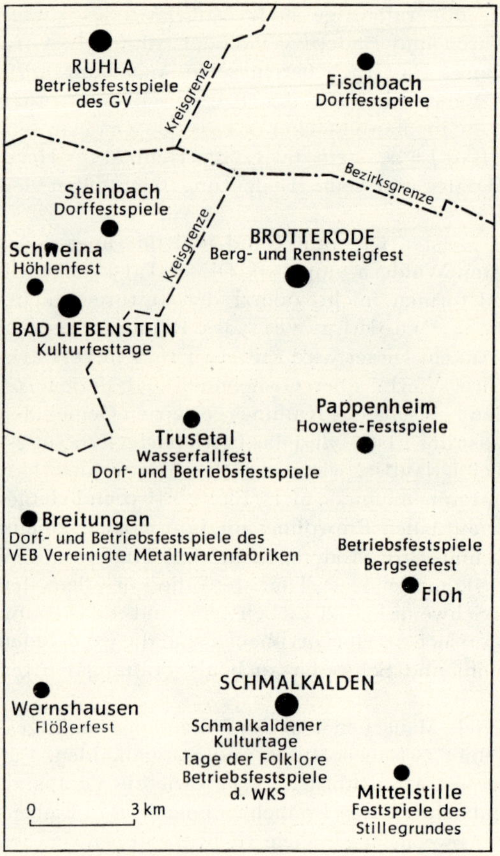

GV Gemeindeverband WKS Werkzeugkombinat Schmalkalden

Abb. 10. Städte und Gemeinden mit traditionellen Festspielen (Entwurf H.-J. Schmidt)

Eisenach über den Kamm des Thüringer Waldes hinweg in Richtung Meiningen. Von Breitungen an benutzt sie das Werratal parallel zur Bahnlinie Eisenach–Bad Salzungen–Meiningen (s. Q 5). Den S erschließt die Bahnlinie Wernshausen–Schmalkalden–Zella-Mehlis (s. Q 6), die auch die beste Erreichbarkeit vom O her bietet.

H. Hecht und *H.-J. Schmidt*

Volkskunde und Baukunst

Das Land zwischen Schmalkalden und Ruhla gehört zu den volkskundlich reizvollsten und vielfältigsten in Thüringen. Bei Sitte und Brauch, in der Festgestaltung oder Volkskleidung und nicht zuletzt in der Volksbauweise hat die

hier ansässige Bevölkerung ein reiches kulturelles Erbe hervorgebracht. Auch sei auf eine große Fülle an Sagen verwiesen, unter denen die Geschichten von der weißen Frau ebenso vertreten sind wie jene von den Wichtelmännchen oder den schatzsuchenden Venetianern (s. F 4 u. 5).
Es handelt sich um ein Gebiet, das über Jahrhunderte annähernd gleiche sozialökonomische Bedingungen für seine Bewohner aufwies. Dementsprechend gab es auch viele gemeinsame ethnische Eigenheiten. Und dennoch hatte jeder Ort seine spezifischen Besonderheiten vorzuweisen, die dem Fremden (Uhiesigen) zumeist verborgen blieben.
Die in der zweiten Hälfte des 19. Jh. einsetzende Industrialisierung hatte wie überall im Deutschen Reich einschneidende Auswirkungen auf den Bestand der Volkskultur gebracht. Vieles wurde für Jahrzehnte verschüttet, manches ging für immer verloren. Zwischen 1933 und 1945 suchte der Faschismus altes Brauchtum für seine Ziele zu verwenden und ideologisch auszunutzen. Erst die in unserem Arbeiter-und-Bauern-Staat entwickelte zielstrebige und bewußte Pflege und Förderung des kulturellen Erbes unseres Volkes hat seit etwa 1970 in großer Breite progressive folkloristische Traditionen wieder aufleben lassen.

P. Handy

Von Neuhaus am Rennweg bis Ruhla stellt der Rennsteig die entscheidende Mundartgrenze dar, die das zum Ostmitteldeutschen zählende Thüringische im N vom Ostfränkischen trennt, das zusammen mit Bairisch und Alemannisch das Oberdeutsche bildet. Von Ruhla an aber biegt diese Grenze nach S ab, überschreitet bei Breitungen die Werra und verläuft über die Randhöhen der Vorderrhön nach W. Das Thüringische der Beckenlandschaft verbreitete sich bis zum Gebirge hin und überschritt im niedrigen Westteil den Kamm, wo schon früh der Salzort Salzungen thüringisch besiedelt wurde. Der übrige Raum südlich des Rennsteigs dagegen wurde in fränkischer Zeit von Würzburg her erschlossen (s. Seite 18), wo um 700 der Sitz der Thüringer Herzöge fränkischer Abkunft war. So konnte sich das Hennebergische als nördlichste Teilmundart des Ostfränkischen herausbilden. Von den zahlreichen Unterschieden seien hier einige bedeutsame Laut- und Wortgrenzen genannt, wobei die thüringischen Formen in der mittleren Spalte stehen:

Verkleinerungsform	bißchen, Stickchen	bißle, Stückle
Vokal-Entrundung	Hisser, bees	Hüsser, bös
n im Stammauslaut	Mann, Stein	Moo/Muu, Stei
n beim Partizip II	gefallen	gefalle
pf- im Anlaut	Fund	Pfund
Lautgruppe -age-	Waan, gesaat	Wöö, gesööt
Einsilberdehnung	Tesch, Korb	Tiisch, Kuurb
Scheune / Scheuer	Schinn, Schünn	Schörn
nicht	nech	net
Hündin	Petz	Züpp

Wo das Thüringische den Rennsteig überschreitet, zeigt sich eine wechselseitige Beeinflussung beider Mundarten. So weisen die thüringischen Orte von Ruhla bis Fischbach die hennebergische Vokalrundung in Hüsser, bös auf, die südlichen thüringischen Orte Schweina, Steinbach und Bad Liebenstein darüber hinaus die hennebergischen Formen gefalle, net, Schörn, Züpp. Das hennebergische Brotterode bewahrt thüringisch henger, onger für hinter, unter und das -n in Muun für Mann; die Trusetalorte weisen die thüringische Verkleinerungsform bißche, Stückche auf, jedoch mit hennebergischem n-Schwund. Thüringisch Born gilt im gesamten Gebiet um Schmalkalden anstelle von hennebergisch Brunn, Brünn.

H. Rosenkranz

Der schon im frühen Mittelalter beginnende Abbau und die Verarbeitung von Erzen erforderten und ermöglichten Burgen zu ihrem eigenen Schutz (s. L 8) sowie zu dem des Straßen- und Wegenetzes (s. C 1, N 1.1, Q 2). Das wohlerhaltene Stadtbild von Schmalkalden (s. S 1.4) zeigt hervorragende Beispiele profaner und sakraler Baukunst von der Gotik bis zur Renaissance, das Schmalkalder Fachwerk nimmt in der Region eine Sonderstellung durch seine klare konstruktive Ausbildung ein. Baukünstlerischer Höhepunkt ist das Schloß Wilhelmsburg mit seiner gut erhaltenen Renaissanceausstattung. Die Seccomalereien des Iweinzyklus im Hessenhof stellen die ältesten profanen Wandmalereien auf dem Gebiet der DDR dar. Die sakrale Baukunst erreichte in vorreformatorischer Zeit durch die Klosteranlage in Frauen- und Herrenbreitungen (s. N 1.2), die Stadtkirche St. Georg in Schmalkalden und die ehemalige Wallfahrtskirche in Haindorf (s. R 5) bedeutende Höhepunkte. Aus nachreformatorischer Zeit finden wir in der Schloßkapelle der Wilhelmsburg eine der ersten protestantischen Kirchenbauten. Die Winkelkirche St. Concordia in Ruhla stellt ein einzigartiges Dokument der lutherischen Predigtkirche auf dem Territorium der DDR dar (s. A 1.4). In vielfach veränderter Form präsentieren sich die Dorfkirchen, wobei die Gruppe der sogenannten Carlskirchen, die der Landgraf CARL I. von Hessen-Kassel (1670—1730) erbauen ließ, eine Sonderstellung einnimmt (s. L 7, M 1). Ein bedeutendes Denkmal der Gartenkunst stellt der Renaissancegarten (s. S 1.4) am Schloß Wilhelmsburg dar.
Die erhaltenen Denkmale der Volksbauweise lassen sich in je einer Gruppe nördlich und südlich des Thüringer Waldes erfassen. Am Nordrand des Gebirges sind niedersächsisch-hessische Einflüsse erkennbar, südlich des Waldes überwiegen fränkisch-hessische, besonders in der Anlage der Höfe. Dabei ist die eigenständige Ausbildung eines Hauses für den Kleinfeuerarbeiter, also den in der Kleineisenindustrie oder im Bergbau beschäftigten mittelalterlichen bzw. nachmittelalterlichen „Proletarier", hervorzuheben. Diese Hausform zeigt eine auf das Notwendigste reduzierte fränkische Anlage: Mittelflur, dieser auch als Küche, sowie seitlich davon Kammern und Kleinviehstallungen. Wie stark die Kleinindustrie und der Fremdenverkehr Ortsbilder veränderten, zeigen beispielsweise Ruhla und Bad Liebenstein. Denkmale der Industriegeschichte blieben im Schaubergwerk Asbach (s. S 2) und in der Neuen Hütte (s. P 7) erhalten.

H.-V. Schleiff

Einzeldarstellung

Ruhla, Kreis Eisenach — A 1

Lage — A 1.1

Das obere Einzugsgebiet des Erbstromes bildet eine breite und tiefe wannenförmige Einsenkung, die an ihrem unteren Ende im W durch den Dornsenberg (614 m) und den Bermer (601 m), im O durch den fast 700 m hohen Breitenberg abgeschlossen wird. Zwischen diesen Bergrücken erstreckt sich Ruhla über 4 km Länge in dem engen, von Steilhängen begleiteten Tal, das sich nur im Zentrum des Ortes etwas verbreitert und Raum für mehrere Straßen gibt. Der obere, südliche Stadtteil nimmt das U-förmige Tal im Ruhlaer Granit ein, der nördliche Teil das V-förmige im aus Sedimentgesteinen hervorgegangenen Glimmerschiefer (Metapelit). Die Häuser ziehen sich weit an den Berghängen hinauf. Der Höhenunterschied innerhalb der Stadt beträgt 140 m (380 bis 520 m ü. NN).

Geschichte — A 1.2

Aus der Ur- und Frühgeschichte liegen von der Ruhlaer Gemarkung nur wenige Funde vor, so drei Steinbeile und zwei Steinhacken der Jungsteinzeit sowie ein facettierter Hammer der Schnurkeramiker der späten Jungsteinzeit. Aus der frühen Eisenzeit stammen ein gerippter Halsring und einige kleine offene Armringe aus Bronze. Hierbei könnte es sich um die Reste eines Grabfundes handeln.
Bereits im 12. Jh. mögen Waldschmieden im Tal des oberen Erbstromes gearbeitet haben. Der Ort selbst wird aber erst 1321 urkundlich erwähnt, seine Gründung gehört sicherlich der letzten hochmittelalterlichen Rodungsperiode an. Das Registrum dominorum marchionum Missnensium von 1378 (Beschorner 1933) nennt die Hälfte von *Rula* als ein Dorf im Amt Wartburg und erwähnt eine neugebaute Mühle. Der Name ist von *Ruhlaha,* wohl von ahd. *rollon* = rollen und *-aha* = Wasser, abgeleitet. Noch 1758 hieß der durch den Ort fließende Bach *Die Ruhl.*
Die politische Geschichte von Ruhla war lange Zeit durch die Mehrstaatlichkeit des Ortes geprägt. Längs des Flusses zog sich im Spätmittelalter die Grenze zwischen den Ämtern Wartburg (Eisenach) und Tenneberg hin. Diese geht auf die wahrscheinlich schon vor der Besiedlung bestehende frühmittelalterliche Trennlinie zwischen der Mark Lupnitz und dem alten Gerichtsbezirk von Mühlberg, später Tenneberg (s. Seite 17) zurück. Als bei den Landesteilungen von 1596 und 1641 die Ämter Eisenach und Tenneberg unterschiedlichen Staaten, zuletzt den Fürstentümern Eisenach und Gotha, zugeteilt wurden, trat die Doppelherrschaftlichkeit des Ortes ein. Seitdem lähmte sie fast drei Jahrhunderte

 seine Entwicklung. Damals erhielt der Gebirgsfluß den heutigen Namen Erbstrom (s. B 7).
Hinzu kam, daß der kleinere Tenneberger (= Gothaer) Anteil grundherrschaftlich in sich geteilt war. Der nördliche Abschnitt gehörte zur Herrschaft Scharfenberg bei Thal und unterstand nur der Landesherrschaft nach dem Fürstentum Gotha. So bildete der Ort drei verschiedene Gemeinden, bis durch die Aufhebung der Gerichtsherrschaft Scharfenberg der Gothaer Anteil 1834 verwaltungsmäßig und 1838 gerichtlich vereinigt wurde. Erst mit dem Zusammenschluß des Landes Thüringen konnten der zuletzt zu Sachsen-Weimar-Eisenach und der zu Gotha gehörende Anteil am 1. April 1921 zusammengefaßt werden.
Im Eisenacher Anteil wohnten 1542 bereits 65 und im Scharfenberger 40 Familien, die Bevölkerungszahl des Tenneberger Anteils ist unbekannt. Es dürften damals 520 Einwohner in Ruhla gelebt haben. Die Hammerwerke nahmen im 16. Jh. einen deutlichen Aufschwung, der sich kurz nach dem Dreißigjährigen Krieg wie in fast allen Industriegemeinden des Thüringer Waldes schnell weiter verstärkte. Aus der Siedlung der Bergleute, Köhler, Müller und Hammerschmiede entwickelte sich ein Dorf der Messerschmiede, die hier erstmals 1559 genannt werden. Ihre Meister bildeten 1592 eine Innung. Dieses Handwerk begann aber am Ende des 17. Jh. zu verfallen, ohne ganz zu verschwinden. 1660 zählte man insgesamt schon 2070 Einwohner. Das Dorf erhielt 1702 Marktrecht, um die überwiegend gewerblich tätige Bevölkerung mit Nahrungsmitteln zu versorgen.
Für den stark übervölkerten Ort mußten neue Erwerbsquellen gesucht werden. Simon Schenk aus Zillbach bei Wasungen führte 1739 die Herstellung von Metallbeschlägen für Pfeifenköpfe ein, die für einige Jahrzehnte zum wichtigsten Gewerbe der Bewohner wurde. Aber auch die Messerfabrikation besaß um die Mitte des 18. Jh. noch eine erhebliche Bedeutung.
Die Holzbeschaler trennten sich von den Messerschmieden, so daß in jedem der drei Ortsteile je zwei besondere Zünfte bestanden. Ihre Vereinigung erfolgte 1751. Der Export vor allem nach Rußland und Skandinavien ergab 1740 noch 120000 Taler, sank aber durch die preußischen Einfuhrverbote bald auf 36000 Taler und verschwand nach der Hungersnot von 1771 und 1772 immer mehr. In diesen Jahrzehnten nahm auch die Einwohnerzahl ab, da Preußen 1749 und 1758 zusammen 129 Messerschmiedefamilien für Eberswalde abwarb (s. Bd. 34, C 10.2).
Die Gewerbe Ruhlas konzentrierten sich seit 1740 auf die Herstellung von Pfeifenköpfen aus kleinasiatischem Meerschaum. Der Ort errang hierin ein Weltmonopol. Der Meerschaum, eine Art von Speckstein aus weichem, leichtem, mattem und undurchsichtigem Material, wurde in Eski-Schehr in der Türkei gewonnen, in Klötzen nach Ruhla gebracht und dort in Heimindustrie mit künstlerischem Können zu Tabakspfeifenköpfen gedrechselt und geschnitzt. Aus den Abfällen wurde, angeblich von Christoph Dreiss erfunden, seit 1750 in einem komplizierten technischen Verfahren durch Mahlen und Schlämmen eine neue Masse gewonnen und als „unechter“ Meerschaum ebenfalls zu Pfeifenköpfen verarbeitet. Die Produktionsverhältnisse führten seit dem 18. Jh. zu sozialen Spannungen. Während noch im 17. Jh. die Messerschmiede ihre Pro-

dukte selbst auf die Messen gebracht hatten, setzte sich im 18. Jh. ein Verlagssystem durch. Dabei kam der Absatz in die Hände einer immer kleiner werdenden Zahl von Verlegern. Dennoch war diese zu Beginn des 19. Jh. noch so groß, daß auf einen Verleger nur 6 bis 8 Produzenten kamen. In Ruhla beschäftigten sich 1808 allein 300 Familien mit der Anfertigung von Pfeifenköpfen und 130 Familien mit der von Messern, Feilen und Kämmen. Die Verleger lieferten den Meerschaum zu hohen Preisen und in übergroßer Menge und zahlten die geringen Löhne oft nur in Form von Nahrungsmitteln und Kleidung. So führte ein Tenneberger Amtsbericht von 1822 aus, daß das Gewerbe in Ruhla nur „vorteilhaft für den Mann von Geld, aber immer drückender für die ärmere, arbeitende Klasse" sei. Die Herstellung des „unechten" Meerschaums erforderte die Gründung kleiner Fabriken, so daß die Hausindustrie langsam zurückgedrängt wurde. Ein weiterer Tenneberger Amtsbericht von 1849 führt aus: „Die Aussichtslosigkeit, in einem anderen Geschäft Arbeit zu finden, nötigt die Arbeiter, selbst die unbilligsten Preisheraufsetzungen und Anforderungen von seiten ihrer Herren sich gefallen zu lassen. Der Ruhlaer Kaufmann weiß diesen Umstand auszubeuten, den Gewinn, den er beim Warenverkauf nicht verschaffen kann, weiß er bei deren Einkauf von den Arbeitern zu erlangen." Gearbeitet, gewohnt und geschlafen wurde oft in einem Raum, die Arbeit war sehr unkontinuierlich und „die Ungewißheit des Lebensunterhaltes entsetzlich". Die Folgen waren eine zunehmende Massenarmut und eine starke Auswanderung nach Amerika in der zweiten Hälfte des 19. Jh.

In der Industriegemeinde des Spätfeudalismus und des Frühkapitalismus war unter diesen Umständen die Autorität des Staates bald untergraben. Schon 1690 klagten die Behörden, daß „in der Ruhl bei Tag und Nacht ein sehr ärgerliches Leben geführt, alle christliche Disziplin zurückgesetzt und keiner Ordnung nachgelebt werde". Doch änderten die von Gotha und Eisenach gemeinsam angestrebte Wirtschaftsförderung und Polizeimaßnahmen, selbst die Einrichtung einer Pfarrei 1661 im Eisenacher und 1686 im Gothaer Anteil nicht viel. Schließlich wurde der armen, aber doch musik- und sangesfrohen Bevölkerung „beim Tanzen das abscheuliche Rufen, Jauchzen und Lärmen und das ärgerliche Verdrehen, Heben, Betasten und Schwenken der Weibspersonen ganz verboten".

Das Bad in der *Ruhl,* das von 1785 bis 1800 auf der Grundlage einer 1753 entdeckten Mineralquelle (Eisensäuerlinge) betrieben wurde und um die Mitte des 19. Jh. eine Nachblüte erlebte, war für den Ort nur eine vorübergehende Erscheinung, ebenso wie die von 1809 bis 1830 (s. D 4) bestehende Forstschule, die Vorgängerin der Forstakademie Eisenach. Auch die Kohle- und Eisenerzvorkommen, die sogar 1874 von den Firmen Krupp in Essen und Borsig in Berlin erworben wurden, erschöpften sich bald. Südlich von Ruhla ging der Abbau von Eisenerz und Schwerspat bis in die jüngere Vergangenheit um: am Wasserberg vor dem Dreißigjährigen Krieg, am Mühlrain 1921/30, am Kirchberg 1905/08, 1912 und 1947/48.

Der Wandel Ruhlas von einem Heimarbeiter- in einen Fabrikort um 1880 hängt eng mit der Entwicklung der Uhren- und Elektroindustrie zusammen. In einer kleinen Pfeifenbeschlägefabrik gründeten CHRISTIAN und GEORG THIEL 1862 eine Fabrik für Kinderspieluhren, die vor allem in den USA abgesetzt wurden.

A 1.2 Sie gliederten 1875 der Fabrik ein Messingwalzwerk an, das 1924 stillgelegt wurde. Schließlich stellten sie seit 1891 erstmals in Deutschland Gebrauchstaschenuhren in billiger Preislage für den Massenkonsum her und bauten diese Produktion zur Haupttätigkeit des Betriebes aus. Seit 1903 liefen auch Versuche zur Herstellung von Zeitzündern für militärische Zwecke, die die Fabrikbesitzer in engere Zusammenarbeit mit der Firma Krupp brachten und im ersten Weltkrieg zur Rüstungsproduktion führten. Zwischen den beiden Weltkriegen waren Großbritannien und seine Kolonien Hauptabsatzgebiete der Uhren und Maschinen.

Daneben entstanden 1870 die Lampenfabrik Thiel & Bardenheuer und 1880 die Elektrotechnische Fabrik von C. & F. Schlothauer, die 1906 GmbH wurde und 420 Arbeiter zählte. Als Aktiengesellschaft wurde 1922 die Firma Thiel & Schuchardt gegründet, die hauptsächlich Elektroinstallationsmaterial produzierte. Um 1925 lebten in Ruhla 4200 Einwohner von der Metall- und 1100 von der Elektroindustrie. Der Ort nahm bei schnellem Bevölkerungsanstieg sowie auch durch den Anschluß an das Eisenbahnnetz (von 1880—1967 als Stichbahn) schnell den Charakter einer industriellen Gebirgsstadt an. Der Gothaer Anteil bekam 1894 Stadtrecht, das 1921 auf die Gesamtgemeinde überging.

Die Sozialdemokratie hielt 1873 von Gotha her ihren Einzug, und bald bildete Ruhla ein Zentrum der Arbeiterbewegung in Westthüringen. Die Arbeiter schlossen sich 1920 meist der KPD an, die bereits 1924 über 41% der Wählerstimmen erhielt. Der Ort war in der Zeit der Weimarer Republik ein bedeutender Mittelpunkt der kommunistischen Bewegung in Thüringen, wenn auch zeitweise stärker als anderswo opportunistische Strömungen auftraten.

Während der antifaschistisch-demokratischen Umwälzung wurden die Großunternehmen 1945 sequestriert und 1948 in Volkseigentum übergeführt. Die Firma Gebrüder Thiel GmbH — seit 1946 Sowjetische Aktiengesellschaft — ging 1952 ebenfalls in Volkseigentum über. Die beiden auf dem Elektrosektor tätigen Firmen Storch & Stehmann und Thiel & Schuchardt gehörten gleichfalls zunächst zu Sowjetischen Aktiengesellschaften, wurden aber schon 1947 dem Lande Thüringen zurückgegeben und 1948 als VEB Elektroinstallation Ruhla der VVB (Z) IKA in Leipzig, Werke I und II, fortgeführt. Andere Ruhlaer Betriebe gingen in dem VEB Metall-Union Schmalkalden auf.

A 1.3 Gegenwärtige Wirtschaftsstruktur

Die 6216 Einwohner (1981) zählende Stadt besitzt nach der Kreisstadt auch die größte Industriekonzentration im Kreis Eisenach. Hier sind ungefähr 18% mehr Arbeitskräfte tätig, als Ruhla Einwohner hat. Täglich kommen etwa 3500 Einpendler aus Eisenach und den Gemeinden des Erbstromtales, vor allem auf der gut ausgebauten F 88; 15- bis 20mal täglich verkehren Omnibusse in beiden Richtungen zwischen Ruhla und Eisenach.

1982 waren über 6000 Arbeitskräfte in den sieben volkseigenen Betrieben der Stadt tätig. Der größte unter ihnen ist der VEB Uhrenwerk Ruhla (UWR) mit 2500 Beschäftigten. Zu seinem Produktionssortiment gehören neben herkömmlichen Uhren zunehmend Quarzuhren. Ein weiterer Großbetrieb mit einem Betriebsteil in Brotterode (s. J 1), der VEB Kombinat Fahrzeugelektrik Ruhla (FER), stellt mit seinen etwa 2000 Arbeitskräften vor allem Anlasser und Lichtmaschinen her. Der Stammbetrieb liefert vornehmlich an das Automobilwerk in Eisenach. Ebenfalls ein Zulieferbetrieb ist der VEB Elektroinstallation Ruhla (ERU) mit rund 800 Arbeitskräften, die vor allem Stecker, Schalter und Elektrogeräte produzieren. Die Betriebe der Elektrotechnik/Elektronik werden vervollständigt durch den VEB Elektronische Bauelemente (EBR), der mit seinen 335 Arbeitskräften seit 1982 dem Kombinat Mikroelektronik angehört und zunehmend für diesen volkswirtschaftlich wichtigen Bereich liefert, aber auch elektrische Zusatzgeräte herstellt. A 1.3

Eine nicht unbedeutende Rolle spielt die bezirksgeleitete Industrie der Stadt. Zu ihr gehören der VEB Plastverarbeitung Ruhla, Hersteller von Haushaltsgegenständen, ferner der VEB Schalterbau Ruhla (SBR), Produzent von etwa 20 verschiedenen Schalterarten, und der VEB Metall- und Holzwaren Ruhla.

Die Stadt besitzt keine nennenswerte landwirtschaftliche Nutzfläche. Erwähnenswert sind lediglich einige Hektar forsteigenes Weideland auf den Hochlagen, das im Sommer durch die LPG Sättelstädt bzw. LPG Hötzelsroda genutzt wird. Dazu existieren Verträge zwischen den LPG und dem Staatlichen Forstwirtschaftsbetrieb Eisenach.

Jährlich vermitteln Betriebe etwa 4000 Übernachtungen an Urlauber, die in Privatunterkünften und dem Bungalowdorf in der Alten Ruhl unterkommen. Für Winterurlauber verfügt die Stadt über ein umfangreiches Skigelände an der Ruhlaer Skihütte (s. B 6), etwa 4 km vom Stadtzentrum entfernt.

Siedlungsbild und Persönlichkeiten A 1.4

Das ursprünglich durch Fachwerkhäuser geprägte Ortsbild hat sich durch die Industrialisierung und durch die für den Fremdenverkehr im 19. Jh. errichteten Einzelbauten völlig verändert. Das erhaltene Fachwerk im Obergeschoß ist meist mit der Thüringer Leiter, der Reihung von Kurzstielen in der Brüstungszone, aber auch mit Zierstrebenfachwerk (Andreaskreuz, Raute) versehen, wie Krumme Wiesengasse 21 (um 1700), Untere Lindenstraße 30 (um 1720), Köhlergasse 72 und 40 (17. Jh.) und Obere Lindenstraße 29/31 (17. Jh.). In dem zuletzt genannten Gebäude befindet sich das Ruhlaer Heimatmuseum (Bild 2) mit Ausstellungsstücken zur Regionalgeschichte, zur Entwicklung der Eisen- und Stahlwarenproduktion bis zur Industrialisierung, zur Pfeifenproduktion, Arbeiterbewegung und Volkskunde. Das Haus Untere Lindenstraße 11 weist eine zweigeschossige Putzfassade mit Pilastergliederung, im Dreieckgiebel in der Rocaillekartusche einen Anker und über dem First ein Segelschiff auf.

Infolge der historischen Entwicklung (s. A 1.2) besitzt Ruhla zwei Kirchen. St. Concordia im ehemals weimarischen Anteil wurde 1660/61 durch Johann Moritz Heinrich Richter als Winkelkirche errichtet. Der niedrige Turm ist innen als Altarraum ausgebildet und durch Rundbögen von völlig gleichgestalteten Schiffen getrennt. Auf der oberen Empore befinden sich Farbglas-

A 1.4 fenster mit der Darstellung der Landgrafensage (19. Jh.; Bild 3). Die Kirche St. Trinitatis im ehemals gothaischen Anteil wurde unter Verwendung von Teilen eines Vorgängerbaues 1682/86 errichtet. Es handelt sich um eine einschiffige Hallenkirche mit hölzernem Tonnengewölbe und umlaufender Doppelempore. Die Kanzel, reich mit Akanthus- und Weinlaubwerk dekoriert, steht frei hinter dem Altar, der angeblich vom Schloß Friedenstein in Gotha hierher gestiftet worden ist. Ein Taufstein aus Alabaster stammt aus dem Jahre 1684. In der katholischen Kirche St. Konrad von 1937 befindet sich eine Mondsichelmadonna, eine thüringische Arbeit aus dem 16. Jh.

Am Bermer, einer Erhebung nordwestlich von Ruhla, richtete man 1863 den Ruhlaer Dichterhain ein, eine Erinnerungsstätte für Künstler aus der *Ruhl*, die später ergänzt wurde. Die Tafeln nennen folgende Persönlichkeiten: 1. Arno Schlothauer (1872–1942) und Otto Böttinger (1867–1942), beides Heimatschriftsteller, 2. Alexander Ziegler (1822–87), Schriftsteller, 3. Hartmann Schenk (1634–81), Dichter, 4. Friedrich Lux (1820–95), 5. I. A. Stumpf (1769–1864), Komponist, 6. Ludwig Storch (1803–81), Heimatschriftsteller.

In Ruhla wurde am 12. Dezember 1890 der Pädagoge und spätere kommunistische Reichstagsabgeordnete Dr. Theodor Neubauer geboren. Er unterrichtete von 1920 bis 1922 an der heutigen Theodor-Neubauer-Schule am Karl-Liebknecht-Platz. Vor dem Gebäude erinnert eine vom Bildhauer Laufer geschaffene Büste an den am 5. Februar 1945 in Brandenburg ermordeten Antifaschisten. Ein Ehrenhain auf dem Trinitatisfriedhof hält die Erinnerung an 17 sowjetische und 3 tschechoslowakische Zwangsarbeiter wach, die zwischen 1943 und 1945 in Ruhlaer Arbeitslagern an den Folgen von Entbehrungen und Mißhandlungen verstarben (Miethe 1974).

A 1.5 Volkskundliches

Zwischen Ruhla sowie Steinbach und Brotterode gab es einst eine Vielzahl ethnischer Gemeinsamkeiten, die vor allem die Volkskleidung und die Festgestaltung, teilweise aber auch die Mundart, betrafen. Brotteroder Drechsler lieferten für die Ruhlaer und Steinbacher Messerschmiede die Hefte, und als in Ruhla die Pfeifenproduktion (s. A 1.2) aufkam, übernahmen sie die notwendigen Horndrechselarbeiten. Im Verlauf der Industrialisierung fanden in Ruhla zahlreiche beschäftigungslose Brotteroder Arbeit. Bei diesen Querverbindungen erscheint es als natürlich, daß zwischen Ruhla und Brotterode sehr häufig hin und her geheiratet wurde.

In die älteste Geschichte von Ruhla reicht die Sage vom Eisernen Landgrafen zurück (Bild 3). Sie stellt ein Zeugnis von der Ausdehnung der Territorialgewalt des Thüringer Landgrafenhauses dar. Es war Landgraf Ludwig II., der von einem Schmied „in der Ruhl" zu hören bekam: „Landgraf, werde hart!" Ihm wurde damit nahegelegt, sich gegenüber seiner aufsässigen Ritterschaft energisch durchzusetzen. Da diese dem Landgrafen nach der Demütigung auf dem Edelacker bei Freyburg/Unstrut nach dem Leben trachtete, soll er ständig ein eisernes Panzerhemd getragen haben. Hieraus entstand der Name Eiserner

Landgraf. Im Garten Leninstraße 5 befindet sich ein (angeblich) mittelalterlicher Amboß, der an den Schmied von Ruhla erinnert. A 1.5

Weithin bekannt und besonders ausgeprägt war die Ruhlaer Tracht, die in der zweiten Hälfte des 19. Jh. im Verlauf der Industrialisierung immer mehr durch Konfektionskleidung verdrängt wurde. Sie zeichnete sich durch eine ausgesprochene Farbenfreudigkeit aus. Die Tracht wird heute wieder im Rahmen der volkskünstlerischen Arbeit von der Folkloregruppe Alt Ruhla gezeigt und gepflegt.

Zu den charakteristischen Kleidungsstücken der Mädchen und Frauen gehörte der Kantelrock, dessen Name auf die reichen Kantenborten hindeutet. Er bestand aus einem teuren Wollstoff oder aber aus Halbwollenem, bei dem Baumwolle oder Leinen als Einschlag verwendet wurde, dem sogenannten Beidermann. Die dominierenden Farben waren Grün, Violett und Weiß. Dazu wurde das Mieder, darunter ein Leinenhemd, darüber eine einfarbige Jacke, zumeist aus Seide, getragen, ferner durchbrochene Strümpfe mit eingestrickten Zwickeln. Die Kopfbedeckung der Wohlhabenden bestand aus Hauben oder Kappen. In der Mehrzahl jedoch fand der Haitlappen (Hait oder Heid ist die mundartliche Bezeichnung für Kopf) Verwendung, der in Thüringen weit verbreitet war. Die Herkunft der Trägerin ließ sich stets nach dem Stoff, der Art des Bindens sowie der Anordnung des Knotens und der Zipfel bestimmen. Für die Rühlerinnen typisch war der ausgesprochen schmal gelegte Haitlappen, dessen mit Stickerei verzierte Zipfel kokett hinter dem linken Ohr hingen.

Die Männer trugen bei der Arbeit graue, baumwollene lange Hosen, dazu eine kurze, halbwollene Arbeitsjacke, bei kaltem Wetter eine lange Weste oder gestrickte Wolljacke, Socken und Schaftstiefel sowie die Mütze mit breitem Schild. Bekannt war auch der leinene Blaukittel, der wie in ganz Thüringen die Kleidung der Fuhrleute darstellte. Die Sonntagskleidung der Männer bestand aus der schwarzen Samtkniehose, weißen durchbrochenen Strümpfen, Schnallenschuhen, der grünen Samtweste und der kurzen Jacke aus schwarzem, glänzendem Tuch. Sie wurde komplettiert durch ein grün gemustertes Halstuch und den perlenbestickten Tabaksbeutel.

Getragen wurden die Trachten vor allem an den Sonn- und Festtagen. Unter den letzteren nahm die Kirmes eine besondere Stellung ein. In Ruhla fiel sie zunächst in die Zeit nach der Ernte (um den Martinstag herum, dem 11. 11.), im 19. Jh. in den Juli, und heute wird sie als Abschluß der seit 1969 jährlich im Juni stattfindenden Festspiele (Abb. 10) im Gemeindeverband Ruhla gefeiert. Bei Beteiligung aller ansässigen Betriebe ist der Träger dieser Veranstaltung der VEB Uhrenwerk. Früher dauerte die Kirmes oftmals länger als acht Tage, so daß der Ruhlaer Heimatdichter Ludwig Storch um die Mitte des 19. Jh. schrieb:

De Rühler Kirmes, bi se woair,
So uaf unn aob vüar honnert Jarrn,
Die moaicht zu Kengen de allen Lüat,
Die Jongen oabber zu großen Narren.

Über Ruhla hinaus berühmt war der Rühler Spreenger, ein Volkstanz, der in seinem Ursprung sehr alt ist und dessen Aufführung zu den Höhepunkten der Kirmes zählte. Er gehört heute zum Repertoire des Folkloreensembles Alt Ruhla.

A 2 Rennsteig

Die historische Überlieferung sieht im Rennsteig (s. Bd. 39, A 1) einen Verbindungsweg zwischen dem westlichen Thüringen und dem Thüringischen Schiefergebirge im O mit Anschluß an das Fichtelgebirge und nach Böhmen. Die Rennsteigtouristik hat ihn seit dem 19. Jh. auf die Wanderroute von Hörschel an der Werra bis Blankenstein an der Saale (168 km) festgelegt, von der heute die Strecke von Clausberg (westlich von Eisenach) bis Ernstthal (120 km) zusammenhängend durchwandert werden kann.

Der Höhenweg verläuft in unserem Gebiet auf einer Strecke von rund 16 km. Er beginnt unweit nördlich der Straße von Etterwinden nach Ruhla beim Forstort Jubelhain und zieht von NW nach SO über Gollertskopf, Ascherbrück, Ruhlaer Häuschen (s. A 3), Triniusblick (s. A 4), Große Meilerstätte und Glöckner (Bild 1), wendet sich dann in einem nach S offenen Bogen über den Dreiherrnstein (s. E 5), den Venetianerstein und den Großen Inselsberg nach O. Der Weg steigt nach SO zunächst kontinuierlich an. Im NW beträgt seine Höhenlage noch nicht ganz 600 m ü. NN, schwankt dann durchschnittlich um 700 m, erreicht auf dem Oberen Beerberg 800 m, dem Inselsberg schließlich 916 m und senkt sich dann unvermittelt wieder auf 725 m. Am Trocken- und am Jagdberg gewinnt er nochmals eine Höhe von 800 m ü. NN. Tief eingeschnittene Kerbtäler, wie der Schweinagrund (s. D 1) und der Wintersteiner Grund, greifen weit in die Kammregion ein und lassen zwischen sich langgestreckte Riedel stehen.

Als Fahrweg und als Grenzlinie kann der Rennsteig in Grenzbeschreibungen nachgewiesen werden, die bis ins 10. Jh. zurückreichen. In einer am 10. August 1330 in Schmalkalden ausgefertigten Urkunde bestätigen die Herren von Frankenstein den Verkauf ihres Wildbannes (s. Seite 20) an den Grafen Berthold VII. von Henneberg-Schleusingen. Die darin enthaltene Beschreibung der Frankensteiner Wildbanngrenze ist mit den Grenzpunkten *Kyselinge* (Kissel), *Emmseberg* (Inselsberg; s. F 4) und *Jahisberg* (Jagdberg) mit dem heutigen Rennsteigverlauf zwischen Ruhlaer Häuschen und Großem Jagdberg identisch. Dieser Grenzzug und ein zweiter vom Hangweg nördlich der Ebertswiese bis zum Nesselberg werden in der Urkunde *Rynnestig* genannt.

Im Laufe der Zeit hat sich die Namenerklärung durchgesetzt, die von einer Zusammensetzung aus *rinnen* = sich schnell bewegen, davon abgeleitet *rennen* = zum raschen Lauf veranlassen, und *stig* = ansteigender Pfad ausgeht. Somit läßt sich der Rennsteig als ein Höhenunterschiede überwindender Bergpfad erklären, auf dem man sich schnell vorwärtsbewegen konnte. Diese Funktion ist im Gegensatz zu der der großen Fernverkehrsstraßen des Thüringer Waldes, der Hohen Straßen oder auch Weinstraßen (= Wagenstraßen), zu sehen. In den folgenden Jahrhunderten wurde der Name Rennsteig auch auf die sich im W und O anschließenden Fortsetzungen der Firstlinie übertragen. Bereits im 16. Jh. bestand die Vorstellung vom Gesamtverlauf des Rennsteigs als schnellem Verbindungsweg zwischen dem westlichen und dem östlichen Thüringen. Bis ins 19. Jh. wurde ihm deshalb eine besondere Bedeutung für militärische Operationen beigemessen. Seit dem Ende des 19. Jh. wird der Wanderweg mit einem weißen R gekennzeichnet.

Eine erste systematische Erkundung und Kartierung des Höhenweges erfolgte

Mitte des 17. Jh. durch Beauftragte des Herzogs von Sachsen-Gotha. In einigen Abschnitten verliefen die Grenzen verschiedener landesherrlicher Territorien den Rennsteig entlang, so daß zeitweise der Grenzcharakter des Kammweges gegenüber der ursprünglichen Wegefunktion dominierte. Solche Abschnitte sind seit dem 16. Jh. durch Grenzsteine, die politische Hoheitszeichen darstellten, markiert worden. In unserem Abschnitt hat der Kammweg vom Jubelhain bis zur Kleinen Hirschbalz keine Grenzfunktion besessen. Erst von da an bis zum Großen Weißenberg verlief die Grenze zwischen Sachsen-Gotha (nördlich des Rennsteigs) und Sachsen-Meiningen (südlich des Rennsteigs) für etwa 1 km auf dem Weg. Am Großen Weißenberg markiert ein Dreiherrnstein (s. E 5) das Zusammentreffen dieses Grenzzuges mit einem zweiten, der Sachsen-Gotha von der hessischen Herrschaft Schmalkalden schied und der sich von hier aus in östlicher Richtung den Rennsteig entlang bis zum Großen Jagdberg mit einer Länge von 6,8 km erstreckte. Die beiden Grenzzüge sind mit Grenzsteinen aus den Jahren 1765, 1772, 1809, 1825, 1845 und 1878 versehen. A 2

Ruhlaer Häuschen A 3

Beim Ruhlaer Häuschen, einer Waldblöße und Wegekreuzung am Rennsteig in 629 m ü. NN, gabelt sich der Höhenweg des Thüringer Waldes in einen nördlichen Arm nach Hörschel an der Werra (als touristischer Rennsteig im 19. Jh. entstanden) und einen älteren, nach W abbiegenden Zweig. Letzterer hat als Endpunkt Sallmannshausen bzw. Gerstungen, wurde im 17. Jh. von den Forstbeamten Herzog Ernsts des Frommen erkundet und 1703 von Christian Juncker als Westende des Rennsteigs beschrieben. Die Rennsteigliteratur bezeichnet ihn deshalb als Junckerschen Rennsteig oder als Rennsteig Herzog Ernsts des Frommen

Im 17. und 18. Jh. standen auf der heutigen Waldblöße einige der Jagd dienende herrschaftliche Gebäude, darunter auch ein Küchenpavillon, die als Rühler Jagdhaus bekannt waren. Sie wurden um 1670 errichtet, von 1744 bis 1747 durch den Barockbaumeister Gottfried Heinrich Krohne umfassend erneuert und mit einem Förster besetzt, aber bereits zehn Jahre später zum Verkauf ausgeschrieben. Der Hauptbau kam 1761 an den Ruhlaer Oberförster Heisse, verfiel aber im Laufe des folgenden Jahrhunderts. Beim Bau der Straße Hohe Sonne — Große Meilerstätte — Altenstein konnten 1868 noch die Grundmauern festgestellt werden.

Der ehemalige Name der Ruhlaer *Häußergen* haftet noch an der sternförmigen Wegegabelung, an der sieben Wege aufeinandertreffen. Der alte steinerne Obelisk zeigt in vier Richtungen: nordwestwärts nach Eisenach (zwei Stunden), südwestwärts nach Bad Liebenstein (zwei Stunden), nordostwärts nach Ruhla (anderthalb Stunden) und westwärts nach Gumpelstadt (eine Stunde) und nach Schweina.

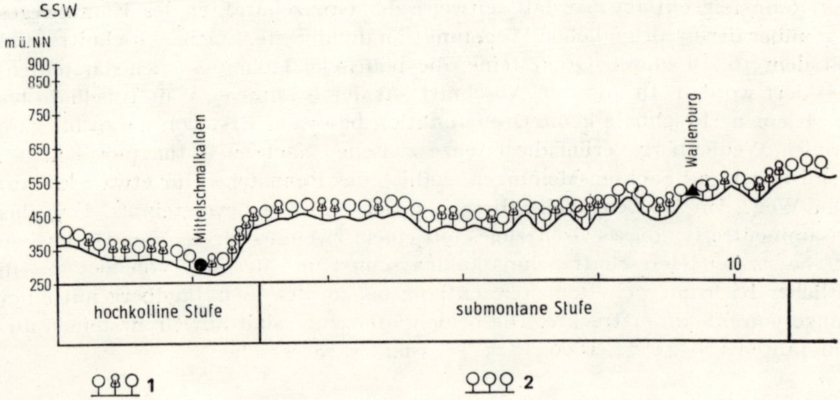

Abb. 11. Profil von Mittelschmalkalden bis Fischbach mit den potentiellen natürlichen Waldgesellschaften (Entwurf H. GRÜNEBERG)

A 4 Triniusblick

Der 636 m hohe Aussichtspunkt Triniusblick liegt auf dem Rennsteig inmitten des Ruhlaer Glimmerschiefers (s. B 1), der von flaserigem Augengneis mit blauen Quarzen, dem sogenannten Thaler Gneis, und von Quarzporphyrgängen durchsetzt wird. Von hier aus blickt man über den sehr schmalen, kammartigen Teil des nordwestlichen Thüringer Waldes mit dem Breitenberg bei Ruhla, den dahinter aufsitzenden kegelförmigen Zechsteinriffbergen, wie dem Wartberg, und weiter bis zur Muschelkalksteilstufe der Hörselberge. Besonders deutlich zeigt sich auch die Zertalung der beiden Seiten des Kammes bis direkt an den Rennsteig. Nur 100 m nordöstlich vom Aussichtspunkt beginnt der lehrbuchartig ausgebildete Quellfächer des Schlauchentals, der seine Wasser dem Erbstrom zuführt, während auf der anderen Seite, in der gleichen Entfernung, zwei nach SW gerichtete Quellbäche der Schweina (s. D 1) ihren Anfang nehmen.

Benannt ist der Aussichtspunkt nach dem Heimatschriftsteller AUGUST TRINIUS (1851–1919), der zahlreiche Wanderlieder schrieb und als „Thüringer Wandersmann" entscheidend die Vorstellung von Thüringen als dem grünen Herzen Deutschlands prägte. Er leistete auch einen Beitrag zur historischen Erforschung der Landschaft. Das nach seiner ersten Rennsteigwanderung im Juli 1889 veröffentlichte Buch „Der Rennstieg. Eine Wanderung von der Werra bis zur Saale" (1890) gab der Erwanderung und Erforschung des Rennsteigs lange nachwirkenden Anstoß. Sein bekanntestes Werk ist das achtbändige „Thüringer Wanderbuch" (1886–1902).

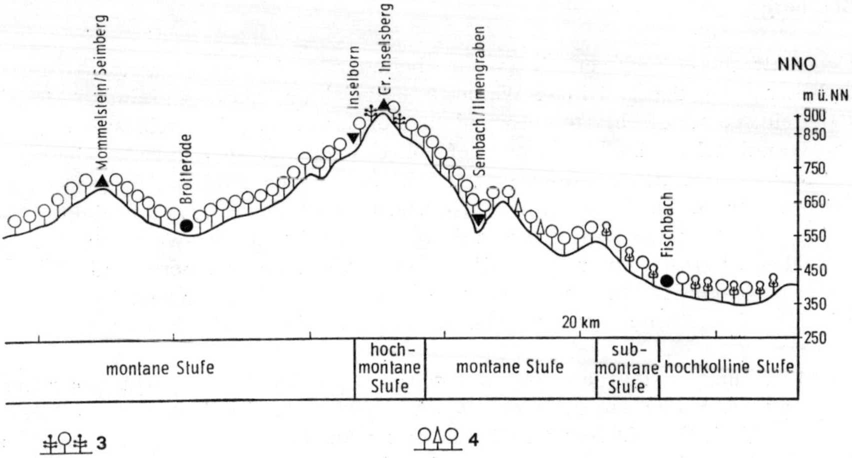

1 Traubeneichen-Buchen-Wälder der hochkollinen und submontanen Stufe
2 Buchenwälder der montanen Stufe
3 Ebereschen-Buchen-Wälder der hochmontanen Stufe
4 Buchenwälder mit Tanne (nur im Verbreitungsgebiet der Tanne)

Breitenberg

B 1

Der massig wirkende, 698 m hohe bewaldete Breitenberg besteht aus Glimmerschiefer des Ruhlaer Kristallins (Abb. 4). Er verdankt der weichen Beschaffenheit dieses gut spaltenden, hellsilber- bis dunkelgrauen rostfleckigen Gesteins mit Biotit und Muskovit seine halbkugelige Gestalt und bildet den östlichen Pfeiler der engen Pforte, die der Erbstrom (s. B 7) in Ruhla durchfließt. Seine steilen Talhänge gehen nach oben in eine ausgedehnte Verebnungsfläche mit nur geringem Gefälle über. Den Südhang bedeckt lockerer Gesteinsschutt.
Die Hauptbaumart war die Buche (Abb. 11), doch wurden ihre Bestände fast gänzlich in solche der Fichte umgewandelt. Gegenwärtig weisen nur wenige Buchen auf die frühere Situation hin. An den Unterhängen, besonders an den nach S, SW und W exponierten, wachsen vereinzelt junge Kiefern-, Eichen- und Roteichenbestände, verschiedentlich auch Lärchen. Solange die mittelalten und alten Fichtenbestockungen noch dicht geschlossen sind, fehlt die Bodenvegetation fast völlig. An etwas lichteren Stellen auf der Kuppe treten Schlängelschmiele *(Deschampsia flexuosa)*, Steinlabkraut (*Galium saxatile*), Siebenstern *(Trientalis europaea)* und Dorniger Wurmfarn *(Dryopteris carthusiana)* auf.
Die Fichtenbestände erlitten im Frühjahr 1981 durch Naßschnee sehr starke Bruchschäden, dagegen wurde die standortheimische Buche überhaupt nicht in Mitleidenschaft gezogen. Die häufige Rotfäule der Fichte, eine pilzliche Stammerkrankung im frühen Baumholzalter, hat ihre hauptsächliche Ursache in den Schälschäden, die vom Rotwild herrühren und beträchtliche Nutzholzverluste mit sich bringen.

B 2 Beerberg

Der sanft geböschte Beerberg (559 m) befindet sich am stark zertalten nordöstlichen Rand des Thüringer Waldes unweit Schmerbachs. An seiner Südseite steigt eine 60 m hohe glatte Felswand aus Porphyr, der Meisenstein, steil empor. Die Wand verleiht im Verein mit der völlig abgeplatteten Kuppe, zu der man auf breiten, natürlichen Stufen gelangen kann, dem Berg die wuchtige Gestalt, die ihn so charakteristisch von den übrigen Erhebungen unterscheidet. „Unendlich schön ist der Ausblick von der eisenumwehrten Steinwarte hinüber in den jähen Abgrund, hinaus über all die herrlich leuchtenden Berge und Höhenzüge, hier nach Thal bis zur Wartburg hin, dort über den Wintersteiner Grund zum Drehberg, Inselberg und das stille, sonnenbeglänzte Land" (TRINIUS 1889).
Die Erhebung besteht aus einem roten, einsprenglingsarmen Quarzporphyr der Gehrener Schichten, der hier wie am benachbarten Hallstein felsenbildend auftritt. Nach dem Meisenstein bezeichnet man diesen fluidalen Porphyr als Meisensteinporphyr. Er führt Porphyrkugeln mit Quarz- und Achatausfüllungen und bildet infolge enger Klüftung auch Nischen und Tore. Der Südhang des Beerberges besteht aus Sedimenten der Goldlauterer Schichten, in denen geringmächtige Steinkohlenflöze auftreten können.
Die großflächig verbreiteten Buchenbestände zählen aufgrund ihrer Höhen- und Randlage am nordöstlichen Abfall des Thüringer Waldes zu den Hainsimsen-Traubeneichen-Buchen-Wäldern (Abb. 11). Neben der vorherrschenden Buche ist gleichwüchsige — gleiche Leistung nach Höhe, Durchmesser und Qualität —, gut geformte Traubeneiche nicht selten. In der Bodenflora dominiert, besonders auf den lichteren Stellen, das Waldreitgras (*Calamagrostis arundinacea*); Buchenhainsimse (*Luzula luzuloides*), Schlängelschmiele (*Deschampsia flexuosa*), Dorniger Wurmfarn (*Dryopteris carthusiana*) treten etwas zurück. Die Waldhainsimse (*Luzula silvatica*) findet sich in größeren Herden ein, begleitet von Fuchskreuzkraut (*Senecio fuchsii*) und Sauerklee (*Oxalis acetosella*). Sporadisch tritt der Waldschwingel (*Festuca altissima*) auf, und in dichten Herden kommt das Immergrün (*Vinca minor*) vor.

B 3 Öhrenkammer

Am äußersten Westrand der Wintersteiner Scholle streichen die Unteren Gehrener Schichten (Abb. 12) zwischen Glimmerschiefern im N und W und dem felsitischen Quarzporphyr der 690 m hohen Kahlen Koppe im S zutage. Es sind graue bis schwarze Sandsteine und Tonsteine (Schiefertone) mit einem etwa 1,5 m mächtigen Steinkohlenflöz (Glanzkohle), das seine bodenständige Entstehung mit dem Vorhandensein seines Wurzelbodens beweist. Die aufgefundene fossile Flora mit *Sphenophyllum verticillatum* (Keilblattgewächs, das zur Gruppe der Schachtelhalmgewächse gehörte) und *Callipteridium pteridium* und das Fehlen der rotliegenden *Callipteris conferta* (Farnsamer) und *Lebachia piniformis* (*Walchia*; Art einer primitiven Koniferengattung) sprechen für das oberkarbonische (stefanische) Alter der Sedimente.

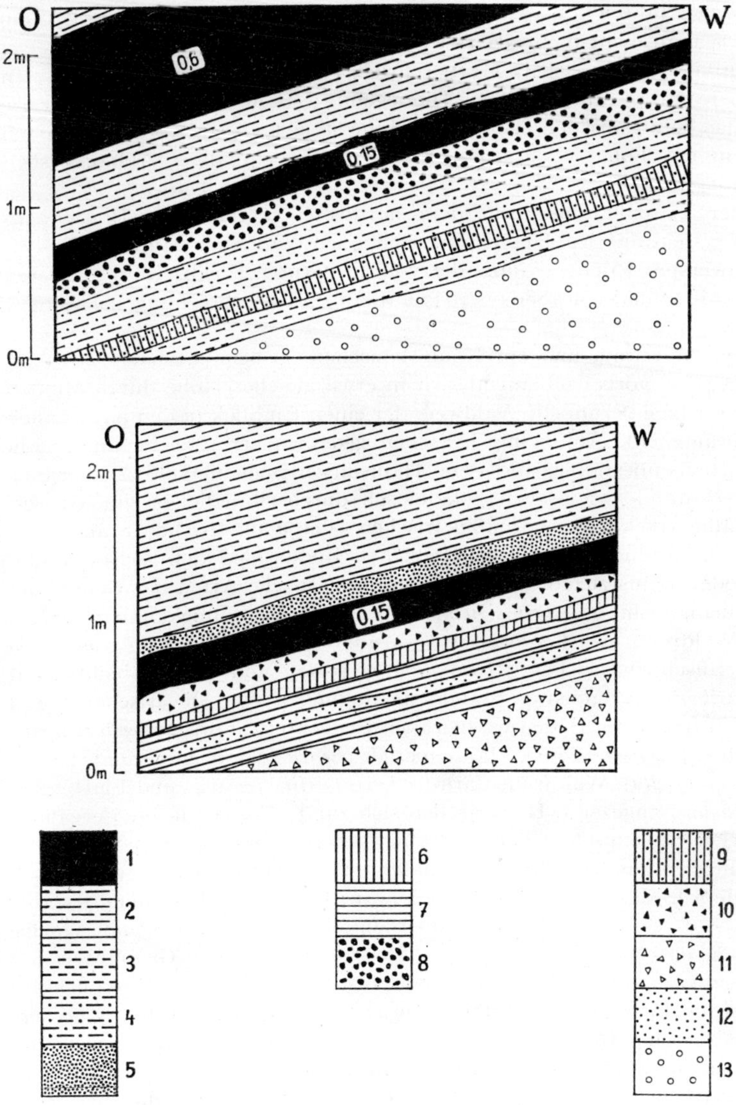

Abb. 12. Geologische Profile durch die Flözfolge der Unteren Gehrener Schichten (Oberkarbon/Stefan) an der Öhrenkammer (nach MEINHOLD 1952)

1 Kohle
2 dunkelgrauer }
3 grauer } Schieferton
4 schwarzer }
5 kohliger }
6 Tonstein
7 Sapropelschiefer
8 schwarzer Kohlesandstein
9 toniger }
10 schwarzer } Sandstein
11 hellgrauer }
12 grauer }
13 hellgrauer Glimmersandstein

B 3 Vor allem in den Jahren von 1740 bis 1780 wurde in der Öhrenkammer Bergbau betrieben. Da man nicht mehr als 15 t Steinkohle von guter Qualität förderte, brach man ihn wieder ab. J. L. Heim schrieb 1806 von diesem Bergbau: „In der ehernen Kammer führt es (das „Todliegende") Steinkohlen, die gangweise aufsetzen; das heißt, aus der Tiefe in die Höhe steigen ... Die darauf geführten Baue sind in der Folge verlassen worden." Ein nochmaliger Abbauversuch erfolgte 1946/47.

Zwischen der Öhrenkammer und dem nordwestlich gelegenen Breitenberg streicht unter dem auf Ruhlaer Granit stehenden Waldstück Hinterer Nesselrain ein Schwerspat-Eisenerz-Gang, der von der Grube ‚Friedrich' in mehreren Stollen angefahren und von 1880 bis 1937 mit langen Unterbrechungen abgebaut wurde.

Am Hinteren Nesselrain und am Königshäuschen — benannt nach Gottlob König (s. D 4) — vorbei schlängelt sich in etwa gleicher Höhe durch Mulden und um Vorsprünge herum ein Waldweg, der einen Einblick in den naturnahen Laubwald ermöglicht. Am Königshäuschen gedeihen ertragreiche und qualitativ gute Buchenbestände, die dem Hainsimsen-Buchen-Wald zuzuordnen sind. Diese Bestände wachsen an ökologisch durchschnittlichen, im Wasserhaushalt mäßig trockenen bis mäßig frischen oder auch frischen Standorten. Die saueren, tiefgründigen und skelettreichen Böden sind der Podsol-Braunerde mit Moderhumus zuzuordnen. Als charakteristische Arten der Bodenflora finden Buchenhainsimse (*Luzula luzuloides*), Schlängelschmiele (*Deschampsia flexuosa*), Waldreitgras (*Calamagrostis arundinacea*), Hainrispengras (*Poa nemoralis*), Buschwindröschen (*Anemone nemorosa*) und Waldhabichtskraut (*Hieracium silvaticum*) günstige Standortbedingungen vor. Die frischeren und etwas nährstoffreicheren Böden werden vom Fuchskreuzkraut (*Senecio fuchsii*), Mauerlattich (*Mycelis muralis*), Hainfelberich (*Lysimachium nemorum*), Sauerklee (*Oxalis acetosella*), Waldfrauenfarn (*Athyrium filix-femina*) und Flattergras (*Milium effusum*) angezeigt. Hier gesellen sich zur Buche vereinzelt Bergahorn und Esche. Die beigemischte Fichte ist künstlich eingebracht.

In den quelligen, sehr frischen Hangmulden ist Edellaubholz-Hangwald anzutreffen, in dem in der Baumschicht Bergahorn, Esche und Bergulme das Bild bestimmen. Auf reichen, frischen Braunerden findet er hervorragende Wachstumsbedingungen. Zu der artenreichen Bodenflora gehören Geophyten mit einem Frühjahrsaspekt, so Hohler Lerchensporn (*Corydalis cava*), Moschuskraut (*Adoxa moschatellina*), Waldgelbstern (*Gagea silvatica*), Aronstab (*Arum maculatum*), Bärlauch (*Allium ursinum*), Scharbockskraut (*Ranunculus ficaria*) und Gelbes Buschwindröschen (*Anemone ranunculoides*). Weitere Arten, wie Waldmeister (*Asperula odorata*), Waldsegge (*Carex silvatica*), Zahnwurz (*Dentaria bulbifera*), Großes Springkraut (*Impatiens noli-tangere*), Männlicher Wurmfarn (*Dryopteris filix-mas*), Waldbingelkraut (*Mercurialis perennis*), Große Brennessel (*Urtica dioica*) und Waldzwenke (*Brachypodium silvaticum*), deuten auf nährstoffreiche Standorte mit guten Bodenwasserhaushaltsverhältnissen hin.

Weinstraße

Die Weinstraße (= Wagenstraße) ist Teil einer das Gebirge überquerenden Verbindung, die wahrscheinlich schon im 12. Jh. bestand. Ihr Ausgangspunkt im Werratal war Salzungen, dann führte sie über Barchfeld nach Schweina und erreichte am Gebirgsrand die Burg Altenstein. Das Gebirge überschritt sie in der Einsattelung zwischen Gerberstein und Glöckner an der Glasbachwiese. Auf der Nordseite des Thüringer Waldes führte sie an der heutigen Ruhlaer Skihütte vorbei, wendete sich am Rand der Vorderen und Hinteren Schwarzbachwiese südwärts über die schmale Wasserscheide zwischen Erbstrom und Emse und erreichte, an der Felswand des Meisensteins vorbeiführend, schließlich Schmerbach. Der Abschnitt von der Schwarzbachwiese an trägt noch heute die Bezeichnung Weinstraße. Im Wald fallen an mehreren Stellen parallel verlaufende, mehr als metertiefe ehemalige Fahrrinnen auf. Über Schwarzhausen und Waltershausen führte die Straße zum Endpunkt Gotha. In Waldbeschreibungen des 16. und 17. Jh. auch als Schweinaer Straße bezeichnet, wurde sie vor allem durch die in der Nähe der Wüstung Glasbach erfolgte Gefangennahme Martin Luthers (s. D 5) am 4. Mai 1521 bekannt.

Dort, wo der Waldweg aus der Öhrenkammer auf die Weinstraße trifft, wächst ein Hainsimsen-Traubeneichen-Buchen-Wald mit Buchenhainsimse (*Luzula luzuloides*), Waldreitgras (*Calamagrostis arundinacea*), Schlängelschmiele (*Deschampsia flexuosa*) und reichlich Waldhainsimse (*Luzula silvatica*) in der Feldschicht. Letztere Art weist auf mäßige Bodenfrische hin. Als Bodentyp hat sich eine Podsol-Braunerde entwickelt, als Humusform ein rohhumusartiger Moder. Östlich der Weinstraße, am Hang zum Otterbach hinab, wachsen Buchenbestände, die als Perlgras-Buchen-Wälder (Bild 8) einzuordnen sind. Vereinzelt tritt hier der Spitzahorn auf, der einen gewissen Wärmeeinfluß anzeigt. Einblütiges Perlgras (*Melica uniflora*), Waldgerste (*Elymus europaeus*), Waldmeister (*Asperula odorata*), Waldbingelkraut (*Mercurialis perennis*), Zahnwurz (*Dentaria bulbifera*), Waldhohlzahn (*Stachys silvatica*), Fuchskreuzkraut (*Senecio fuchsii*) und vereinzelt Große Brennessel (*Urtica dioica*) charakterisieren die Wälder sowohl floristisch als auch standörtlich. Die Perlgras-Buchen-Wälder gehören im Gebiet mit zu den Bestockungen, in denen die Buche und die sie begleitenden Edellaubbaumarten nicht nur quantitativ, sondern auch qualitativ sehr gute Leistungen aufweisen. Die relativ fruchtbaren Böden der Rotliegendsedimente — zum Teil aus Goldlauterer Schichten bestehend — und die geschützte Lage stellen günstige Voraussetzungen für ein Buchenoptimum in der Wintersteiner Mulde dar.

Südwärts führt die Weinstraße aus der submontanen Stufe heraus und in die montane Buchenstufe mit Hainsimsen-Buchen-Wäldern hinein. Zu den charakteristischen Arten zählen Buchenhainsimse, Waldreitgras, Schlängelschmiele, Quirlblättrige Weißwurz (*Polygonatum verticillatum*), Pillensegge (*Carex pilulifera*), Dorniger Wurmfarn (*Dryopteris carthusiana*) und das sehr häufige Frauenhaarmoos (*Polytrichum attenuatum*). Das Seegras oder die Zittergrassegge (*Carex brizoides*) begleitet die Straße; hin und wieder tritt auch ein Haselstrauch (*Corylus avellana*) auf, und an quelligen Orten des Wegrandes wächst Blaugrünes Süßgras (*Glyceria declinata*).

B 5 Naturschutzgebiet Vordere Schwarzbachwiese

Das seit 1967 bestehende NSG, eine 8,4 ha große Wiese, ist in geschlossene Waldungen eingebettet und liegt in 610 m ü. NN auf einem der typischen schmalen Riedel, die sich aus dem Kammgebiet zum nördlichen Gebirgsrand hin erstrecken. Der Rücken nimmt seinen Anfang im Bereich des Gerbersteins und wird vom Erbstromtal und von der Wintersteiner Mulde begrenzt. Vom Kamm aus fällt das Gelände sanft nach beiden Seiten ab und wird von kleinen Quellmulden durchsetzt, die sich bis zu metertiefen Quellgräben fortsetzen und die leicht gewellte Fläche zergliedern.

Der geologische Untergrund setzt sich aus Sandsteinen, Schiefertonen und Konglomeraten des Oberrotliegenden zusammen. In den mächtigen pleistozänen Verwitterungsdecken der Gesteine haben sich skelettreiche, grusige Lehme entwickelt. Je nach dem Bodenwasserhaushalt haben sich Podsol-Braunerden, Braunerden-Gleye oder Gleye bis Naßgleye mit starken organischen Auflagen gebildet, die für die kleinflächige Standort- und Vegetationsdifferenzierung bedeutsam sind.

Das NSG gehört klimatisch zu den stark ozeanisch getönten Bereichen. Hier fallen im Jahr durchschnittlich 930 mm Niederschlag, die Jahresmitteltemperatur liegt bei etwa 6 °C, das Monatsmittel des Januar beträgt −2 °C und das des Juli 15,5 °C.

Diese subozeanisch-montane Klimaprägung des nordwestlichen Thüringer Waldes kommt in der Vegetation deutlich zum Ausdruck, was durch das Artengefüge mit Steinlabkraut (*Galium saxatile*), Pillensegge (*Carex pilulifera*), Waldehrenpreis (*Veronica officinalis*), Sparriger Binse (*Juncus squarrosus*) und Bärwurz (*Meum athamanticum*) angezeigt wird. Zu erwähnen ist das reichliche Vorkommen von Bergwohlverleih (*Arnica montana*). Die Pflanzendecke der Vorderen Schwarzbachwiese zählt teils zu dem Borstgrasrasen – und zwar zur typischen und feuchten Ausbildung –, teils zur Borstgras-Goldhafer-Wiese. Im Borstgrasrasen sind neben den bereits genannten Arten die häufigsten Blutwurz (*Potentilla erecta*), Tüpfelhartheu (*Hypericum maculatum*), Schlängelschmiele (*Deschampsia flexuosa*), Feldhainsimse (*Luzula campestris*), Rotes Straußgras (*Agrostis tenuis*), Rundblättrige Glockenblume (*Campanula rotundifolia*), Kleines Habichtskraut (*Hieracium pilosella*) sowie Schafschwingel (*Festuca ovina*), Bergplatterbse (*Lathyrus montanus*), Rotschwingel (*Festuca rubra*) und Ruchgras (*Antoxanthum odoratum*). In der feuchten Ausbildung des Borstgrasrasens finden besonders Schlangenknöterich (*Polygonum bistorta*), Kuckuckslichtnelke (*Lychnis flos-cuculi*), Hirsesegge (*Carex panicea*), Braune Segge (*Carex fusca*), Sumpfpippau (*Crepis paludosa*) und Sumpfkratzdistel (*Cirsium palustre*) günstige Wuchsbedingungen. Diese Arten vermitteln bereits zum Kleinseggenried, das aber hier nur andeutungsweise vorkommt. Eine große Fläche nimmt hingegen der ärmere Flügel der montanen Goldhaferwiese ein. Hier treffen wir auch viele Arten des Borstgrasrasens wieder an. Im Unterschied zum Borstgrasrasen treten auf der Goldhaferwiese aber auch Waldstorchschnabel (*Geranium silvaticum*), Goldhafer (*Trisetum flavescens*), Weicher Pippau (*Crepis mollis*), Grasmiere (*Stellaria graminea*) und Perückenflockenblume (*Centaurea pseudophrygia*) hinzu, außerdem Gamanderehrenpreis (*Vero-*

nica chamaedrys), Wucherblume (*Chrysanthemum leucanthemum*) und Schmalblättriger Wegerich (*Plantago lanceolata*), also Arten, die einen Verbreitungsschwerpunkt in Glatthaferwiesen besitzen. B 5
Die Vordere Schwarzbachwiese ist für die Erhaltung der Biotope von einer Reihe Pflanzenarten, die in der jüngeren Vergangenheit erheblich zurückgegangen sind, von wesentlicher Bedeutung. Zu ihnen zählt das Bergwohlverleih.

Ruhlaer Skihütte B 6

Die Berggaststätte Ruhlaer Skihütte liegt mit 664 m ü. NN an der höchsten Stelle der von Winterstein nach Bad Liebenstein führenden Straße, und zwar am südlichen Rand der Hinteren Schwarzbachwiese. Das Gebäude wurde von Ruhlaer Wintersportfreunden erbaut und 1932 eingeweiht. 1945 ging die Hütte in Volkseigentum über und wird seitdem verpachtet. Nahebei befinden sich eine Bungalowsiedlung und ein Ferienobjekt des VEB Solidor Marienthal.
An der Schwarzbachwiese verläuft die geologische Grenze (Abb. 4) — eine Störung von NW nach SO — zwischen dem Ruhlaer Kristallin und dem Rotliegenden der Wintersteiner Scholle, die aus grauen, bräunlichen und rötlichen Sandsteinen und Schiefertonen der Goldlauterer Schichten besteht.

Erbstrom B 7

Der Erbstrom entsteht aus mehreren Quelladern, die nördlich der von Winterstein zum Rennsteig führenden Straße entspringen. Ein vom Gerberstein ausgehender Riedel, der zunächst nach NO, dann nach NW gerichtet ist, begleitet den Bach auf der rechten Seite und gipfelt im Breitenberg. Andere Erhebungen über dem Tal sind im oberen Teil der Mühlrain, der Kirchberg sowie der Große und der Kleine Wasserberg. Das Einzugsgebiet des Erbstromes umfaßt 58,4 km^2.
Bis ins 17. Jh. trug der Bach den gleichen Namen wie die Siedlung Ruhla (s. A 1.2), die er durchfließt. Die Bedeutung der in Südthüringen zwischen Suhl und Schmalkalden im 16. Jh. aufgekommenen Bezeichnung Erbfluß — in Ruhla Erbstrom — weist auf einen natürlichen Wasserlauf in Orten hin, in denen für gewerbliche Anlagen wie Eisenhämmer und Mühlen künstlich angelegte Wasser- oder Gewerkgräben erforderlich waren. Sprachlich ist der Name durch das Zeitwort erben = übereignen zu erklären. Der Erbfluß war also der Bachlauf, der andere Gewässer speiste.

Winterstein, Kreis Gotha C 1

Zwischen dem Hopfenberg im N und dem Breitenberg im S mündet der nördlich des Großen Inselsberges in etwa 700 m Höhe entspringende Sembach mit starkem Gefälle in die aus SW kommende Emse. Unterhalb dieses Zusammenflusses erstreckt sich talwärts Winterstein, das von hohen Erhebungen aus unterrotliegenden Sandsteinen und Schiefertonen der Goldlauterer Schichten

C 1 im Zentrum der Wintersteiner Scholle (Abb. 4) eingerahmt wird. Die untersten Häuser liegen bereits im Vorland, das sich mit deutlichem Höhenunterschied vom Gebirge absetzt, wo das Kerbtal der Emse im Bereich des Zechsteingürtels in ein Muldental übergeht. August Trinius schreibt in seinem „Thüringer Wanderbuch" (1889): „Die Schönheit Wintersteins liegt nicht allein in der herrlichen Umrahmung der bewaldeten Berge, welche hier und da bis zu einem Engpaß das Tal zusammendrücken, auch die gesamte Dorfanlage trägt in ihrer natürlichen Regellosigkeit ungemein viel zur Erhöhung dieser Anziehungskraft bei. In einer Länge von einer halben Stunde sich durch den Talgrund ziehend, klettern die einzelnen Hütten an den Bergwänden auf ... Steinstufen leiten hier und da zu dem schäumenden Emsebach nieder, der sich in anmutigen Windungen durch das Tal schlängelt."

Winterstein ist in der hochmittelalterlichen Rodungsperiode gegründet worden und verdankt seine Entstehung der alten Straße von Salzungen über den Thüringer Wald nach Gotha. 1246 wird es erstmals in einer Urkunde der Grafen von Orlamünde erwähnt. Seit dem Hochmittelalter war Winterstein Besitz der Herren von Wangenheim. Dieser Familie entstammt der bekannte Schauspieler Eduard von Winterstein (1871—1961), eigentlich Eduard Freiherr von Wangenheim.

Die Burg, die zum Schutz des Talweges angelegt wurde und deren Reste noch vorhanden sind, stammt aus der Zeit vor 1250. Sie erhebt sich in der Mitte des Ortes auf leicht erhöhtem Gelände und ist auf drei Seiten von einem breiten Wassergraben umgeben. Nach ihr ist der Ort benannt worden. Der Name Winterstein läßt sich auf die Lage der Burg am Nordfuß des Großen Inselsberges als Burg auf der Winterseite zurückführen. Erhalten sind Reste des Bergfrieds und des ehemaligen Palas mit Rundbogenfenstern. Zwischen 1513 und 1560 erfolgte ein Ausbau, von dem noch ein spätgotisches zweiteiliges Spitzbogenfenster vorhanden ist. Seit 1638 verfiel die Anlage, in der später mehrere Gebäude als sogenanntes Mittelgut errichtet wurden.

Kulturhistorisch interessant ist das Stutzelsgrab am westlichen Abhang der Burgruine. Auf dem Grabstein sind die sitzende Profilfigur eines Hundes, mehrere Initialen und folgende Inschrift eingemeißelt:

Ano 1630 Jar Der 19. Marci War
Ward Ein Hvnd Hie Her Begrawen
Das Ihn Nicht Fressen Die Rawen
Ward. Sein Name Stvczel Genant
Fürsen Vd Hern Wolbekant
Geschach Vb Seiner Grosse Trevlichkeit
Die Er Seine Her Vd Fraven Beweist

Von diesem Stein, den der fürstlich-sächsische Jägermeister Christoph von Wangenheim und seine Frau Anna geb. von Seebach setzen ließen, stammt die Redensart „Hier liegt der Hund begraben".

Eine zweite Burg hieß Sommersteig und lag auf der Spitze eines kleinen Felssporns am Rande einer Terrasse. Ein bogenförmiger, in den Felsen eingetiefter Graben begrenzt die sehr kleine, runde Burgstelle. Keramikreste bestätigen die Entstehungszeit im Hochmittelalter.

Die Kirche, ein schlichter Saalbau mit eingeschlossenem, geradem Chor, wurde 1703 möglicherweise an der Stelle einer früheren errichtet. Innen befinden sich ein hölzernes Tonnengewölbe und eine umlaufende Doppelempore. Die einheitliche Ausstattung stammt aus der ersten Hälfte des 19. Jh. C 1

Die Einwohner ernährten sich durch Einkommen aus der Holzfällerei und Köhlerei, später auch der Korbmacherei, im 18. Jh. aus dem Eisenerzbergbau. An der Wende vom 19. zum 20. Jh. setzte die Fertigung von optischen Artikeln ein. Nach 1945 erlebte der Ort einen deutlichen Aufschwung. Durch die Demokratische Bodenreform gelangte der 976 ha große Wangenheimsche Forst in Staatsbesitz, 61 ha Land wurden verteilt.

Der hohe Grünlandanteil von 350 ha an der Gemarkung führte zu einer Spezialisierung auf Färsenaufzucht durch die LPG Viehaufzucht Ernstroda, die einen Stall für 110 Tiere in Winterstein unterhält. Im Dorf befinden sich heute Betriebsteile des VEB Carl Zeiss Jena (Mikrolinsen), des VEB ERU Ruhla (Elektroinstallationsmaterial), des VEB Thüringer Schmuck (Schmuck- und Drechslerwaren) und des VEB Biggi Waltershausen (Puppenköpfe und Plastteile).

Seit 1951 ist Winterstein Erholungsort mit drei Betriebsferienheimen und einem katholischen Mütterheim sowie einem Waldschwimmbad und dem Kulturpark mit der Burgruine. Eine Bungalowsiedlung entstand am Dollberg. Im Jahr verbringen etwa 5000 Werktätige ihren Urlaub in Winterstein.

Fischbach, Kreis Gotha, C 2

liegt in 385 m Höhe am Nordostfuß des Gebirges in einer 400 m breiten flachen Senke aus Zechsteinsedimenten. Im Trifthohlweg am südlichen Ortsrand war infolge gelegentlicher Wasserrisse Kupferschiefer aufgeschlossen, der 1708/12, 1720/27 und 1763/67 abgebaut wurde. Der wasserreiche Weiherbrunnen bei Fischbach wird durch den unterirdischen Abfluß des Mühlbachs gespeist, eine Erscheinung, die auf Lösung und unterirdische Auslaugung des Zechsteinkalkes zurückzuführen ist. Die nördlich des Ortes anschließenden Bergrücken mit Wiesen und Waldflecken bestehen aus Gesteinen des Unteren und Mittleren Buntsandsteins des Thüringer Beckens. Der 414 m hohe Sandberg nördlich Fischbachs gestattet einen der schönsten Ausblicke auf den nordwestlichen Thüringer Wald: von den kuppigen rotliegenden Vulkanitbergen mit der Leuchtenburg bei Cabarz über den Großen Inselsberg zu den steilhängigen Sedimenterhebungen der Wintersteiner Scholle (Abb. 4), den breiten Bergen des Ruhlaer Kristallins bis zu den Zechsteinkegeln der Wartberge zwischen Schmerbach und Thal.

Fischbach wurde vermutlich im 11. Jh. als Straßendorf angelegt. Es trägt einen häufig auftretenden Bachnamen, der Laichgewässer des Lachses bezeichnet. Genannt wird der Ort erstmalig in einer der zu den sogenannten Reinhardsbrunner Fälschungen gehörenden Urkunden Kaiser Heinrichs IV. von 1103, die der Mitte des 12. Jh. entstammt. Fischbach gehörte zu den Wangenheimschen Gerichtsorten im Amt Tenneberg (s. Seite 19). Das Ende des 16. Jh. angelegte ehemalige Schloß, jetzt Wohnhaus Borngasse 28, wurde 1639 durch

C 2 Hans Ludwig von Wangenheim ausgebaut. Dieses stattliche zweigeschossige Gebäude über hohem Bruchsteinsockel und mit großem Keller mit Tonnengewölbe besitzt im Obergeschoß originell dekorierte Türen und eine Stuckdecke aus dem 17. Jh. Die Kirche, ein einfacher Rechtecksaal mit eingezogenem Chor und umlaufender Empore, stammt aus dem Jahre 1652.

Im 19. Jh. entwickelten sich in Fischbach das für viele Siedlungen (s. A 1.2) des Thüringer Waldes typische Waldgewerbe und die Pfeifenkopfherstellung sowie als Notstandsarbeiten das Sieb- und Korbmachergewerbe. Heute gehört Fischbach zum Gemeindeverband Tabarz. Die Werktätigen des Betriebsteiles des VEB Elektroinstallation Ruhla stellen Anschlüsse für Neonleuchten her. Außerdem ist im Ort ein Betriebsteil des VEB Schreibgeräte Waltershausen untergebracht. Der größere Teil der in der Industrie Beschäftigten pendelt jedoch ins benachbarte Waltershausen.

Die landwirtschaftliche Nutzfläche Fischbachs wird von Grünland eingenommen, auf dem die LPG Tierproduktion Ernstroda Jungviehaufzucht betreibt. Die Genossenschaft unterhält dafür einen Stall für 110 Tiere.

Die Unterbringung und Betreuung der Urlauber prägen seit 1945 maßgeblich die Ortsentwicklung, wie beispielsweise die neuerrichtete Thüringenbaude beweist. Viele Erholungsuchende kommen zu der 1958 eröffneten Bergbühne, die zu den größten Freilichtbühnen der DDR gehört und die neben Theateraufführungen auch folkloristische Programme bietet.

C 3 Naturschutzgebiet Wiesen südöstlich Fischbachs

Das 14 ha große NSG liegt an einem nordexponierten Hang zwischen 380 und 480 m ü. NN, der in seinem unteren Teil in eine flache Wiesenmulde übergeht, während er im mittleren und oberen Abschnitt stark geneigt ist. Die Klimawerte des Gebietes zeigen mit jährlichen Niederschlagssummen von 850 mm und einer Jahresmitteltemperatur von 7 °C schon den Übergangscharakter zwischen dem Thüringer Wald und dem Vorland an.

Die Grenze zwischen den Goldlauterer Schichten des Unteren Rotliegenden und dem Unteren Zechstein im NSG drückt sich nicht in den Bodenbildungen aus, weil sich diese in den darüberliegenden mächtigen periglazialen Schuttdecken entwickelt haben. Als Böden treten im wesentlichen skelettreiche, gut durchlüftete Lehme mit Podsol-Braunerden, Braunerden oder kleinflächig auch Hanggleyen als Bodentypen auf.

Im Naturschutzgebiet geht die kolline in die submontane Grünlandgesellschaft über (s. B 5). Die vegetationskundliche Situation wird vor allem von der dominierenden submontanen Frischwiese eutropher — nährstoffreicher — Standorte dokumentiert (Handbuch der NSG der DDR 1974). In ihr vereinen sich kolline Frischwiesenarten, wie Hoher Glatthafer (*Arrhenaterum elatius*), Wiesenglockenblume (*Campanula patula*), Wiesenpippau (*Crepis biennis*), mit solchen aus montanen Bereichen, wie Waldstorchschnabel (*Geranium silvaticum*), Tüpfelhartheu (*Hypericum maculatum*), Ähriger Teufelskralle (*Phyteuma spicatum*) und Weidenfrauenmantel (*Alchemilla monticola*). Von hoher Stetigkeit sind in allen Ausbildungen neben den bereits genannten Arten folgende: Wiesenlabkraut (*Galium mollugo*), Wiesenbocksbart (*Tragopogon pratensis*), Pastinak (*Pastinaca sativa*), Bärenklau (*Heracleum sphondylium*), Goldhafer (*Trisetum flavescens*), Knäuelgras (*Dactylis glomerata*), Wucherblume (*Chrysanthemum leucanthemum*), Weiche Trespe (*Bromus horduceus*), Körniger Steinbrech (*Saxifraga granulata*), Löwenzahn (*Taraxacum officinalis*), Schmalblättriger Wegerich (*Plantago lanceolata*), Wiesenrispe (*Poa pratensis*), Wiesenschwingel (*Festuca pratensis*), Wiesenplatterbse (*Lathyrus pratensis*), Wolliges Honiggras (*Holcus lanatus*), Wiesenklee (*Trifolium pratense*), Weißklee (*Trifolium repens*) und noch viele andere Arten. Großer Wiesenknopf (*Sanguisorba officinalis*), Bachnelkenwurz (*Geum rivale*), Kuckuckslichtnelke (*Lychnis flos-cuculi*) und Kohldistel (*Cirsium oleraceum*) zeigen eine feuchtere, die Arten Knolliger Hahnenfuß (*Ranunculus bulbosus*) und Mittlerer Wegerich (*Plantago media*) eine relativ trockene Ausbildung an. C 3

Die Hanggleye werden von einer Trollblumen-Kohldistel-Gesellschaft besiedelt, in denen sich Pflanzen mit höherem Feuchtigkeitsbedarf konzentrieren, so Sumpfdotterblume (*Caltha palustris*), Rasenschmiele (*Deschampsia caespitosa*) und Gewöhnliches Rispengras (*Poa trivialis*). Außerdem gibt es in diesem NSG noch Übergänge zu den montanen Frischwiesen, und zwar entsprechend den ökologisch günstigeren Bedingungen den artenreicheren Flügel der genannten Grünlandgesellschaft. Floristisch bemerkenswert ist die hier und im angrenzenden Buntsandsteinvorland um Waltershausen recht häufige Bergflockenblume (*Centaurea montana*), die ihre Hauptverbreitung in montan-subalpinen frischen Bergahorn-Sommerlinden-Schluchtwäldern und in Hochstaudenfluren im Umkreis der süd-, mittel- und osteuropäischen Hochgebirge hat.

Schweina D 1

Der Bach Schweina wird als Grenzlinie der Mark Breitungen verhältnismäßig früh als *Sueinaha* genannt, abgeleitet von ahd. *swein* = Schweinehirt und *-aha* = Wasser. Er erscheint in der Urkunde König Heinrichs I. für Hersfeld, die auf 933 datiert ist, uns aber nur in einer Fassung des 12. Jh. vorliegt (s. N 1.1).

Der Quellbereich des Baches liegt in unmittelbarer Nähe des Rennsteigs zwischen dem Kleinen Arnsberg, der Vogelheide, der Birkenheide und dem Glöckner. Die Hauptquelle ist der Schaumborn nahe dem ehemaligen Jagdhaus Auerhahn. Der Schweinaer Grund verläuft hauptsächlich im Glimmerschiefer des Ruhlaer Kristallins mit seinen kugelförmigen Bergen. Trotz der Steilheit der Hänge wirkt sein Kerbtal durch die Waldzusammensetzung heller als die Täler auf der Nordseite des Gebirges. Zwischen Windsberg und Birkenheide mündet das Tal der Steinrutsche ein. Der Schweinabach erreicht unterhalb des Schlosses Altenstein den Gebirgsrand in einem sich weitenden Tal, durchfließt den Ort gleichen Namens und mündet bei Barchfeld in die Werra. Durch den Schweinaer Grund führt ein Fußweg von Ruhla nach Schweina.

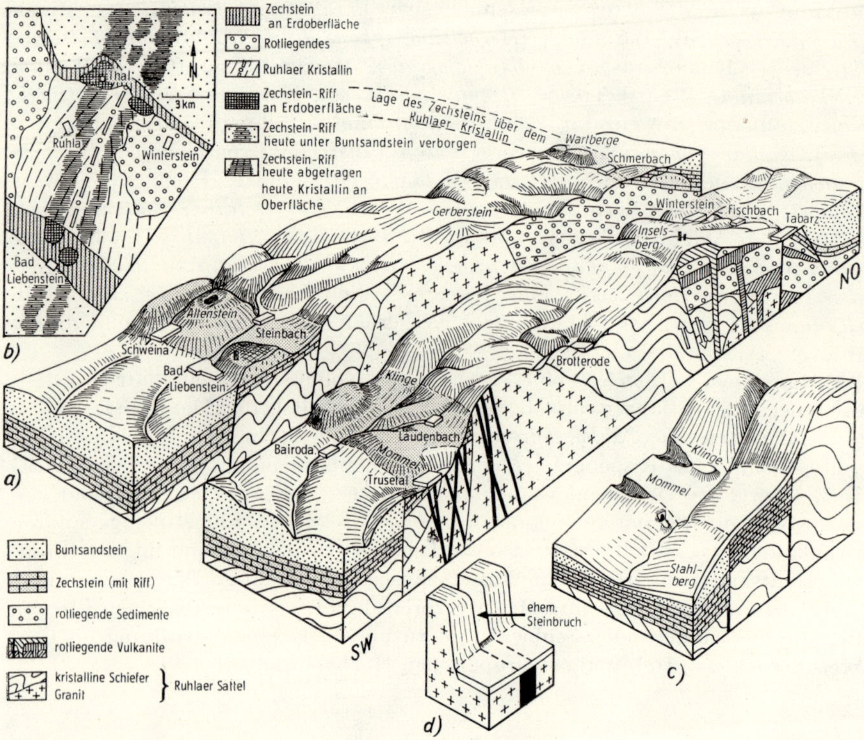

Abb. 13. Der Thüringer Wald im Raum Bad Liebenstein — Brotterode — Inselsberg (nach WAGENBRETH u. STEINER 1982)

a die Pfeile unter dem Inselsberg geben die Relativbewegung der Schollen an
b Kartenskizze zur Verbreitung der Zechstein-Riffe
c Schmalkalder Eisenerzlagerstätten und Bergbauspuren in der Landschaft (Kreuzschraffur = Eisenerz)
d Trusetaler Hauptgang

D 2 **Altenstein,** seit 1924 Stadtteil von Bad Liebenstein

Zwischen dem Tal der Schweina und dem des Steinbachs zieht sich vom Kamm des Gebirges ein Granitriedel herab, der oberhalb Schweinas mit aufgesetzten Zechsteinriffen (Abb. 13) in eindrucksvollen Felsbildungen endet. Dort verbreitert sich der Rücken, und auf dieser Verebnung liegt das Schloß Altenstein mit seinen ausgedehnten Parkanlagen.

Das zunächst edelfreie, dann in die Dienstmannschaft (Ministerialität) herabgesunkene Geschlecht von Stein, deren Stammsitz die Burg Altenstein war, tritt 1116 mit einem DUDO VON STEIN in das Licht der Geschichte. Zur Burg gehörte eine kleine Rodeherrschaft mit den Orten Schweina (s. G 2), Steinbach, Gumpelstadt und Waldfisch. Der Burgname *de antiquo lapide* begegnet uns erstmals 1225. Damals hatte die Reichsabtei Fulda eine neue Burg bauen lassen, 1250 als novum castrum *in lapide* bezeichnet. Sie wurde bald bedeutungslos und vermutlich im Bauernkrieg endgültig zerstört. Am *Alten Stein* kontrollierte man den Aufstieg eines alten Nord-Süd-Verkehrsweges von Franken nach Innerthüringen. Burg und Herrschaft Altenstein gingen noch im 12. Jh. an die Herren von Frankenstein über und kamen 1346 an die Landgrafen von Thüringen. Im Registrum dominorum marchionum von 1378 (BESCHORNER 1933) begegnet uns die Burg als Markgrafenstein. Die Landes- und Lehenshoheit blieb seitdem bei Thüringen-Sachsen. Lehensträger war seit 1492 die Familie Hund von Wenkheim. Im Bauernkrieg wurde die Burg schwer beschädigt, so daß seit 1557 ein Neubau entstand. Mit dem Aussterben der Familie 1722 gingen Burg und Herrschaft an die nunmehrigen Landes- und Lehensherren, die Herzöge von Sachsen-Coburg-Meiningen, über. Diese verwandelten das herrschaftliche Gericht in das Amt Altenstein. D 2

Die Burg wurde 1733 durch Brandstiftung vollkommen vernichtet. 1736 beauftragte der Meininger Herzog ANTON ULRICH den Architekten ALESSANDRO ROSSINIK, ein einfaches zweigeschossiges Landhaus mit Mansarddach zu errichten (Abb. 14), in dem die Altensteiner Amtsverwaltung bis zu deren Aufhebung 1827 untergebracht war. Mit der Nutzung der Heilquellen Liebensteins (s. G 1) wurde auch der Altenstein ein immer beliebterer Sommeraufenthalt der Meininger Herzöge. Unter dem Eindruck der Parkschöpfungen von Weimar (s. Bd. 18, G 4.5) und Wörlitz entstand zwischen 1798 und 1803 ein weitläufiger, die topographischen Verhältnisse ausnutzender Landschaftspark im englischen

Abb. 14. Schloß Altenstein (aus ROHBOCK u. KOELSTER 1862)

D 2 Stil mit zahlreichen romantischen Kleinarchitekturen, unter anderen einer neugotischen Ritterkapelle (1799) auf einem Felsen nördlich des Schlosses, einer Sennhütte (1799) in der Nähe des Wasserfalles, der Teufelsbrücke nahe dem Hofmarschallamt und einer ganzen Reihe weiterer, nicht mehr vorhandener Objekte. Das Hofmarschallamt mit den halbkreisförmigen Remisen und den zweigeschossigen Kavaliershäusern östlich des Schlosses — heute Agraringenieurschule — wurde in klassizistischen Formen um 1800 errichtet. Seit 1846 erfuhr der Landschaftspark durch HERMANN FÜRST VON PÜCKLER-MUSKAU und EDUARD PETZOLD durchgreifende Umgestaltungen.

Nach längeren Vorplanungen, zu denen neben AUGUST FRIEDRICH STÜLER auch der englische Architekt Sir JEFFRY WYATWILLE hinzugezogen wurde, ließ Herzog GEORG II. nach seinen Intentionen durch den jungen Architekten ALBERT NEUMEISTER das Schloß (Bild 4) in deutschen und englischen Neurenaissanceformen mit reichem Giebelschmuck, Erkern und Balkonen aus Bruch- und Werksteinen erbauen sowie die unmittelbare Umgebung mit Terrassen und Brunnen neu gestalten. Die Innenräume wurden teilweise mit Kassettendecken vertäfelt. Im Speisesaal befanden sich Gemälde mit Sagenmotiven. Das Schloß wurde durch das thüringische Fürstenenteignungsgesetz vom 11. Dezember 1948 Volkseigentum. Seitdem diente es als Handwerkererholungsheim. In der Nacht vom 3. zum 4. Februar 1982 brannte das Gebäude bis auf die Umfassungsmauern aus, das wertvolle Kunstgut konnte weitgehend geborgen werden. Die Rekonstruktion des Äußeren wurde am 13. Dezember 1985 beendet.

Der Altensteiner Park besitzt zahlreiche dendrologische Besonderheiten. Betritt man ihn von der Südwestseite her durch das schmiedeeiserne Tor, begegnet man zuerst großen Hängebuchen und Winterlinden, die durch Schnitt ihre heutige Form erhalten haben. Unweit davon stehen goldspitzige Eiben sowie Lawson- und Erbsenfrüchtige Scheinzypressen. Ferner sind verschiedene Roßkastanien und eine Pergola aus westasiatischem Schlingknöterich (*Polygonum aubertii*) vorhanden. Riesenmammutbäume sind etwa 10 m hoch. Von weiteren Gehölzen fremder Vegetationszonen verdienen die Hängeform der Nutka-Scheinzypresse, die blauen Formen der Stechfichte und die Kaukasische Flügelnuß Erwähnung. Außerdem trifft man rotlaubige Blutbuchen an. Außerhalb des Parks, an der Kreuzung von Altenstein — Steinbacher Straße und der Straße von Liebenstein über den Rennsteig nach Ruhla stehen zwei Pyramideneichen.

Zur Zeit des Unteren Zechsteins war der Raum Altenstein—Steinbach—Bad Liebenstein (Abb. 13) ein inselreiches Flachmeer. Auf den Untiefen wuchsen Algenriffe zu mächtigen dolomitischen Kalkkörpern empor. Der gesamte Schloßberg ist ein derartiger, von der Verwitterung freigelegter Riffkörper. In der Ortslage Schweina-Glücksbrunn sind die von der Brandung des Zechsteinmeeres rundgeschliffenen Felsklippen aus Kristallingesteinen aufgeschlossen. Darüber folgen der einige Meter mächtige Klippendolomit, dann bankiger Riffkalk und schließlich der massige Riffklotz, der am Südhang des Altensteins, am Hohlen Stein, zutage tritt. Im Riffkarbonat findet man fossile Kalkalgen (*Stromarien*), seltener *Bryozoen* — im Volksmund Hornkorallen genannt — wie *Fenestalla*, *Acanthocadia* und *Thamniscus*.

Am Südwestfuß des Felsens wurden primäre Riffhohlräume und tektonische

Störungen durch Lösungen im Pleistozän nachträglich erweitert. Es entstand eine Höhle, die – 1798 entdeckt – als Altensteiner oder Glücksbrunner Höhle bald der Öffentlichkeit zugängig gemacht wurde. Der Austritt des Höhlenbaches liegt unmittelbar neben dem Eingang. In den Höhlensedimenten fand man Reste pleistozäner Großsäuger wie Höhlenbär und Höhlenhyäne. Bei den zehn durchlöcherten Muschelscheiben, die jetzt im Vorgeschichtlichen Museum der Universität Jena aufbewahrt werden, handelt es sich vermutlich um Trachtschmuck der jüngeren Steinzeit. D 2

Das in der Nähe der Altensteiner Höhle liegende Schlößchen Glücksbrunn wurde 1703 durch JOHANN FRIEDRICH TRIER errichtet. Es ist ein zweigeschossiger Putzbau mit betontem Mitteltrakt unter einem Mansarddach in streng barocker Gliederung. Die Mittelachse wird durch Pilaster flankiert, auf der Parkseite befindet sich der ehemalige Gartensalon mit zweiflügeligem Eingang. Die Eingangshalle besitzt einen repräsentativen Treppenaufgang.

Der flächenmäßig kleine Glücksbrunner Park neben der Altensteiner Höhle gleicht in seinem Artenbestand sehr dem Schloßpark. Zusätzlich sind alte Schwarzkiefern und Trauereschen zu nennen, auch sehr alte, fast baumförmige Weißdorne und nicht zuletzt ein Gingkobaum. Diese interessanten Baumarten liefern den Kennern und Dendrologen vielfach Samen zur Weitervermehrung.

Windsberg D 3

Der 670 m hohe Windsberg stellt einen Riedel von beträchtlicher Breite dar, der durch das Tal der Steinrutsche (s. D 1) von der nördlich gelegenen, ähnlich geformten Birkenheide und durch das Luisental vom Gelände des Altensteiner Parkes im S getrennt wird. Er besteht aus gneisartigem Glimmerschiefer (Metapelit in Hornfelsfazies), der an den Ruhlaer Granit heranreicht. An seinem Südhang erhebt sich die isolierte granitene Klippe des Jägersteins. In die sehr geschlossen wirkende Erhebung schneidet sich lediglich das Schnepfengründchen im SW ein, das an der Brückenauer Wiese ansetzt.

Glöckner D 4

Auf einer Karte von 1905 und auf örtlichen Wanderwegweisern als Klöckler bezeichnet, bilden die beiden etwa 100 m auseinanderliegenden Erhebungen mit Aussicht ins Werratal und auf die Rhönberge einen beliebten Abstecher von der Rennsteigwanderung. Auf ihnen gibt es Felsen und kleine Blockmeere aus Ruhlaer Granit, stellenweise von schmalen Melaphyrgängen durchschlagen.

Historisch interessant sind einige in die Felsen eingemeißelte Inschriften aus dem 19. und 20. Jh. Die Initialen an der östlichen Erhebung erinnern an Schüler der Ruhlaer Forstschule (s. A 1.2). Nach ihrem Gründer, dem Oberforstrat GOTTLOB KÖNIG (1776–1849), ist der auf der Spitze des westlichen Berges befindliche Felsensitz Königsstuhl genannt worden. Die in die östliche Felswand eingehauene Inschrift „1813 wurde hier gepflanzt für 1871" entsprang forst-

D 4 wirtschaftlichen Berechnungen, da der umgebende Wald Lehrforst der Forstschule war. Bereits Julius von Plänckner erwähnt 1830 die Inschrift in seiner Rennsteigbeschreibung „Der Thüringer Wald". In den sechziger Jahren des 19. Jh. wurde auf Bitten der im nahen Marienthal lebenden Witwe Friedrich Fröbels (s. G 3) auch dessen Name eingemeißelt. Die westliche Felsengruppe enthält eine Inschrift für den 1910 gestorbenen Gründer des Rennsteigvereins Ludwig Hertel und die Namen von im ersten Weltkrieg gefallenen Mitgliedern des Vereins.

D 5 **Lutherdenkmal** (Bild 7)

Unweit der Straße von der Wüstung Glasbach nach Bad Liebenstein steht zwischen Eselskopf und Mühlbergskopf in einem Tälchen das Lutherdenkmal. Daneben tritt an einer Randstörung der Lutherborn aus, der sein Wasser dem Kallenbach zuschickt und mit gerundeten Blöcken aus Ruhlaer Granit eingefaßt ist. Vergruster Granit wird als Bausand in Gruben an der nahen Straße Ruhla—Bad Liebenstein gewonnen.

Das Denkmal erinnert an Luther, der auf der hier früher vorbeiführenden Straße von Möhra nach Waltershausen von Vertrauensleuten des Kurfürsten von Sachsen nach dem Reichstag von Worms gefangen genommen und auf die Wartburg gebracht wurde. Neben dem Denkmal stand die Lutherbuche, die 1841 durch Blitzschlag zerstört und 1983 durch eine neugepflanzte Buche ersetzt wurde. Der 8 m hohe neugotische Obelisk aus gelblichem, rostgebändertem Seebergsandstein, ein vierseitiger quadratischer Pfeiler mit einem durch Kreuzblumen verzierten Dreieckgiebel je Seite und bekrönt durch Fialtürmchen mit Krabben- und Kreuzblumendekor, steht auf einem rechteckigen Sockel. Am Pfeiler befinden sich auf den vier Seiten Inschriften.

Westseite: Hier wurde Dr. Martin Luther am 4. Mai 1521 auf Befehl Friedrichs des Weisen, Kurfürsten von Sachsen, aufgehoben und nach Schloß Wartburg geführt. Psalm 110, Vers 7

Nordseite: Jesaias 33, Vers 15, 16

Ostseite: Errichtet durch Bernhard Erich Freund, Herzog zu Sachsen-Meiningen im Jahre 1857

Südseite: Psalm 18, Vers 3

Über den Inschriften ist in den Giebeln die Lutherrose angebracht. Ein gußeisernes, neugotisch profiliertes Geländer, das 1982 restauriert wurde, faßt das Denkmal ein.

D 6 **Steinbach** (Bild 6), Kreis Bad Salzungen,

liegt am Zusammenfluß des Steinbachs, der durch das Tal des Schleifkothengrunds fließt, und des Kallenbachs. Beide Gewässer vereinigen sich zum Grumbach. Infolge seines beträchtlichen Gefälles zieht sich das langgestreckte Straßendorf, das nach dem geröllreichen Bach genannt ist, in einer Höhenlage zwischen 380 und 500 m ü. NN hin. D 6

Steinbach liegt an der im Ruhlaer Kristallin befindlichen Parallelstörung zur Klinger Randstörung, dem 2 km langen und bis 35 m breiten Floßberggangzug (Abb. 27). Dessen Eisenerz und vor allem Flußspat erlangte für die örtliche Wirtschaft Bedeutung. Der am südlich des Ortes gelegenen Seifertsberg angesetzte ‚Bernhardtsstollen' durchfährt ein Profil vom Zechsteinriffkalk bis zum Kristallin, durchörtert dabei die brauneisengefüllte Klinger Spalte, den Steinbacher Augengneis mit mehreren Brauneisensteingängen des Frauenberger Gangzugs und schließlich den 16 m mächtigen flußspatführenden Floßberggang. Auf der Stollenhalde sind alle genannten Gesteine zu finden.

In der Geschichte Steinbachs spielten Gewerbe und später die Industrie die wichtigste Rolle. Schon im Registrum dominorum marchionum von 1378 (Beschorner 1933) heißt es in der deutschen Fassung: „*Steinbachm* eyn dorff, do die smyde wonen." Im Dorf wohnten Messerschmiede, Schlosser und Bergleute. Das Messer- und Schlosserhandwerk arbeitete in kleinen, meist Einmannbetrieben; ebenso gab es im Steinbacher Eisenerzbergbau und Verhüttungswesen kaum große Gewerkschaften, sondern viele Eigenlöhner, die auf eigene Rechnung den Rohstoff für das Steinbacher Metallhandwerk bereitstellten. So stellt ein Gutachten vom 17. Februar 1726, das die Meininger Regierung nach der Übernahme des Amtes Altenstein anfertigen ließ, übelsten Raubbau, Zerwühlung des Bodens der Waldungen um Steinbach, mangelhafte Besteuerung und große Unordnung fest. Der Staat versuchte die Verhältnisse durch eine Bergordnung über die Eisenerzbergwerke zu Steinbach von 1732 zu verbessern. Unter den zahlreichen einzeln arbeitenden Bergwerken ragte das 1718 errichtete Eisenbergwerk des Kaufmanns Georg Schenk aus Ruhla als einziger größerer Betrieb hervor.

Nach dem großen Dorfbrand von 1732 erreichte um 1750 der Steinbacher Eisenbergbau seinen Höhepunkt besonders durch den Ausbau des Schenkschen Werkes. Es förderte im Geschäftsjahr 1735/36 insgesamt 5080 t Eisenstein, während die Einmannbetriebe zusammen nur 700 t zutage brachten. Die Eisenbergwerke begannen eine erhebliche Konkurrenz für den hessischen Bergbau zu werden, was zu ständigen Reibereien zwischen Hessen-Kassel und Sachsen-Meiningen führte. Aber seit dem Ende des 18. Jh. ging der Steinbacher Eisenbergbau schnell zurück und kam um 1815 ganz zum Erliegen. Seit 1842 versuchte ihn Joseph Meyer neu zu beleben und mit seinen Kohlengruben bei Neuhaus am Rennweg zu einem großen Industrieunternehmen mit 2 Millionen Talern Kapital zu verbinden. Das Werk sollte mit 400 Arbeitern zur Förderung des deutschen Eisenbahnbaues jährlich 15000 t Schienen produzieren. Tatsächlich förderten 1844 jedoch nur 50 Arbeiter 1800 t Eisenerz. Da somit weder die Eisenerze von Steinbach noch die Kohle bei Neuhaus im entferntesten ausreichten, den ehrgeizigen Plan zu verwirklichen, wurde 1850 der Abbau ganz eingestellt. Spätere Wiederbelebungsversuche brachten noch weniger Erfolg. Seit 1910 geht der Flußspatbergbau um, früher in der Grube ‚Fluor' (Abb. 27), heute in der Grube ‚Fortschritt'.

Eine andere Entwicklung nahm das Metallhandwerk. Um die Mitte des 19. Jh. stellten 130 Messerschmiede und 80 Schlosser jährlich 130000 Dutzend

D 6 Messer und 100000 Schlösser her. Das Rohmaterial wurde fast ausschließlich von auswärts eingeführt. Im weiteren 19. Jh. wuchsen aus Handwerksbetrieben kleine und mittlere Unternehmen, wodurch Steinbach das Gepräge einer Industriesiedlung im Thüringer Wald erhielt. Im Metallgewerbe waren 1948 etwa 540 Arbeiter tätig, während nur noch 45 Personen Bergbau betrieben.
1984 gab es nahezu 1000 Industriebeschäftigte im Ort. Der größte Betrieb, der VEB Stahl- und Schneidwaren, produziert Bestecke, Messer und Metallgeräte. Er entwickelte sich aus ehemaligen Handwerksbetrieben und besitzt daher 15 Produktionsstätten. Daneben befinden sich im Ort Betriebsteile des VEB Fluß- und Schwerspatbetrieb Trusetal auf 5 ha Abbauland, des VEB Elektroinstallation Ruhla mit einem hohen Anteil an werktätigen Frauen und des VEB Wemeß Schweina (s. G 2). Eine Besonderheit stellt die Rehabilitationswerkstatt der PGH des Blindenhandwerks dar, in der beispielsweise Kunstgewerbeartikel und Windleuchten produziert werden.
Land- und forstwirtschaftliche Flächen haben annähernd gleiche Anteile. Die Hanglagen werden weidewirtschaftlich genutzt. Territorial ist die landwirtschaftliche Produktion der LPG Pflanzenproduktion Witzelroda zugeordnet.
Im FDGB-Erholungsheim Volkshaus und im Betriebsferienheim des VEB Fleischkombinat Potsdam im Schleifkothengrund, dessen Gaststätte auch der Öffentlichkeit zur Verfügung steht, finden jährlich über 4000 Urlauber Erholung. Das Heimatmuseum am Kirchweg und die Veranstaltungen auf dem Festplatz in der Bahnhofstraße bieten den Urlaubern Abwechslung. Einen besonderen Höhepunkt bilden die jährlich stattfindenden Dorffestspiele im August und das Auftreten der Trachtengruppe des Ortes.
Durch seine schneereiche und -sichere Lage entwickelte sich Steinbach zu einem Skisportzentrum des Gebietes. Ausdruck dafür sind das Sportlerheim Schanzenbaude und die Sprungschanzen, von denen einige im Sommer mit Matten belegt sind.
Das bedeutendste Baudenkmal von Steinbach ist die barocke Kirche, die am Hang 1736 nach dem Brand des Vorgängerbaus als Rechtecksaal mit gerade geschlossenem Chor aus verputzten Granitbruchsteinen errichtet wurde. Den Außenbau gliedern schlanke Rechteckfenster mit elliptischen Oberlichtfenstern. Der Saal besitzt eine Doppelempore und wird von einem Muldengewölbe überspannt. Die Decke mit der Gemäldefolge Verkündigung, Geburt, Verklärung und Dreieinigkeit wird von Rokokoelementen gerahmt. Der Zyklus setzt sich oberhalb der Emporen fort. Die Brüstungsfelder der Emporen zeigen 47 Propheten des Alten Testaments vor landschaftlichem Hintergrund. An der Kanzelwand befindet sich der fünfseitige Kanzelkorb zwischen zwei stehenden Bergmannsfiguren. Die qualitätsvolle Ausstattung entstand um 1745 und folgt einem einheitlichen Programm. Ihre Restaurierung geschah 1981/82.
In Steinbach blieben zahlreiche Fachwerkhäuser erhalten (Abb. 15). Sie stehen meist mit dem Giebel zur Straße, die Obergeschosse kragen leicht vor, häufig sind hohe Sockelgeschosse mit Gewölbekellern und der seitliche Eingang mit kurzem Querflur vertreten. Zu den Beispielen wertvoller Volksbauweise gehören die Häuser Paul-Vogt-Straße 6, 8 und 12 (Mitte 18. Jh.) und Kirchweg 6 (erste Hälfte 18. Jh.) sowie die Haustür Karl-Marx-Platz 2 (Ende 18. Jh.).

Abb. 15. Gasse in Steinbach (1978)

Glasbach

E 1

Südwestlich des Gerbersteins führen in einer Einsattelung, die auch die Straße von Ruhla nach Bad Liebenstein benutzt, die alten Hohlwege der Altensteiner bzw. Weinstraße (s. B 4) kurz vor dem Erreichen des Rennsteigs an der Wüstung Glasbach vorbei. Dicht östlich neben den Wegen weisen Brennesseln (*Urtica*

E 1 *dioica*) und Immergrün (*Vinca minor*) als Siedlungsanzeiger auf den Standort der ehemaligen Kapelle (Bild 5) hin, von den Steinbachern als *Wallfahrt*, von den Ruhlaern als *Walper* bezeichnet. Beiderseits davon befinden sich im Wald viele Pingen des mittelalterlichen und nachmittelalterlichen Eisenerzabbaus. Grundlage der Eisenerzeugung bildeten manganreiche Erzvorkommen; vor allem war es ein Gang in herzynischer Richtung, der über den Mühlberg und an der ehemaligen Kapelle unmittelbar vorbeizieht. Zwei weitere Gänge führen unterhalb des Gerbersteins entlang. Bis zum ersten Weltkrieg gab es Schlackenhalden als Beweis einer Verhüttung am Ort des Abbaus.
Eine Siedlung wird erstmals 1183 genannt, als Papst Lucius III. dem Kloster Königsbreitungen (s. N 1.1) dessen Besitzungen bestätigt (capella in *Glasebach*). 1330 findet der Ort als villa bzw. dorff Erwähnung. Bei der unweit davon erfolgten Gefangennahme Luthers (s. D 5) ist von der wüsten Kirche Glasbach die Rede; Glasbach hat also vom 12. bis 15. Jh. bestanden.
Die Reste der Kapelle wurden 1957 in einer Rettungsgrabung freigelegt, da vor allem zahlreiche Sagen über Schätze immer wieder zu unerlaubtem Suchen Anlaß gegeben hatten. Letzte Reste des aufgehenden Mauerwerks dienten in der Mitte des 19. Jh. dem Straßenbau. Raubgräber hatten bereits vor 1957 Brakteaten sowie während der Grabung ein Pilgerzeichen herausgewühlt. Alle Funde werden im Museum für Ur- und Frühgeschichte Thüringens in Weimar aufbewahrt. Die Grabung ergab einen Grundriß von 15,60 m × 10,20 m, unterteilt in Chorquadrat, Saal und Nebenraum, und ließ mehrere Bauphasen erkennen. Zuletzt wurde das Gebäude wohl mehr als Herberge genutzt.

E 2 **Gerberstein** (Abb. 16)

„Für den Freund der in gigantesker Wildheit sich am reizendsten zeigenden Gebirgsnatur ist der Gerberstein einer der interessantesten Punkte des nordwestlichen Thüringerwaldes.“ So beschreibt Ludwig Storch 1841 in seinem „Wanderbuch durch den Thüringerwald“ diese nahezu 730 m hohe Felsengruppe, die über die unmittelbare Umgebung herausragt und an deren Südseite der Rennsteig entlangläuft. Der Gerberstein liegt in der Gabelung der einerseits nach Winterstein, andererseits nach Brotterode führenden Straßen und bildet die Wasserscheide zwischen dem Erbstrom und der Emse. Seine höchste Stelle gewährt einen eindrucksvollen Ausblick nach dem Altenstein, dem Werratal und den dahinter sich erhebenden Rhönbergen.
Die Felsen bestehen aus grobkörnigem oberkarbonischem Ruhlaer Granit, dessen oft eingeregelte große Feldspate — rötliche Orthoklase — scharfkantig herauswittern. Das Gestein besitzt eine flachliegende Paralleltextur. Auffällig sind zahlreiche Einschlüsse anderer Gesteine. Die Felsform wird durch eine großblockige, unregelmäßige Klüftung bestimmt. Am Fuße der Felsen breiten sich Blockfelder geringen Ausmaßes aus. Am Westhang streichen von NNO nach SSW Quarz-Hämatit-Gänge, die vor dem Dreißigjährigen Krieg abgebaut wurden.
Nur noch der oberste Bereich des Gerbersteins ist mit naturnahem Laubwald bewachsen. Neben der vorherrschenden Buche gedeihen hier Bergahorn, Eber-

Abb. 16. Gerberstein bei Altenstein (aus MOSENGEIL 1826)

esche und vereinzelt Stieleiche. Der Fuß des Berges ist mit nicht heimischer Fichte aufgeforstet; diese inzwischen zu Stangenholz herangewachsenen Bestände sind aber infolge des Naßschneebruches vom Frühjahr 1981 sehr stark geschädigt und lassen infolgedessen eine normale Bewirtschaftung kaum noch zu. Es müßten neue Kulturen oder Pflanzungen mit standortgerechten Baumarten angelegt werden.

In der Bodenflora überwiegen Waldreitgras (*Calamagrostis arundinacea*) und Schlängelschmiele (*Deschampsia flexuosa*). Steinlabkraut (*Galium saxatile*) und Quirlweißwurz (*Polygonatum verticillatum*) sowie die Eberesche und eine kleine Herde von Wolligem Reitgras (*Calamagrostis villosa*) deuten an, daß an diesem Standort bereits Übergänge zum hochmontanen Quirlweißwurz-Buchen-Wald der Kammlagen des nordwestlichen Thüringer Waldes vorhanden sind. Der relativ gute Wuchs der alten Buchen und ihre Vitalität sowie Himbeere (*Rubus idaeus*), Maiglöckchen (*Convallaria majalis*) und Stieleiche, die von GERBING schon 1910 genannt wurde, verweisen den Buchenwald des Gerbersteins eindeutig zum montanen Hainsimsen-Buchen-Wald. Vereinzelte Heidelbeergruppen (*Vaccinium myrtillus*), Dorniger und Männlicher Wurmfarn (*Dryopteris carthusiana, D. filix-mas*), Buschwindröschen (*Anemone nemorosa*) und Sauerklee (*Oxalis acetosella*) vervollständigen das naturnahe Vegetationsbild, das in dieser Zusammensetzung auch für die benachbarten Höhen wie Windsberg (670 m) und Glöckner (691 m) ursprünglich gültig war.

Am Gerberstein wird deutlich, daß die Buche in ihrem Verbreitungsschwerpunkt alle vorkommenden Standorte in der gesamten ökologischen Breite, aber mit unterschiedlichen Wachstumsleistungen besiedelt. Ihr Anteil müßte überall im nordwestlichen Thüringer Wald sowie in seinem Vorland auch künftig

E 2 im Interesse der effektiven Nutzung der vorhandenen Standortpotenzen, vor allem aber im Interesse der besseren Stabilität der Wälder, erhalten bzw. erhöht werden.

Der Gerberstein ist der erste urkundlich erwähnte Berg des gesamten Kammgebietes des Thüringer Waldes. Er erscheint als wichtiger Grenzpunkt 933 als *Gervuenestein* in der Beschreibung der Mark Breitungen (s. N 1.1) und 1014 als *Gerwinesstein* in der der Mark Lupnitz (s. Seite 19). Auf dem Berg stand vermutlich eine Burg, die möglicherweise sowohl zur Weinstraße (s. B 4) als auch zum Eisenerzabbau am Glasbach (s. E 1) Beziehungen hatte, doch lassen sich von ihr keinerlei Befestigungsreste erkennen.

E 3 **Kroatengrund** und **Wintersteiner Grund**

Der Name des nordöstlich des Rennsteigs gelegenen Kroatengrundes geht auf die Zeit des Dreißigjährigen Krieges zurück, als Kroaten hier durchzogen. Der Grund ist eine Hangdelle, die zwischen dem Schleifkothengrund und Wintersteiner Grund vermittelt. Er senkt sich zur Wintersteiner Seite als Wiesengrund hinab, der vegetationskundlich zu den Borstgrasrasen zu rechnen ist. Die ihn begleitenden Buchenbestände zählen zum typischen Hainsimsen-Buchen-Wald, dessen Bodenflora sich in der Hauptsache aus Buchenhainsimse (*Luzula luzuloides*), Schlängelschmiele (*Deschampsia flexuosa*) und Quirlweißwurz (*Polygonatum verticillatum*) zusammensetzt.

Quellige Flächen, an denen organische Naßböden über dem Granit ausgebildet sind, so nahe dem Silberborn, werden von feuchteliebenden Arten eingenommen, wie Gegen- und Wechselblättrigem Milzkraut (*Chrysosplenium oppositifolium, C. alternifolium*), Waldschachtelhalm (*Equisetum silvaticum*), Wald- und Winkelsegge (*Carex silvatica, C. remota*), Alpenhexenkraut (*Circaea alpina*) und Hainfelberich (*Lysimachia nemorum*). Auch Mädesüß (*Filipendula ulmaria*), Großes Springkraut (*Impatiens noli-tangere*), Bitteres Schaumkraut (*Cardamine amara*), Sumpfbaldrian (*Valeriana dioica*), Flatterbinse (*Juncus effusus*) und Sumpfpippau (*Crepis paludosa*) treten hier auf. Kennzeichnend ist noch die Waldhainsimse (*Luzula sylvatica*), die flächenweise vorkommt. In der Baumschicht tritt die Schwarzerle auf.

Wandert man vom Silberborn abwärts in den Wintersteiner Grund hinein, wird die Buche mehr und mehr von Edellaubhölzern begleitet, so von Bergahorn, Bergulme und Esche. In der spärlichen Strauchschicht fällt Seidelbast (*Daphne mezereum*) auf. Im Frühjahr bestimmen die Blüten vor allem von Geophyten die Bodenflora, so von Hohlem Lerchensporn (*Corydalis cava*), Geflecktem Aronstab (*Arum maculatum*), Waldgelbstern (*Gagea silvatica*), Scharbockskraut (*Ranunculus ficaria*) und Gelbem Buschwindröschen (*Anemone ranunculoides*). Hinzu treten ferner Waldmeister (*Asperula odorata*), Goldnessel (*Lamium galeobdolon*), Große Brennessel (*Urtica dioica*), Zahnwurz (*Dentaria bulbifera*), Einbeere (*Paris quadrifolia*) und Christophskraut (*Actaea spicata*). Alle genannten Arten weisen auf eine nährstoffreiche Braunerde als Bodentyp hin.

Steigt man noch weiter in den Wintersteiner Grund hinab, erreicht man schließlich den Erlen-Eschen-Bachwald, der die Emse rechts und links begleitet.

Schwarzerle und Esche bestimmen das Bild der Baumschicht, hin und wieder treten die Hainbuche, ja selbst der Weißdorn (*Crataegus oxyacantha*) hinzu. Geophyten, wie Bärlauch (*Allium ursinum*), Hohler Lerchensporn, Scharbockskraut, Aronstab, Moschuskraut (*Adoxa moschatellina*) und Waldgelbstern, sind anzutreffen. Winkel- und Zittergrassegge (*Carex brizoides*), Hohe Schlüsselblume (*Primula elatior*), Alpenhexenkraut, Behaarter Kälberkropf (*Chaerophyllum hirsutum*), Rohrglanzgras (*Phalaris arundinacea*), Gewöhnliche Pestwurz (*Petasites hybridus*) gehören zu den zahlreichen Arten, die hier gedeihen. Floristisch von Interesse ist im Wintersteiner Grund an der Emse das Vorkommen von Breitblättriger Glockenblume (*Campanula latifolia*), eine in den Alpen häufigere, im Mittelgebirge aber seltene Art der staudenreichen Bergmisch- und Schluchtwälder sowie der Hochstaudenfluren. E 3

Drehberg E 4

Der Drehberg besteht aus einem dunklen, feinkörnigen Porphyrit, der in den Oberhofer Schichten liegt (Abb. 4). In seiner „Geologischen Beschreibung des Thüringer Waldgebürges“, erster Teil, von 1796, beschreibt HEIM den 752 m hohen Berg sehr anschaulich: „Der Drehbergskopf auf dem Gothaischen Wintersteiner Forst, steht als ein abgesonderter Kegel, zwischen dem Großen Inselberg, dem Mittelberg, Strohbirl und Weißenberg von allen Seiten frey. Interdeßen ist er nicht eigentlich kegelförmig, sondern wie ein Keil von der Grundfläche aus an beyden Seiten nach der Höhe zugeschärft. Die oberste Kante wird kaum einige Schuhe breit seyn. Einzelne isolierte Felsen giebt es nicht an diesem Kopf. Aber die ganze Steinmaße desselben ist größtenteils blos und unbedekt. Er fällt gleichfalls mit seiner scharfen Kante in die Richtung von Süden nach Norden, dem scharfen Einschnitt unter dem Inselberg gegenüber, der den Mittelberg vom Strohbirl trennt.“
Die Schutzhütte auf dem mit stattlichen Buchen bestandenen Gipfel des Drehberges wurde 1935 erbaut, trägt aber eine Tafel, die mit der Aufschrift „Gott schütze dieses Hauß, erbaut vom Förster NOTH im Jahre 1850“ an den Vorgängerbau erinnert.

Dreiherrnstein E 5

Der Dreiherrnstein steht am westlichen, sehr flachen Hang des Großen Weißenbergs und schied bis 1920 die Herzogtümer Sachsen-Gotha (Amt Tenneberg, seit 1858 Landratsamt Waltershausen), Sachsen-Meiningen (seit 1772 Amt Altenstein, 1868 Kreis Meiningen) und die Herrschaft Schmalkalden (bis 1866 hessisch, dann preußisch). Sachsen-Gotha und Sachsen-Meiningen gingen 1920 im Land Thüringen auf, so daß der Stein damals seine ursprüngliche Funktion verlor. Der heutige Dreiherrnstein wurde 1783 gesetzt, hat aber ältere Vorgänger. Bereits 1535 wurde hier bei der Versteinung und Vermarkung der Grenze zwischen der Patrimonialherrschaft der Familie Hund von Wenkheim zu Altenstein (1498–1722) und der Zent Brotterode (s. J 1; Amt der Herrschaft Schmal-

E 5 kalden) ein großer Markstein genannt, der auf einer 1589 gezeichneten Karte (s. E 9) als *Ruller Stein* = Ruhlaer Stein eingetragen ist. Von hier aus zweigte der sogenannte Brücknersche oder Ur-Rennsteig (s. E 9) vom Rennsteig nach S ab.

1911 wurde nahe beim Dreiherrnstein eine Waldschenke erbaut, die heute als Gasthaus dient. Das Denkmal davor besteht aus Blöcken grobkörnigen Ruhlaer Granits, der auch den Gipfel des Großen Weißenbergs aufbaut. Es trägt eine Bronzeplatte mit dem Reliefporträt des Schriftstellers VICTOR VON SCHEFFEL (1826—86) und wurde am 20. September 1913 eingeweiht. SCHEFFEL hatte 1857 den Weimarer Großherzog CARL ALEXANDER kennengelernt und ihm einen Wartburgroman versprochen, der allerdings nicht zustande kam. Lediglich eine Gedichtsammlung ,,Frau Avienture, Lieder aus Heinrich von Ofterdingens Zeit", darunter das Gedicht ,,Der Rennstieg" (1863), wurde vollendet.

E 6 Schleifkothengrund

Der Schleifkothengrund verläuft ausschließlich im Ruhla-Brotteroder Kristallinkomplex — Steinbacher Augengneis, Liebensteiner Gneis, Ruhlaer Granit — und wird vom Steinbach durchflossen, der unweit des Rennsteigs unterhalb der Großen Hirschbalz entspringt. Sein enges und steilwandiges Kerbtal, 150 bis 200 m tief eingeschnitten, wird rechts vom Riedel des Mühlbergs und des Mühlbergskopfes, links von dem des Schössers und der Winterleite begrenzt. Die Flurnamen weisen auf die unterschiedlich exponierten Hänge hin: Vordere und Hintere Sommerleite für die Sonnenhänge sowie Obere und Untere Winterleite für die Schattenhänge. An der oberen Ortsgrenze von Steinbach queren der Klinger Gangzug und der Floßberggangzug (Abb. 27) das Tal. Der Mittelteil zwischen Mühlbergskopf und Unterem Beerberg wird von einem Hämatit-Quarz-Gangschwarm durchzogen.

Mit seinem starken Gefälle trieb der Steinbach ehemals die zahlreichen Schleifkothen (Kote = Hütte) der Steinbacher Messerschmiede und auch den oberen Eisenhammer an. Von diesen ehemaligen Schleifkothen (Abb. 17) haben sich nur geringe Reste erhalten; die meisten Hütten wurden abgerissen oder völlig umgebaut. Im Grund befinden sich außerdem Reste von Kunstgräben und Wasserbauten, die zur Regulierung des benötigten Brauchwassers für den Antrieb der Schleifkothen dienten.

Die das Tal begrenzenden Riedel werden vom montanen Hainsimsen-Buchen-Wald besiedelt (s. E 2). Am Bachlauf selbst wächst ein Eschen-Erlen-Bachwald (s. E 3). Charakteristisch für den Schleifkothengrund sind Waldgesellschaften, die — wie im Thüringer Tal — an den Quellaustritten und unterhalb derselben an den Hängen gedeihen. Es handelt sich um bärlauchreiche Buchenbestände mit durchschnittlich 40 bis 50 Arten auf etwa 400 m², die auf eine hohe Standortfruchtbarkeit verweisen. Zu ihnen gehören Waldfrauenfarn (*Athyrium filix-femina*), Lungenkraut (*Pulmonaria obscura*), Gelbes Buschwindröschen (*Anemone ranunculoides*), Türkenbundlilie (*Lilium martagon*) sowie Goldnessel (*Lamium galeobdolon*), Akelei (*Aquilegia vulgaris*), Gefleckte Taubnessel (*Lamium maculatum*), Moschuskraut (*Adoxa moschatellina*) und Hohler

Abb. 17. Ehemalige Schleifkothe im Schleifkothengrund bei Steinbach (1978)

Lerchensporn (*Corydalis cava*). In der Baumschicht treten vermehrt Bergahorn, Esche und Bergulme mit hohen Wuchsleistungen auf. Bei guter forstwirtschaftlicher Pflege können sie auf diesen Standorten Furnierholz liefern. Der Schleifkothengrund beginnt in einer weiten Mulde, in der zahlreiche Quellen entspringen. Hier konzentrieren sich ebenfalls reiche Edellaubholzwälder mit Esche, Bergulme und Bergahorn. In der Bodenflora treten Hohler Lerchensporn und Scharbockskraut (*Ranunculus ficaria*) in größeren Herden auf und ergeben gemeinsam mit Gelbem Buschwindröschen, Einbeere (*Paris quadrifolia*), Waldgelbstern (*Gagea silvatica*) und Holunderblättrigem Baldrian (*Valeriana sambucifolia*) einen nicht zu übersehenden Frühjahrsaspekt. Hier kommt auch die Frühblühende Traubenkirsche (*Prunus padus*) vor, die ihre Hauptverbreitung in den Auewäldern der Ebene hat.

Weißer Stein

E 7

Östlich von Steinbach ragten früher auf den Höhen zwischen dem Schleifkothengrund und dem Thüringer Tal zahlreiche weiße Felsmauern auf, die bereits von den Geologen J. C. W. Voigt 1789 und J. L. Heim 1806 beschrieben und abgebildet wurden (Abb. 18). Eine anschauliche Schilderung gibt Heim: „Der Flußspatgang an dem Floßberg über Liebenstein ... ist nicht nur wegen

Abb. 18. Flußspatfelsen zwischen Steinbach und dem Thüringer Tal (aus HEIM 1806)

E 7 seiner großen, aber sehr abwechselnden Mächtigkeit, sondern auch noch dadurch merkwürdig, daß die Gangmasse auf manchen Stellen zwanzig bis vierzig Schuhe hoch über den Boden sich erhebt und zu Tage anstehende Felsen bildet. Er streicht in Granit und Gneiß von dem Elmersgehege bey Steinbach über den Floßberg nach dem Thueringertal. Den Anfang macht an dem Elmersgehege, ein ansehnlicher, wegen seiner Farbe, der Weißestein genannte Felsen, der ganz isoliert steht ... An dem Floßberg tritt die Gangmasse wieder über den Boden empor, anfänglich in kleinen Klippen, nachher aber immer mächtiger und höher bis zu den Felsen über dem Floßloch."

Bei den Weißen Steinen handelte es sich geologisch um die Gangfüllung des steilstehenden Floßbergganges (s. D 6) aus Flußspat und zelligem Quarz, die widerstandsfähiger gegen die Verwitterung waren als der umgebende Steinbacher Augengneis. Bis 12 m ragten Felsen wie der Große und der Kleine Weiße Stein empor. Nach ihrem Abbau sind heute nur noch Reste vorhanden. Den Gangverlauf zeigen bis 15 m tiefe Pingen an, von denen einige in jüngster Zeit eingeebnet wurden.

E 8 Krätzersrasen,

eine Waldblöße nordöstlich des Bommelhauks, besteht aus vermoorten Wiesen an der Quelle des Hattenbachs (s. K 4), wo Rennwegsgneis, Steinbacher und Liebensteiner Gneis sowie der porphyrartige Ruhlaer Granit auf engem Raum zusammentreffen. Vorwiegend von NW nach SO streichende Mineralgänge, die Schwerspat, Flußspat und Eisenerz führen, sind an der Oberfläche durch Pingenfelder gekennzeichnet. E 8

Der Krätzersrasen war ursprünglich eine etwa 4 ha große, von Wald umgebene Weidefläche der Steinbacher Viehherden. Der Name *Kratzerswysen* (1512) verweist entweder auf einen Familiennamen oder auf die Berufsbezeichnung Pechkratzer. Die 300 Jahre alte Hexenbuche, die einen Durchmesser von 160 cm aufwies, wurde 1965 gefällt. Ihr Stock steht hinter der Gaststätte, die zu dem vom VEB Wälzkörperwerk Schweina errichteten Naherholungszentrum gehört. Im Sommer führt der Betrieb hier sein Kinderferienlager durch, für das 12 Bungalows zur Verfügung stehen.

Brücknerscher Rennsteig E 9

Der alte Grenzzug zwischen dem Herzogtum Sachsen-Meiningen und der hessischen, seit 1866 preußischen Herrschaft Schmalkalden beginnt beim Dreiherrnstein (s. E 5) auf dem Großen Weißenberg, führt südwärts auf einem Riedel über den Unteren Beerberg, den Rennwegskopf, den Judenkopf, erreicht am Rand des Gebirges mit deutlicher Stufe die Hohe Klinge und endet in Herrenbreitungen. Er heißt in der Rennsteigliteratur Brücknerscher oder Ur-Rennsteig und wird als Abzweigung von der Hauptlinie auf dem Kamm des Thüringer Waldes betrachtet. Sein Name geht auf den Meininger Landeskundler Georg Brückner zurück, der aufgrund der Grenzwegtheorie des Rennsteigs 1867 diesen Grenzverlauf als die eigentliche Fortsetzung des Rennsteigs ansah. Nach seiner Meinung ist der Rennsteig nicht mehr über den Flurort Ruhlaer Häuschen weiter nach W verlaufen, sondern am Großen Weißenberg nach S abgebogen, wo er die Werra an der Einmündung der Rosa bei Wernshausen erreicht haben soll. Brückners Schlußfolgerungen über den Verlauf des Rennsteigs des Thüringer Waldes sind von der Rennsteigforschung verworfen worden, obwohl es einige historische Belege dafür gibt. Tatsächlich ist der Grenzzug in seinem oberen Abschnitt zwischen dem Großen Weißenberg und dem Rennwegskopf seit dem Ende des 16. Jh. als Rennsteig bekannt und befindet sich 1589 auf der von Joist Moers gezeichneten ältesten Karte der Herrschaft Schmalkalden als *Renstick*, während die eigentliche Kammlinie ohne Namen blieb. Dieser Abschnitt hieß später Liebensteiner Rennweg oder nur Rennweg. Der gesamte Grenzverlauf zwischen dem Dreiherrnstein (s. E 5) und Herrenbreitungen ist mit 193 Grenzsteinen von 1665, 1681, 1714, 1783 und 1843 besetzt.

Vegetationsaufnahmen aus der Zeit von 1956 bis 1958 entlang des Brücknerschen Rennsteigs lassen den Schluß zu, daß das Gebiet mit Hainsimsen-Buchen-Wäldern der montanen Stufe bestanden war. Heute geben die Fichtenbestokkungen mit ihren Bruchschäden Anlaß, darüber nachzudenken, wie die hier standortgerechte Buche wieder vermehrt eingebracht werden kann, um die Auswirkungen künftiger Katastrophen solcher Art so gering wie möglich zu halten.

F 1 Breitenberg

Der 695 m hohe Breitenberg fällt im SW steil zum Ländersgraben ab und hebt sich durch die Schlotwiese und das Inselsberger Loch vom etwas höheren Kleinen Inselsberg deutlich ab. Im N begrenzen ihn die Täler der Emse und des Sembachs. Der Breitenberg besteht aus einem Quarzporphyr mit vielen Einsprenglingen der Wintersteiner Rotliegendmulde und ist heute noch fast vollkommen mit Laubholz bestockt. In den unteren Lagen gedeihen auf Podsol-Braunerden mit Rohhumus bzw. rohhumusartigem Moder Traubeneichen-Buchen-Wälder (Abb. 11), die in ihrer Artenzusammensetzung sehr den montanen Hainsimsen-Buchen-Wäldern gleichen. Es fehlen hier nur die montanen Elemente wie Steinlabkraut (*Galium saxatile*) und Quirlweißwurz (*Polygonatum verticillatum*), andererseits dringt die Traubeneiche in den Buchenbestand ein. Zur Buchenhainsimse (*Luzula luzuloides*) gesellen sich in der Bodenflora Wiesenwachtelweizen (*Melampyrum pratense*), Bergplatterbse (*Lathyrus montanus*) sowie Glattes und Savoyer Habichtskraut (*Hieracium laevigatum, H. sabaudum*).

Auf den flachgründigen südexponierten Hangnasen und -rippen sind artenarme Traubeneichenwälder zu finden, die flächenmäßig allerdings wenig in Erscheinung treten. Außer Traubeneiche, Birke und Eberesche vermag hier kaum eine andere Baumart zu wachsen. Zusammen mit dem Traubeneichen-Buchen-Wald ist dieser artenarme Traubeneichenwald charakteristisch für die submontane Traubeneichen-Buchen-Stufe.

In der Bodenschicht dominieren Heidelbeere (*Vaccinium myrtillus*) und Drahtschmiele (*Deschampsia flexuosa*). Fast stets treten Besenheide (*Calluna vulgaris*) und Glattes Habichtskraut hinzu. Bezeichnend ist auch der Gemeine Tüpfelfarn oder das Engelsüß (*Polypodium vulgare*), das die Flachgründigkeit der Standorte betont. Eine Moosschicht fehlt an keiner Stelle, und Strauchflechten treten immer auf. Als Böden sind Podsol- bzw. podsoliger Ranker mit Hager-Rohhumus ausgebildet. Weiter verbreitet als die bisher genannten Waldgesellschaften ist am Breitenberg aber der Perlgras-Buchen-Wald mit reichen und armen Ausbildungsformen. Er stockt hier auf den Standorten mit guten bis mittleren Nährstoffverhältnissen, und zwar auf den teils flachen, teils steilen Mittel- bis Unterhängen. Hier in der Wintersteiner Mulde hat der Perlgras-Buchen-Wald seine flächenmäßig größte Verbreitung im Inselsberggebiet. Als einstufiger Schattenwald weist er nur sporadisch eine Strauchschicht auf. Zur vorherrschenden gutwüchsigen Buche gesellen sich je nach den Bodenwasserhaushaltsverhältnissen Bergahorn und Esche, seltener treten Bergulme, Spitzahorn und Traubeneiche auf.

Die Bodenpflanzen zeigen eine mäßig frische bis frische, nährstoffreiche Braunerde mit gutem Humuszustand an. Zu ihnen zählen Einblütiges Perlgras (*Melica uniflora*) und Waldgerste (*Elymus europaeus*) als bezeichnende Arten. Nahezu konstant treten Flattergras (*Milium effusum*), Männlicher Wurmfarn (*Dryopteris filix-mas*), Waldmeister (*Asperula odorata*), Goldnessel (*Galeobdolon luteum*), Waldsegge (*Carex sylvatica*), Sauerklee (*Oxalis acetosella*) und Waldfrauenfarn (*Athyrium filix-femina*) auf. Weiter sind noch Waldbingelkraut (*Mercurialis perennis*), Hainrispengras (*Poa nemoralis*), Waldveilchen (*Viola*

silvatica), Buschwindröschen (*Anemone nemorosa*) und Waldziest (*Stachys silvatica*) recht häufig. F 1
Floristisch von Interesse ist am steilen Südwesthang des Breitenberges in ungefähr 670 m Höhe ein lichter Bestand von alten, starken Traubeneichen, Winterlinden, krüppeligen Buchen, einzelnen kurzschäftigen Bergahornen, Eschen und Mehlbeeren, die alle stark ästig und mehr oder weniger krummwüchsig sind. Einzelne Birken und Ebereschen vervollständigen das Bild. Schwalbenwurz (*Cynanchum vincetoxicum*), Wiesenlabkraut (*Galium mollugo*), Zypressenwolfsmilch (*Euphorbia cyparissia*), Nickendes Perlgras (*Melica nutans*), Hainrispengras (*Poa nemoralis*) und Große Sternmiere (*Stellaria holostea*) kennzeichnen diesen Standort als den wärmsten innerhalb des Inselsberggebietes. Der Südwesthang des Breitenberges wird geologisch durch eine Schutthalde aus Breitenbergporphyr mit einem ausstreichenden Salband aus Melaphyr charakterisiert.
Die Kuppe des Berges wird vom montanen Hainsimsen-Buchen-Wald eingenommen, und zwar von seiner waldreitgrasreichen Ausbildungsform. Auf kleinen Flächen am nordöstlichen Oberhang findet man in einer frischen, teils quelligen Mulde einen edellaubholzreichen Bestand, der zu den reichen Hangwäldern zu zählen ist, wie sie im Schleifkothengrund (s. E 6) vorkommen.

Grenzwiese F 2

Südöstlich des Großen Inselsberges senkt sich der schmale, steil zwischen Geröll und Klippen niederstürzende Gipfelgrat mit dem Rennsteig mehr als 100 m abwärts. An den Reitsteinen vorbei (s. F 3) führt der Pfad weiter hinab zur Grenzwiese. Diese breitet sich in 726 m Höhe zwischen dem Großen Inselsberg und dem Trockenberg auf einem Sattel aus, auf dem die 1846 chaussierte Straße Brotterode—Tabarz, der Gelbe Weg und der Rennsteig zusammenlaufen.
Die Paßhöhe ist floristisch insofern von Interesse, als auf der Brotteroder Seite dicht an der westlichen Straßenkante eine Quelle austritt, in deren Umgebung ein Bergerlenbruch gedeiht. Diese Waldgesellschaft ist typisch für alle vernäßten, anmoorigen Substrate an Quellaustritten in der montanen Stufe des Inselsberggebietes. Die Schwarzerle herrscht als Baumart vor, seltener treten Esche, Bergulme und Bergahorn hinzu. In der Strauchschicht befinden sich ab und an Gewöhnlicher Schneeball (*Viburnum opulus*) und Frühblühende Traubenkirsche (*Prunus padus*). In der Bodenflora sind alle für diese Gesellschaft ausgewiesenen Kennarten vorhanden: Waldschachtelhalm (*Equisetum silvaticum*), Rasenschmiele (*Deschampsia caespitosa*), Sumpfpippau (*Crepis paludosa*), Flatterbinse (*Juncus effusus*), Sumpfbaldrian (*Valeriana dioica*) und Bachnelkenwurz (*Geum rivale*). Großes Springkraut (*Impatiens noli-tangere*), Behaarter Kälberkropf (*Chaerophyllum hirsutum*), Mädesüß (*Filipendula ulmaria*), Bitteres Schaumkraut (*Cardamine amara*), Brennessel (*Urtica dioica*) und Gegenblättriges Milzkraut (*Chrysosplenium oppositifolium*) treten als Feuchte- bzw. Nässeanzeiger auf.
Die Grenzwiese, jetzt mit einem asphaltierten Parkplatz besetzt, hieß nach

F 2 einer Grenzbeschreibung von 1642 Jägerswiese. Ihren heutigen Namen erhielt sie von der hier mit dem Rennsteig gleichlaufenden früheren Grenze zwischen der Herrschaft Schmalkalden und dem Herzogtum Gotha. Der Grenzstein Nr. 82 in Kreuzform stammt von 1772 und hieß Malefiziantenstein, weil über die Grenze geflohene Straftäter an dieser Stelle an die benachbarten Gerichtsbehörden übergeben wurden. Am Rand der Grenzwiese stehen eine Gaststätte gleichen Namens und ein Betriebsferienheim.

Die Bewohner der Herrschaft Schmalkalden nannten den Südosthang des Inselsberges an der Grenzwiese den Kleinen Inselsberg, weil er dem Gipfel des Großen Inselsberges vorgelagert ist. Der eigentliche Gipfel des 710 m hohen Kleinen Inselsberges liegt jedoch nördlich vom Großen Inselsberg, auf ehemals gothaischem Gebiet.

F 3 **Reitsteine** (Bild 10)

Der Forstort Reitsteine gehört zum NSG Großer Inselsberg (s. F 4). Er liegt südöstlich des eigentlichen Gipfels und ist stellenweise als felsiger Grat aus Inselsbergporphyr ausgebildet, an dessen Fuß sich eine Halde aus lockerem Gesteinsschutt ausbreitet. Hier, am Südhang in etwa 800 m Höhe, wächst ein lückiger Bergahorn-Buchen-Mischbestand mit einzelnen Ebereschen und Mehlbeeren. Fichte und Latschenkiefer sind künstlich eingebracht. Die Buchen zeigen Renkformen (Bild 11), stark gekrümmte Wuchsformen. Die Bodenflora weist einige für diese Höhenlage sehr seltene Arten auf: Große Sternmiere (*Stellaria holostea*), Hundsquecke (*Agropyron canium*) und Nickendes Perlgras (*Melica nutans*). Diese deuten günstige lokale wärmeklimatische Verhältnisse an, was aus der Exposition und der Steilheit des Geländes (etwa 40° Neigung) auch zu erklären ist.

F 4 **Großer Inselsberg** (Bild 9)

Mit 916 m ist der Große Inselsberg der höchste Gipfel des nordwestlichen Thüringer Waldes. Er erhebt sich 100 m über das allgemeine Niveau des Gebirgskammes und stellt deshalb den Aussichtspunkt mit dem umfassendsten Rundblick dar. Im NW sieht man die Wartburg, im N den 105 km entfernten Brockengipfel, in gleicher Richtung die 484 m hohen, an ihren hellen Kalkfelsenbändern erkenntlichen Hörselberge. In nordöstlicher Richtung erhebt sich, aus der Goldenen Aue deutlich abgesetzt, der Kyffhäuser, davor, 60 km entfernt, der Ettersberg bei Weimar mit dem Buchenwalddenkmal. Im O sieht man die auf widerstandsfähigem Keupersandstein stehende Wachsenburg. Vom Plateau südwärts setzt sich der Thüringer Wald fort und gewährt Sicht auf die Gebäude des Schneekopfes (978 m), auf den Kickelhahn bei Ilmenau (861 m), den Großen Beerberg (982 m) und auf den Adlersberg (850 m). Weiter südlich sind die basaltischen Erhebungen der Gleichberge bei Römhild (642 und 679 m), der breite Buckel des Dolmar bei Meiningen (739 m) und die Hohe Geba (751 m) zu erkennen.

Morphologisch gesehen ist der Inselsberg ein typischer Porphyrhärtling. Der höchste, durchschnittlich 10° geneigte Teil fällt, insbesondere nach NW hin zum Inselsberger Loch, zwischen Scharfenberg und Kleinem Inselsberg, mit 25 bis 45° steil ein. Trotz der beachtlichen Länge von 300 bis 400 m sind die Hänge nur wenig erosiv zerschnitten. Einen ähnlich tiefen Kessel gibt es auf der westlichen Seite des Scharfenbergs. Ebenso senkt sich der südliche Abhang steil nach dem Inselsberggraben hinab. Die Riedel verlaufen nach zwei entgegengesetzten Richtungen, auf denen sich die Kammlinie mit dem Rennsteig befindet. F 4

Die obere Partie des Inselsbergmassivs besteht aus einer den Goldlauterer Schichten nicht ganz konkordant auflagernden Ergußdecke eines Quarzporphyrs (Abb. 1) mit vielen mittelgroßen Einsprenglingen, dem sogenannten Inselsbergporphyr, der zur Oberhofer Zeit des Unterrotliegenden entstand. Meist ist das Gestein stark zersetzt, aber dennoch gegen die Verwitterung und Abtragung widerstandsfähig, wie zahlreiche Felsbildungen, so Reitsteine, Steinernes Amt und Scharfenbergrücken, beweisen.

Auf dem Großen Inselsberg besteht seit 1882 eine meteorologische Station. Die dort errechnete Jahresmitteltemperatur von 4,2 °C zeigt den niedrigsten Wert aller thüringischen Stationen. Die mittlere Januartemperatur beträgt −4,1 °C, das Julimittel 12,9 °C. Der Jahresgang der Lufttemperaturen ist ausgeglichener als in den Tälern und Vorländern, die Jahresschwankung bleibt mit 17,0 °C verhältnismäßig gering.

Infolge des Pendelns der Inversionsgrenze wechseln die Sichtverhältnisse oft kurzfristig und intensiv: im Vorland Sichtweite um 1 km, auf dem Gipfel über 70 km. Dementsprechend verändern sich dann auch Lufttemperatur und Feuchtigkeit. Die Temperaturinversion zwischen Gipfel und Vorland erreicht beträchtliche Werte: im Vorland Minusgrade, auf dem Gipfel mehrere Grad über Null. Die Schneedecke ist in der zweiten Februarhälfte am stärksten und bleibt von Ende Oktober bis Ende April (54 cm im langjährigen Mittel) bestehen.

Mittlere Niederschlagssummen in mm (Meßreihe 1951–80)

Jan.	Febr.	März	April	Mai	Juni	Juli	Aug.	Sept.	Okt.	Nov.	Dez.	Jahr
93	75	80	84	90	112	100	108	84	84	91	103	1104

Vegetationsperiode (Mai–Juli) 302

Die Wasserläufe fließen nach N durch den Fuchshüttengrund, durch den Ländersgrund, den Ilmengraben und den Lauchagrund. Das Inselswasser nimmt die nach S gerichteten Bäche auf. Sie werden von zahlreichen Quellen, die an den Flanken des Berges entspringen, gespeist, wobei die Entwässerungsbahnen radial vom Gipfel ausgehen. Die Einsickerung ist infolge der hydrogeologischen Eigenschaft des Porphyrs gering und bleibt auf Spalten und Klüfte beschränkt. Hangschuttdecken spielen dabei eine wichtige Rolle, weil sich in ihnen eine oberflächennahe Grundwasserschicht ausbilden kann. Infolge der

F 4 ganzjährig hohen Niederschläge besteht auch ein ausgeglichener hoher Abfluß.

Das über 130 ha große Naturschutzgebiet des Großen Inselsberges umfaßt die Lagen zwischen 720 m unterhalb der Grenzwiese und 900 m und besteht seit 1961. Obwohl der Inselsberg stark exponiert ist, reichen die Buchen bis zu seinem Gipfel. Je nach der Höhenlage kommen folgende Pflanzengesellschaften vor: der Hainsimsen-Buchen-Wald in mehreren bodenfeuchteabhängigen Ausbildungen, in den Kammgebieten auch der Quirlweißwurz-Buchen-Wald und auf dem Gipfel der hochmontane Ebereschen-Buchen-Wald (Abb. 11).

Überall begegnet man der azidophilen, also Boden mit saurer Reaktion liebenden Artengruppe mit Buchenhainsimse (*Luzula luzuloides*), Schlängelschmiele (*Deschampsia flexuosa*), Waldreitgras (*Calamagrostis arundinacea*), Pillensegge (*Carex pilulifera*), Schattenblümchen (*Majanthemum bifolium*), Waldehrenpreis (*Veronica officinalis*), Waldhabichtskraut (*Hieracium sylvaticum*) und säureliebenden Moosen, wie *Polytrichum attenuatum* und *Dicranella heteromalla*. Insgesamt sind die naturnahen, bodensauren Buchenwälder der montanen Stufe von den tieferliegenden Hainsimsen-Traubeneichen-Buchen-Wäldern der unteren Berglagen, die in der Bodenflora ganz ähnlich erscheinen, durch Quirlweißwurz (*Polygonatum verticillatum*) und Breitblättrigen Wurmfarn (*Dryopteris dilatata*) getrennt.

Auf den trockenen Standorten treten vermehrt Heidelbeere (*Vaccinium myrtillus*), ganz vereinzelt sogar Preiselbeere (*Vaccinium vitis-idaea*), Weißmoos (*Leucobryum glaucum*) und Strauchflechten (*Cladonia* spec.) auf. Alle mesophilen Arten und Frischezeiger fehlen hier gänzlich. Die typische Ausbildung, welche die ökologische Mitte der Gesellschaft darstellt, ist durch hohe Deckungsgrade der Buchenhainsimse ausgezeichnet. Sie kommt vorzugsweise auf dem Südhang des NSG vor, wo die Hänge nicht so steil abfallen wie im N. Der frischere Flügel wird vor allem von Farnen charakterisiert. Sie treten meistens am schattigen und steilen Nordhang sowie in den etwas bodenfrischeren Hangmulden auf.

Nahe dem Neuen Grauweg, der sich an der Nordflanke des Inselsberges hinschlängelt, und unweit des schmalen Riedels, den der Scharfenberg bildet, ist ein farnreicher Bestand anzutreffen. Er stockt auf einem ausstreichenden Melaphyrgang in einer sehr flachen Hangmulde am sonst steilen Nordhang (28°) in etwa 800 m Höhe. Die Baumschicht wird von einem lichten Bergahorn-Buchen-Bestand gebildet. In der Krautschicht überwiegen Farne, wie Männlicher Wurmfarn, (*Dryopteris filix-mas*), Breitblättriger Wurmfarn, Waldfrauenfarn, Buchenfarn (*Phegopteris connectilis*) und Eichenfarn (*Lastrea dryopteris*). Neben der Zahnwurz (*Dentaria bulbifera*) und der Quirlweißwurz, der Türkenbundlilie (*Lilium martagon*) ist sogar der Hohle Lerchensporn (*Corydalis cava*) vorhanden. Günstiger Wasserhaushalt und reichliche Nährstoffe im Boden machen selbst in diesen Höhenlagen ein solches Vegetationsmosaik noch möglich.

Am gleichen Nordhang, in einer tieferen und 35° geneigten Hangmulde, stockt in 810 m ü. NN ein ähnlicher Bestand, der außer Buche und Bergahorn sogar einzelne Eschen enthält. Die beigemischte Fichte ist stark durch Schnee- und Eisanhang gebrochen. Die bereits genannten Farne treten auch hier auf. Floristisch interessant ist jedoch das Vorkommen von Gebirgshahnenfuß (*Ranunculus platanifolius*), der im Inselsberggebiet nur von hier bekannt ist. F 4

Unterhalb des Kammes, der sich von der höchsten Kuppe in Richtung Venetianerstein hinzieht, bemerkt man neben Buchen mit Wipfelbrüchen und künstlich eingebrachter Fichte auch Eberesche in der Baumschicht. Physiognomisch tritt das Waldreitgras stärker hervor; Siebenstern (*Trientalis europaea*) und Steinlabkraut (*Galium saxatile*) sind anwesend. Diese Bestände zählen zum Quirlweißwurz-Ebereschen-Buchen-Wald.

Ganz auf die Kuppe und die höchsten Kammlagen ist der Ebereschen-Buchen-Wald beschränkt. Hier tendieren die Bestände bereits zum Buschwald, weil Schnee- und Eisbruch die Bäume immer wieder deformieren und niedrig halten. In der artenarmen Krautschicht fallen besonders Steinlabkraut, Siebenstern, Wolliges Reitgras (*Calamagrostis villosa*) und Waldbärlapp (*Lycopodium annotinum*) auf.

Wie bereits in der Überschau (s. Seite 28) dargelegt, wurde am Inselsberg mit dem Fichtenanbau erst im 18. Jh. begonnen. In einer Waldbeschreibung von 1787 heißt es: „... vor etlichen Jahren unter dem Steinfelsen am neuen Wege nach der Höhe, wo das Inselsberger Haus stehet, fichtener Sammen mit gutem Erfolge gesät worden, um das Holz künftig daselbst einmal zum Bauwesen mit Menagierung des Fuhrlohns gebrauchen zu können." Vorher, so 1557 waren „... vor 8 Jahren ... die alten Buchen ganz zu Jahn (s. Seite 28) abgehauen ... an der Höhe um ist er ganz kahl ..."; oder 1587: „... ein abgeblößter Berg"; 1641: „... uf der Höhe ein bloßer Berg mit wenigen Steinbuchen"; 1691: „Ist fast gar vertrieben bis auf eine Ecke von 60 bis 80 Acker, welches ... meistenteils dörrspitzig Holz ist, dieweil es auf der großen Höhe und steinigtem Orte nicht hat wachsen können"; und schließlich noch 1745: „... an der Brotteröder Straße mit jungem Buchendickicht noch ziemlich bestanden, welches aber wegen der kalten Situation und tiefen Schnees nicht hoch werden kann. Darzwischen aber sind viele Blößen und je höher es den Berg hinankommt, je kürzer und struppiger das Holz und je größer die Blößen werden, endlich aber, auf der Höhe, stehet fast gar nichts, als nur einzelne kurze Buchenstruppen."

Der Inselsberg wird als *Enzenberg* in dem Streitgedicht „Der Sängerkrieg auf der Wartburg" erwähnt, das um 1250 entstanden ist. Urkundlich tritt er erstmals 1330 als *Emmseberg* auf. Seine Bezeichnung entlehnt er der am Nordhang entspringenden Emse, deren 1103 erwähnter Name *Emisa* zur alteuropäischen Wurzel *am-* = fließen gehört. Der seit 1655 belegte Name *Inselberg* ist eine deutsche Umdeutung für seine oft inselhaft aus dem Nebel aufragende Kuppe.

Über den Berg verlief die Grenze zwischen der Herrschaft Schmalkalden und der Landgrafschaft Thüringen, später dem Herzogtum Gotha. Auf Gothaer Seite ließ Herzog Ernst der Fromme von Sachsen-Gotha zu Jagd- und Vermessungszwecken ein achteckiges turmartiges Gebäude aus Holz errichten und am 17. August 1649 mit einem Fest einweihen. Damals entstand das Gedicht von Veit Ludwig von Seckendorff über den Heunzelsberg. Herzog Ernst II. ließ weiter unten 1774 ein astronomisches Observatorium erbauen, das Untere Haus, das jetzt verschwunden ist. In dem Gipfelhäuschen, dessen erstes Stockwerk den Steinernen Salon bildete, übernachtete Goethe am 20. Juni 1784.

F 4 Das Gebäude wurde 1836 durch Sturm zerstört. Um 1850 erbaute man auf Gothaer Seite ein schlichtes Wirtshaus, den Domänengasthof, der 1895 zum Gothaischen Gasthof vergrößert wurde. Auf hessischer Seite ließ CASPAR ECK aus Brotterode 1848 eine Bretterbude zum Bierausschank aufstellen. Bald danach entstand hier ein festes Fachwerkhaus, die Hessische Herberge. Später erweitert, führte sie seit 1867 die Bezeichnung Preußischer Gasthof. Dieser kam an die Familie Stöhr. Die Zweistaatlichkeit des Inselsberggipfelplateaus wurde 1945 beseitigt und das Gebiet völlig der Gemeinde Tabarz im Landkreis Gotha zugeteilt.

Im zweiten Weltkrieg errichtete man auf dem Inselsberg eine Funkstation, die später verfiel. Seit 1952 gibt es einen UKW-Sender und seit 1955 eine Fernsehstation. Der Turm erhielt 1957 einen 50 m hohen Stahlmast, ein neuer Stahlrohrturm von 127 m Höhe entstand 1975.

Der Große Inselsberg bildete gemeinsam mit den markanten Bergen seiner Nachbarschaft (s. F 5) den Mittelpunkt weitverbreiteten Aberglaubens. Er galt als wichtigster Sammelplatz der Hexen, um ihn ranken sich zahlreiche Spuk- und Gespenstergeschichten. Zwei Sagenkreise haben sich hier angesiedelt, die wohl in keinem Thüringer Sagenbuch fehlen. Im Mittelpunkt des einen steht das Wirken der Venetianer und des anderen die geheimnisvolle Tätigkeit der Wichtelmännchen.

Die Venetianer, auch Venetier, Venediger oder Welsche genannt, stammten aus dem südlichen Europa und waren geheimnisumwitterte Männer mit übernatürlichen Fähigkeiten, die das Land auf der Suche nach Schätzen durchzogen. Sie schleppten das Gold und das Silber, das sie fanden, fort, und nie gelang es einem Einheimischen, hinter ihre Geheimnisse zu kommen. Den Ausgangspunkt der zahlreichen thüringischen Venetianersagen stellt wohl der hier früher weitverbreitete, über Jahrhunderte betriebene Bergbau auf Eisenerz dar. Die Edelmetallfunde in Sachsen und Tirol im 15. und 16. Jh. sowie eine ständige Hoffnung und Sehnsucht der Bevölkerung nach plötzlichem Wohlstand ließen in Thüringen immer wieder die Wunschvorstellung aufkommen, daß es auch dort in den Bergen Gold und Silber geben müsse. Da es nie entdeckt wurde, fand der Volksglaube eine Erklärung in den Venetianern.

Nicht weniger häufig gibt es um den Großen Inselsberg herum die Sagen von Zwergen oder Wichtelmännchen. Sie wurden im Volksmund als Hütchen bezeichnet, nach ihren roten oder braunen spitzen Mützen. Die Wichtelmännchen waren bei Tage nie zu sehen, arbeiteten aber nachts mit nie erlahmendem Fleiß für ihre Gastgeber. Am häufigsten übten sie solche Tätigkeiten wie das Schleifen und Polieren von Eisen- und Stahlwaren sowie das Spinnen aus. Die Hütchen waren den Menschen hilfreich, solange diese ihnen keine Geheimnisse zu entreißen oder aber sie durch kränkende Reden oder Fluchen zu beleidigen suchten.

Eine Mischform zwischen den beiden genannten Sagenkreisen stellen jene Sagen dar, in denen die Erzmännchen auftreten. Etwa einen Fuß hoch, gekleidet mit spitzen Hütchen und Lederschürzen, sollen sie durch Felslöcher und -spalten huschen, emsig damit beschäftigt, mittels langstieliger Hämmer nach Gold und Silber zu suchen. Während aber die Venetianer durch ihr finsteres, überlegenes Auftreten die Menschen abschreckten, lebten die Wichtelmännchen in deren Nähe.

Venetianerstein

F 5

Im Brotteroder Migmatitgneis treten Vulkanitgänge auf, die als Felsklippen herausgewittert sein können. Eine von ihnen ist der Venetianerstein, der aus einem rötlichen, einsprenglingsreichen Quarzporphyr, dem Breitenbergporphyr, besteht. Von ihm gewinnt man einen guten Überblick über die Wintersteiner Mulde. Westlich liegt der Drehberg, nordwestlich der Scharfenberg. Im N sieht man in den Wintersteiner Grund mit der Emse und auf den Breitenberg. Man erkennt von hier, wie sich die einst ,,unwüchsigen" Orte deutlich hervorheben, da sie vorzugsweise mit Fichte aufgeforstet wurden, deren dunkle Nadeln mit den helleren Buchenbeständen kontrastieren.

Der Name der Klippe verweist auf den Sagenkreis um die Venetianer (s. F 4). Eine der bekanntesten Sagen daraus handelt von einer Höhle am Fuße des Venetianersteins. Hier wurde ein Steinbacher Einwohner, der ein gutes Verhältnis zu den Venetianern besessen haben soll, Zeuge, wie diese unter dem Einsatz übernatürlicher Kräfte Gold aus dem Berg holten.

Historische Beziehungen zur venezianischen Glasfabrikation lassen sich nur für die Zeit von 1633 bis 1639 nachweisen, als Herzog BERNHARD von Sachsen-Weimar venezianische Glasarbeiter nach Thüringen verpflichtete, weil er eine herrschaftliche Glashütte zu Tambach (-Dietharz) im Amt Georgenthal errichten ließ.

Oberer Beerberg

F 6

Die Felsbildungen am Ostrand des Oberen Beerberges sind Teil eines schmalen Grates aus Quarzporphyr, der durch das Heranrücken nordöstlich und südwestlich gerichteter Bäche bis kurz vor den Kamm des Rennsteiges gekennzeichnet ist. Die Quellen der Emse und der Einzugsbereich des Inselswassers, das zur Truse entwässert, liegen hier nur 500 m voneinander entfernt.

Bad Liebenstein, Kreis Bad Salzungen

G 1

Die Landschaft um Bad Liebenstein (Abb. 19) erstreckt sich am Rand des Thüringer Waldes zwischen dem Wiesengrund des Grumbachs und dem Thüringer Tal am Fuße des Liebensteiner Burgberges mit einer unruhigen, von der Erosion stark zerschnittenen und der Subrosion, der unterirdischen Ab- und Auslaugung, beeinflußten Oberfläche. Oft hat sie ihre Beschreiber begeistert wie AUGUST TRINIUS, der im ,,Thüringischen Wanderbuch" (1890) von ihr sagt: ,,Von silberflüssigen Waldwassern durchrauscht, schluchten sich grüne, verschwiegene Täler zum Kamm des Gebirges empor. Wer auf eine der an Aussichten so reichen Höhen steigt, dessen Blick schweift gen Westen in das offene Land des schönen Werratales hinaus, das zu den blau schimmernden Basaltkegeln der Rhön einen so stimmungsvollen Rahmen empfing; nach den drei anderen Seiten aber gleitet der Blick über fächerartig sich breitende Bergwellen, von üppig quellenden Waldmassen bis zu den Gipfeln bedeckt."

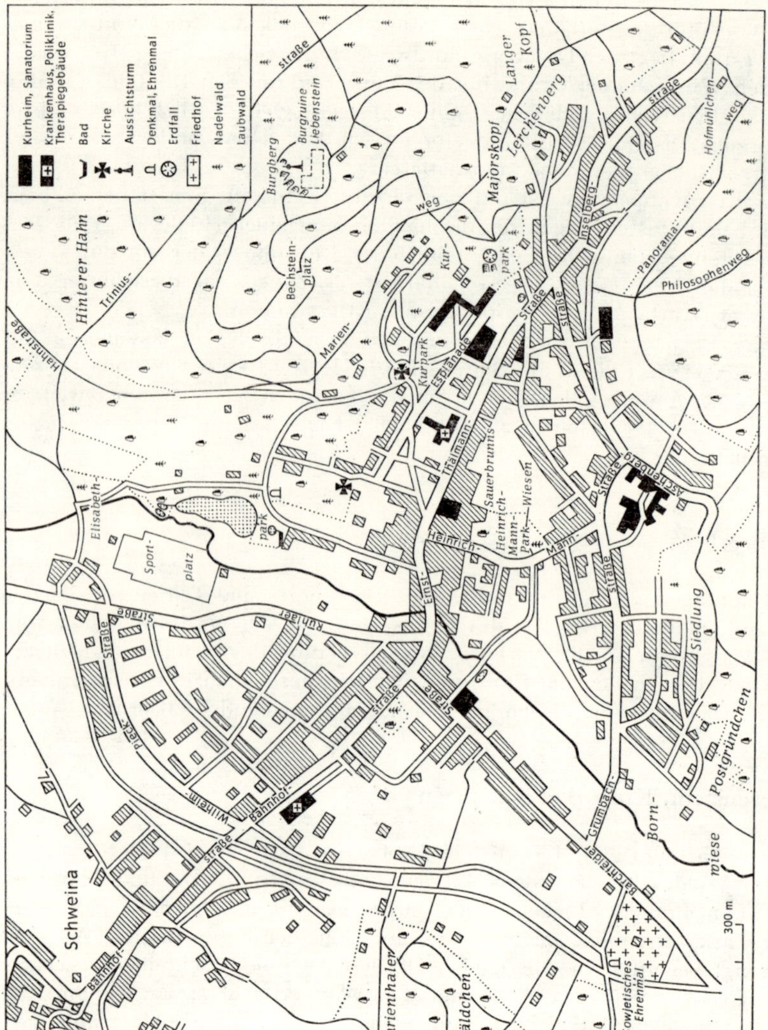

Abb. 19. Stadtplan von Bad Liebenstein (nach GERLACH 1978)

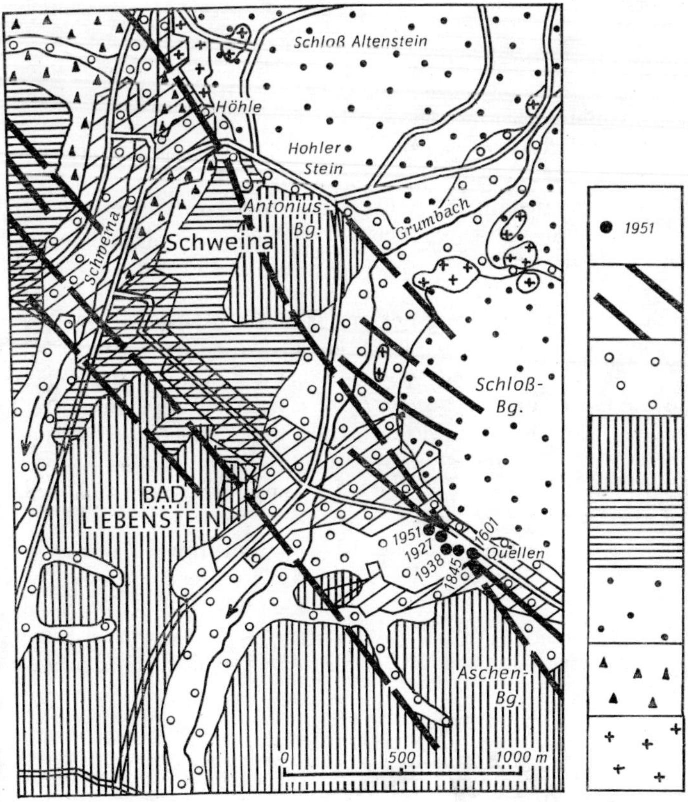

Abb. 20. Geologische Übersicht der Umgebung von Bad Liebenstein (nach Steiner 1980)

1 Mineralwasserbohrungen (mit Jahr der Erschließung)
2 Störungen (Verwerfungen), z. T. vermutet
3 Quartär
4 Unterer Buntsandstein
5 Zechsteinsedimente
6 Riffbildungen im Zechstein
7 Oberrotliegendes
8 Gneis, Granit, Grundgebirge

Der Südrand des Thüringer Waldes ist bei Bad Liebenstein durch zwei von NW nach SO orientierte Grenzlinien gekennzeichnet (Abb. 20). Eine nördliche tektonische Fuge – die Klinger Spalte – trennt das Kristallin von Ruhla-Brotterode im N von einer Scholle mit kuppigem Grundgebirgsrelief und überlagernden Zechsteinsedimenten ab. Der Ort Liebenstein nordöstlich der langgestreckten Hauptstraße an den Badeanlagen steht auf dieser Scholle. Der Untergrund bzw. die Berghänge setzen sich hauptsächlich aus Zechsteinsedimenten zusammen, von denen die dolomitischen Kalkriffe wie der Schloßberg auch morphologisch deutlich in Erscheinung treten (s. D 2). Es handelt sich um Algenriffe auf inselartigen Untiefen in lagunenartigen Meeresbuchten, in denen sich

G 1 tonig-sandige Lockersedimente, wie in der Bucht am Linsenkopf, ablagerten.

Auch im Liebensteiner Riff gibt es Höhlen, wie das 1803 entdeckte Höhlensystem hinter dem Kurhaus beweist, in denen Skelettreste des Höhlenbären gefunden wurden. Das Felsentheater am nördlichen Hang des Schloßberges könnte aus einer zusammengestürzten größeren, oberflächennahen Höhle entstanden sein.

Stellenweise ragen Klippen aus Liebensteiner Gneis mit zusammengesetzten Vulkanitgängen, wie zur Zeit des Zechsteinmeeres, aus den Zechsteinsedimenten, so am südöstlichen Ortsende östlich des Brunnentempels und auf dem Flurstück Korällchen.

Die Burg Liebenstein (Abb. 21) war Sitz der in der hiesigen Gegend weit verbreiteten Herren von Stein und Mittelpunkt einer kleinen Herrschaft. Sie wird 1330 als novum castrum *in lapide* erwähnt, heißt 1352 das nüwe slosz czu dem *Steyne* und trägt seit 1406 den Namen *Lybinstein*. Nach dem Aussterben der Herren von Stein zu Liebenstein 1673 fielen Burg und Zubehör an die Herzöge von Sachsen-Meiningen als Landes- und Lehnsherren. Diese gaben sie 1710 an die Familie von Fischern als Lehen weiter. Das Burggut widmete sich der Schafzucht und der Bierbrauerei.

Erbaut wurde die Burg Liebenstein zwischen 1360 und 1374. 1525 wurde sie durch die Bauern belagert, entging aber der Zerstörung, da der Burgherr Lips von Stein die 12 Artikel der Bauern (s. S 1.2) unterschrieb. 1567 brannte ein Teil der Burg aus, sie wurde aber 1570 bereits ausgebessert. Sie war bis 1676 bewohnt und verfiel dann. Seit 1800 begann der Versuch einer unsystematischen

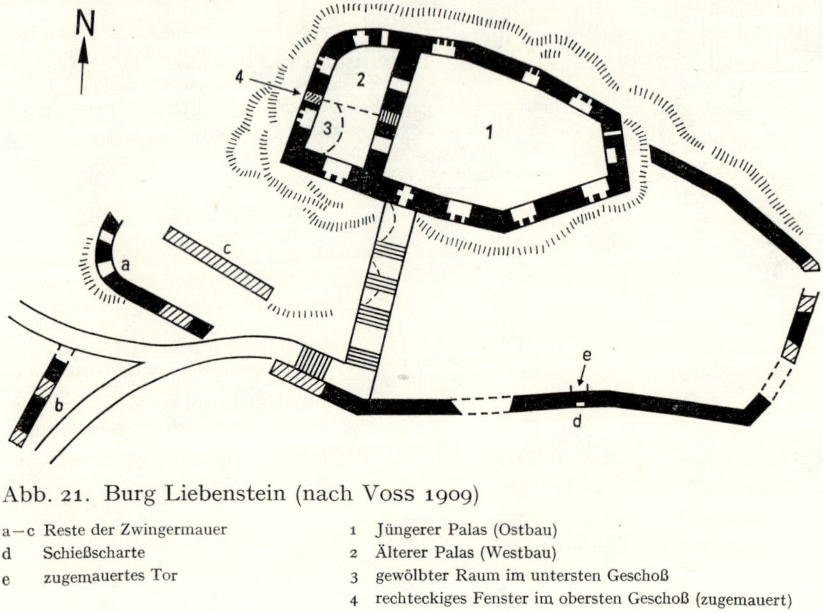

Abb. 21. Burg Liebenstein (nach Voss 1909)

a–c Reste der Zwingermauer
d Schießscharte
e zugemauertes Tor

1 Jüngerer Palas (Ostbau)
2 Älterer Palas (Westbau)
3 gewölbter Raum im untersten Geschoß
4 rechteckiges Fenster im obersten Geschoß (zugemauert)

Abb. 22. Ruine Liebenstein (aus ROHBOCK u. KOELSTER 1862)

Erhaltung der ruinierten Anlage (Abb. 22), von der große Teile des gotischen Palas und geringe Reste der ehemaligen Wehrmauer erhalten blieben. In die Ruine wurde in neuerer Zeit ein Aussichtsturm eingebaut. Schon in der ersten Hälfte des 19. Jh. ließ Herzog GEORG I. von Sachsen-Meiningen eine Bogenbrücke über den ehemaligen Graben zur besseren Erschließung der Burg errichten. Unterhalb der Ruine befindet sich der Herzogin-Ida-Stein aus der Mitte des 19. Jh., er erinnert an eine besonders eifrige Förderin des Bades aus dem Hause Sachsen-Meiningen.

Die beiden kleinen Siedlungen des Gerichts Liebenstein waren Sauerbrunn unterhalb der Burg Liebenstein und das in Richtung Schweina gelegene Grumbach. Sauerbrunn wurde erst um 1590 gegründet, vorher gab es dort lediglich „unartiges Gehölz, Dornhecken und drei Häuser". Grumbach ist zweifellos älter. Die dortige Bevölkerung arbeitete für die Steinbacher Kleineisenindustrie (s. D 6) und als Tagelöhner für das Burggut in Liebenstein. Im Mittelalter entdeckte man hier eine Mineralquelle.

Sauerbrunn erhielt zunehmend Bedeutung, als 1601 Herzog JOHANN CASIMIR von Sachsen-Coburg durch den Meininger Physikus Dr. HEINRICH MEGENBACH die dortige Quelle untersuchen ließ. Kurz danach veröffentlichte der Coburger Gymnasialdirektor Dr. ANDREAS LIBAVIUS eine erste medizinische und historische Abhandlung über den „fürtreffl. Casimirianischen Sawer Brunnen unter Libenstein". Schon 1680 baute man Häuser für Badegäste, aber im 18. Jh. verfiel das Bad.

Am Ende des 18. Jh. machte der Meininger Hofarzt Dr. NIKOLAUS JAHN Herzog GEORG I. auf die medizinische Bedeutung des Brunnens aufmerksam. Der Herzog kaufte 1800 das Gericht Liebenstein für 110000 Gulden von der Familie

G 1 von Fischern ab und ließ Sauerbrunn seit 1803 zum Badeort ausbauen. Das Herrenhaus gestaltete man zum Kurhaus um, errichtete von 1804 bis 1806 das Fürstenhaus, ein Badehaus, und legte die Brunnenpromenade (heute Ernst-Thälmann-Straße) an. Die Siedlungen Sauerbrunn und Grumbach vereinigte man 1800 zur Gemeinde Liebenstein, die seit 1907 die zusätzliche Bezeichnung Bad trägt. Das Bad hatte bis 1893 und von 1916 bis 1923 eine eigene Gemarkung.

Um die gesellschaftliche Bedeutung zu heben und begüterte Adlige, Bürger und Künstler zur Kur zu gewinnen, wurde eine Badegesellschaft gegründet. Bis 1816 konnte die Badeverwaltung acht neue Mineralquellen erschließen. Um 1840 überwogen Kaltwasser- und Molkenkuren. Ein weiterer Aufschwung setzte ein, als es 1846 gelang, neue Quellen zu erschließen. 1845/46 wurden die Georgsquelle und 1866 die neue Casimirquelle auf der gleichen Spalte erbohrt. 1903 erschloß man die Charlottenquelle, 1951 durch ein 165 Meter tiefes Bohrloch die sehr ergiebige Schwarzbachquelle (Abb. 20).

Aus den hydrogeologischen Untersuchungen weiß man, daß die Mineralwässer in verschiedenen Tiefenniveaus unterschiedliche Zusammensetzungen besitzen, die ihrerseits im Laufe der Zeit Schwankungen unterliegen. In der Regel besitzen die Wässer einen hohen Gehalt an gasförmiger Kohlensäure und einen großen Anteil an Eisen sowie geringe Mengen an Mangan und Arsen. Mit zulässiger Verallgemeinerung könnte man sie als kochsalzhaltige Eisensäuerlinge bezeichnen. Der Eisengehalt stammt aus den durchwanderten eisenhaltigen Rotliegendsedimenten des Untergrundes wie aus den Vererzungen auf der gleichen Gangspalte, woher auch das Mangan und Arsen kommen (s. L 1, M 5). Der Steinsalzgehalt stammt von unterirdischer Auslaugung der benachbarten zechsteinzeitlichen Steinsalzlager im Untergrund des Werratales, die Kohlensäure von nachvulkanischen Gasaustritten im Nachklang des jungtertiären Basaltvulkanismus der Rhön. Weitere Metallionen wie Kupfer, Kobalt, Nickel und Kadmium kommen aus dem Kupferschiefer, Kalium und Magnesium aus den anhydritischen und karbonatischen Sedimenten des Zechsteins.

1861 konnte nachgewiesen werden, daß sich die Liebensteiner Quellen besonders gut für die Herzbehandlung eignen. Adel und wohlhabendes Bürgertum benutzten von nun an regelmäßig das Bad (Abb. 23). Es entstanden neue Luxushotels, vor allem 1866 das Hotel Bellevue, damals als das ,,beste Hotel Thüringens“ gepriesen. Der besseren Verkehrserschließung diente der Bahnbau von Immelborn an der Werrabahn her und der Wasserversorgung der Bau einer Hochdruckwasserleitung, beide im Jahre 1889. Besitzer des Bades war eine Aktiengesellschaft. Als der Augenarzt Dr. Graf Wiser das Bad 1910 kaufte, trat zwischenzeitlich die damals errichtete Augenheilanstalt in den Vordergrund. Während der beiden Weltkriege war Bad Liebenstein Lazarettort.

Das thüringische Gesetz vom 30. Mai 1947 überführte die Heilbäder und Kureinrichtungen Bad Liebensteins in die Hände des Volkes. 1948 erhielt der Ort die Bezeichnung Volksheilbad verliehen, 1959 das Stadtrecht. In den Jahren 1949/52 errichtete man das Heinrich-Mann-Sanatorium, in dessen Vorgängerbau — einer herzoglichen Domäne — sich 1849 Friedrich Fröbel aufhielt, worauf der Text einer Gedenktafel hinweist. 1951 wurde die Bettenzahl im Ort

Abb. 23. Bad Liebenstein (aus ROHBOCK u. KOELSTER 1862)

von 400 auf 700 erhöht und gleichzeitig der ganzjährige Kurbetrieb eingeführt. 1957 erfolgte der Ausbau zum Volksheilbad für Herz-Kreislauf-Erkrankungen, es gehört heute zu den bedeutendsten Einrichtungen dieser Art in der DDR. In der folgenden Zeit wurde im Kurhaus eine klinische Station etabliert, 1959/63 entstand das neue Therapiegebäude, eine Voraussetzung dafür, Fachärzte für physikalische Therapie einzusetzen. Vor dem Therapiegebäude steht die bronzene Plastik einer Frauenfigur von FRITZ CREMER. Mehrere Häuser, darunter Haus Thüringen und Haus Feodora, wurden erneuert bzw. generalüberholt. 1976 legte man den Grundstein für ein neues Kulturhaus im Grumbachtal. Zwei Jahre später wurde das Kurhaus Albert Schweitzer — ehemals Haus Charlotte — und 1980 das erweiterte Kliniksanatorium Hugo Gefroi in Betrieb genommen. Zur Schonung des Kurbetriebes erhielt die Ruhlaer Straße 1976/77 die Funktion einer Umgehungsstraße.

Die Zahl der Kurpatienten nahm im Laufe der Jahre ständig zu, war aber Schwankungen unterworfen, deren Ursachen gesellschaftlicher, politischer und auch balneologischer Art waren. Betrug die Anzahl im Jahre 1871 nur 1692 Patienten, so stieg sie bis 1939 auf 10475. Nachdem die Anlagen zum Volksheilbad erklärt worden waren, erhöhte sich die Zahl bis auf 17848 (1956). In den Jahren danach pendelte sich die Zahl auf 15000 bis 16000 Patienten pro Jahr ein, die von den Ärzten und dem medizinischen Personal der 5 Chefarztbereiche betreut und behandelt werden. Dank des hohen Kohlensäuregehaltes seiner Quellen weist das Bad gute Erfolge bei der Bekämpfung der Erkrankungen der Herzkranzgefäße, von Bluthochdruck und peripheren Durchblutungsstörungen auf.

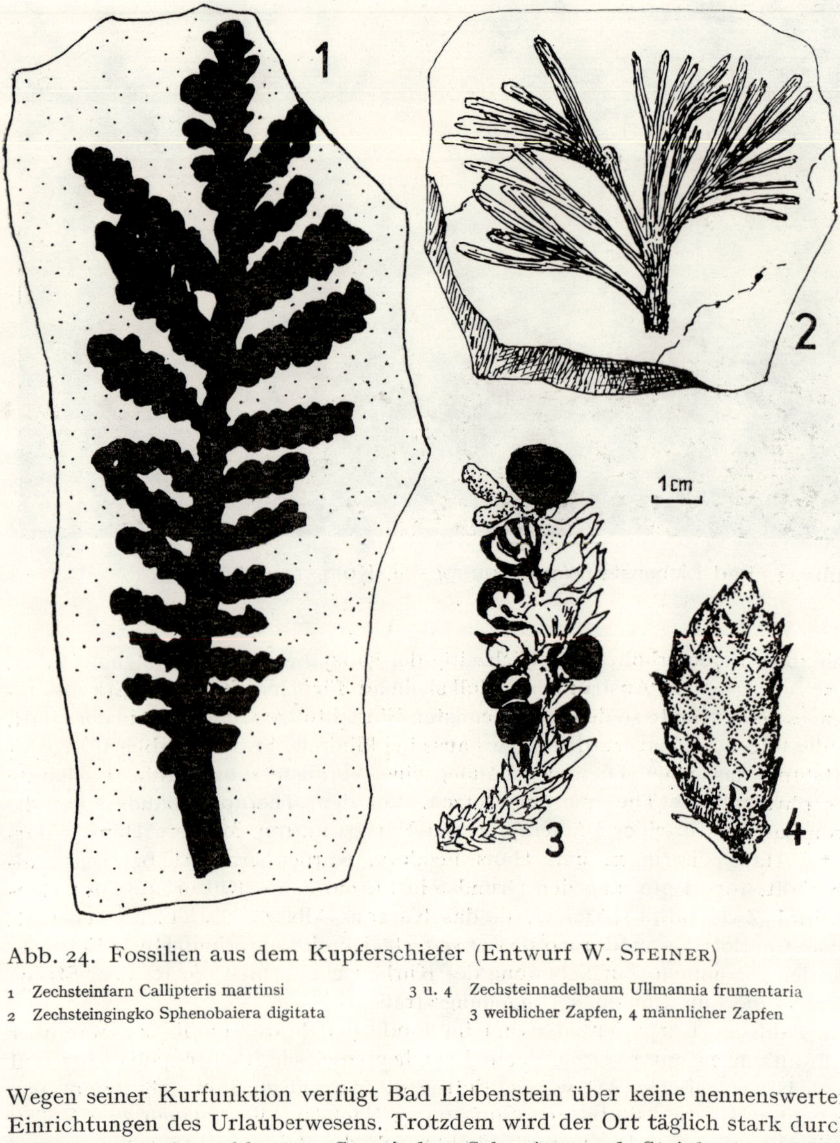

Abb. 24. Fossilien aus dem Kupferschiefer (Entwurf W. STEINER)

1 Zechsteinfarn Callipteris martinsi
2 Zechsteingingko Sphenobaiera digitata
3 u. 4 Zechsteinnadelbaum Ullmannia frumentaria
3 weiblicher Zapfen, 4 männlicher Zapfen

G 1 Wegen seiner Kurfunktion verfügt Bad Liebenstein über keine nennenswerten Einrichtungen des Urlauberwesens. Trotzdem wird der Ort täglich stark durch Urlauber der benachbarten Gemeinden Schweina und Steinbach besucht. Ursachen hierfür sind, neben der Attraktivität der Stadt selbst, verschiedene kulturelle Veranstaltungen (Kulturfesttage im Juni; Abb. 10) sowie solche Einrichtungen wie der Elisabethpark mit Freibad und Naturlehrpfad sowie der Reit- und Fahrstützpunkt, der jedem Gast die Möglichkeit der sportlichen Betätigung gibt.

In der Nähe des Elisabethparkes steht auf dem Platz der Deutsch-Sowjetischen

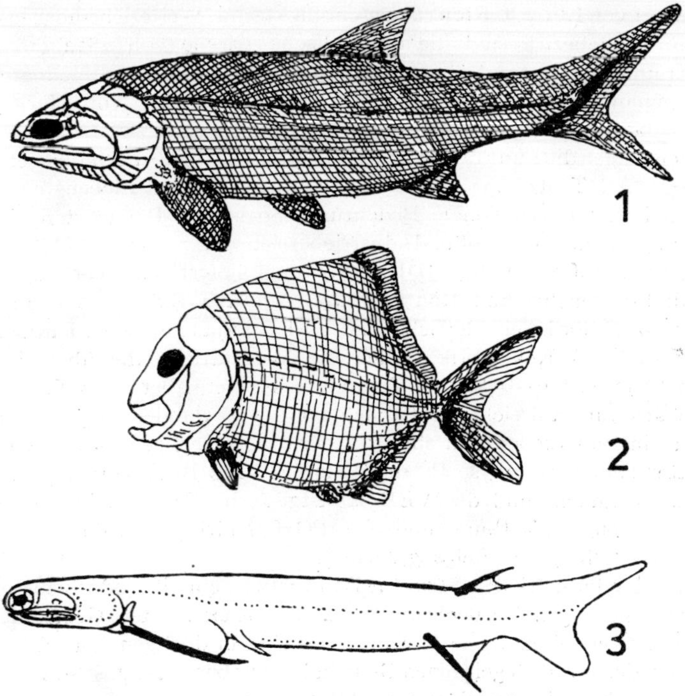

Abb. 25. Fossile Fische (Entwurf W. Steiner)

1 u. 2 Ganoidfische aus dem Kupferschiefer:
1 Kupferschieferhering
2 Kupferschieferkarpfen

3 Rekonstruktion des limnischen Fisches Acanthodes aus den Goldlauterer Schichten des Rotliegenden

Freundschaft ein Ehrenmal zum Gedenken an die Kämpfer der Sowjetarmee G 1
von Bildhauer Rommel (Miethe 1974). Südwestlich von Bad Liebenstein befindet sich der Friedhof, auf dem ein Ehrenfriedhof für 23 sowjetische Zwangsarbeiter und ihre hier verstorbenen Kinder angelegt wurde.

Die Entwicklung Liebensteins zu einem Modebad der Thüringer Fürstenhäuser bestimmte weitgehend seine städtebauliche Prägung. Im Bereich der jetzigen Ernst-Thälmann-Straße entstanden die Kureinrichtungen, so 1816 der Brunnentempel (Bild 12), 1825 das Weimarische Fürstenhaus — jetzt Klubhaus I —, ein langgestrecktes Gebäude mit Säulenportikus, und die später völlig veränderten Bauten der Kurverwaltung (um 1800) und des Theaters (um 1800, Bild 12). Bei dem weiteren Ausbau des Bades seit 1850 spielte die Schweizer Architektur eine gewisse Rolle, weil von ihr Traditionen und Bauformen entlehnt wurden, die an folgenden Bauten zu finden sind: Schweizerhaus, Ernst-Thälmann-Straße 62, Klubhaus Dr. Salvador Allende II, ehemalige Villa eines Berliner Apothekers an der Friedensallee, beide um 1850, sowie Villa Feodora — Heimgaststätte — oberhalb des Kurparkes, 1860 als Sommerresidenz der Meininger Herzöge erbaut, deren Fassaden mit Fresken (Jahreszeitenzyklus)

G 1 nach einem Entwurf von LUDWIG RICHTER geschmückt sind. Weitere bemerkenswerte Bauten im Badebezirk sind die evangelische Kirche von 1822 (1980 völlig umgebaut) und das Postamt (eröffnet 1895, Bild 13), ein ausgezeichnetes Beispiel des sogenannten Heimatstiles, nach einem Entwurf von Herzog GEORG II. von Sachsen-Meiningen.

Da die Badeeinrichtungen die Funktion der Stadt bestimmen, blieb die industrielle Entwicklung begrenzt. Trotzdem besitzen Erzeugnisse der Bad Liebensteiner Betriebe heute teilweise überregionale Bedeutung. So ist ein Betriebsteil des VEB Laborchemie Apolda der größte Industriebetrieb der Stadt und Alleinhersteller von Leuchtstoffen in der DDR. Außerdem liefert das Werk auch das Reinstmetall für Leucht- und Röntgenröhren für den Export. Als Hersteller von Fahrradzubehör ist ein Betriebsteil des VEB Fajas Suhl ein wichtiger Zulieferbetrieb. Im VEB Keksfabrik stellen die Werktätigen die über das Gebiet hinaus bekannten Salzsticks und Campingkekse her, aber auch Torten und anderes Gebäck für zahlreiche Großabnehmer des Umlandes. Neben den genannten gibt es in Bad Liebenstein eine Reihe volkseigener, genossenschaftlicher und privater Kleinbetriebe, so Betriebsteile des VEB Bijou Gotha (Herstellung von Modeschmuck) und des VEB Kunstgewerbe Pappenheim sowie die PGH Kraftfahrzeuge Wartburg und die PGH Thüringer Wald (Parkanlagenbau und Herstellung von Gehwegplatten).

Eine Betrachtung der industriellen Struktur Bad Liebensteins ist jedoch nicht möglich, ohne auf die engen Verflechtungen zu der benachbarten Gemeinde Schweina (s. G 2) zu verweisen. Viele Liebensteiner sind in dortigen Betrieben, aber auch in denen der nördlich gelegenen Gemeinde Steinbach, tätig, so daß die Stadt sozialökonomisch als Auspendlergemeinde angesehen werden muß.

G 2 **Schweina,** Kreis Bad Salzungen,

erstreckt sich im etwa 400 m breiten Tal des von N nach S gerichteten gleichnamigen Baches, der im O von den Felsenriffen des Altensteins und von der Sandsteinerhebung des Antoniusberges (395 m) überragt, im W durch den Klingelsberg (398 m) von der Werra-Aue abgetrennt wird. In Hohlwegen am Klingelsberg und Heidelberg sind rote festländische Rotliegendkonglomerate der Tambacher Schichten aufgeschlossen, über denen am Klingelsberg und am Antoniusberg marine Zechsteinsedimente folgen. Der Untergrund nördlich vom Ort zwischen dem Heidelberg und dem Altenstein besteht aus kristallinen Gesteinen des Ruhla-Brotteroder Kristallinkomplexes.

In der Umgebung von Schweina und dem nördlich benachbarten Glücksbrunn treten etwa 50 bekannte mineralisierte Störungen auf, die in 10 Gangzüge zu ordnen sind. Es handelt sich um eine saxonische Schwerspatabfolge mit Kobalt-, Nickel-, Kupfer- und Arsenerzen sowie als Seltenheit gediegenem Arsen und Wismut. Auf den Halden der ehemaligen Bergwerke können Fossilreste wie Kupferschieferfische (Abb. 25; *Palaeoniscum, Platysomus*) und Pflanzen (Abb. 24; *Ullmannia, Callipteris*) gefunden werden. Bereits aus dem Jahre 1734 stammen Funde des Reptils *Proterosaurus* aus dem Kupferschiefer von Glücksbrunn.

Die in der Schweina-Aue zwischen Schweina und Marienthaler Mühle austretende Marienquelle, ein schwacher Eisensäuerling, liegt am Nordwestende der Liebensteiner (Stahlberg-) Störung (Abb. 20 u. 32). Am südlichen Ortsrand beginnt das südthüringische Buntsandsteinland.

Der nach dem Fluß (s. D 1) benannte Ort erscheint urkundlich erstmals 1183. Als Reichsgut ging Schweina in den Besitz der Reichsabtei Hersfeld über, die die Frankensteiner damit belehnte, worauf es 1330 hennebergisch und 1340 thüringisch wurde. Schon 1183 wird eine Kapelle auf dem nahen Antoniusberg erwähnt. Bei der Aufteilung der Urpfarrei Breitungen erhielt Schweina zwischen 1385 und 1402 eigene Pfarrechte.

Im Zentrum des Ortes mit einigen erhaltenen Zeugen alter Volksbauweise (Abb. 26) steht die aus dem 15. Jh. stammende, 1513 geweihte Laurentiuskirche, die nach einem Brand im Jahre 1637 zu ihrer jetzigen Gestalt umgebaut wurde. Die ursprüngliche Chorturmkirche besitzt einen Turmaufbau von 1786 mit doppelter welscher Haube und offener Laterne. An Chor und Schiff befinden sich schlanke Spitzbogenfenster. Der Neuaufbau und die innere Gestaltung mit umlaufender Doppelempore auf Säulen und durch Triumphbogen vom Schiff getrenntem

Abb. 26. Schweina: Pforte Fröbelstraße 9 (oben) und Säulen Karl-Marx-Straße 25 (1978)

G 2 Chor wurden 1696 vollendet. Die Ausstattung stammt im wesentlichen aus dem 17. und 18. Jh., wie der Altaraufbau (18. Jh.), die Kanzel und der Herrschaftsstand der Familie Hund von Wenkheim mit dem Gemälde Burg Altenstein (um 1696), Taufgestell, Lesepult und Chorgestühl. Den fünfteiligen Orgelprospekt schuf Orgelbaumeister BECK aus Herrenbreitungen.

Etwa 250 m westlich der Kirche befindet sich der Bergfriedhof, auf dem FRIEDRICH FRÖBEL beigesetzt wurde. Seine Grabstätte (Bild 26), aus dem bunten Sandstein der hier anstehenden geologischen Formation errichtet, ist mit seinen Spielgaben Kugel, Walze und Würfel geschmückt, die über einem Podest mit dem Relief des Pädagogen aufgestellt sind.

Schweina als Hauptort des Gerichts Altenstein bekam 1577 Marktrecht. Schon 1523 waren der Siedlung Stadtrechte verliehen worden, die sie aber nie ausgeübt hat. Nur eine Art Niedergerichtsbarkeit unter der Bezeichnung Stabgerichtsbarkeit erinnert daran. Wegen dieses Rechtes führte Schweina mit der Gerichtsherrschaft lang andauernde Prozesse, konnte es aber bis 1840 ausüben. Auch wegen Fronrechten kam es mit der Altensteiner Gerichtsherrschaft zu ständigen Konflikten.

Die kleine landwirtschaftliche Nutzfläche von Schweina reichte nicht aus, um die Bewohner zu ernähren, zumal sie sich überdies weitgehend im Besitz des dortigen Domänengutes befand, das erst 1915 aufgehoben wurde. Dieses verfügte über ausgedehnte Triftrechte für 1200 Schafe. Im 18. Jh. wurde es zu einem Mustergut für Rinderzucht ausgebaut. Die Einwohner waren schon im Hochmittelalter auf gewerbliche Tätigkeiten angewiesen. Dem kam entgegen, daß in der Nähe frühzeitig Bodenschätze gefunden wurden. Eine primitive Eisenerzgewinnung im Tagebau mag bis in urgeschichtliche Zeit zurückgehen. Nach einem Güterverzeichnis des Abtes MARQUARD VON FULDA (1150/65) mußten Hörige von der Neuenburg (Altenstein) Eisen als Zins abgeben. 1441 förderten Bergleute Kupferschiefer. Doch erst als im 16. Jh. der Stollenbau eingeführt wurde und mehr Kapital zur Verfügung stand, nahm der Schweina-Altensteiner Bergbau einen deutlichen Aufschwung. Eine Gewerkschaft aus Schweinfurter und Wittenberger Bürgern begann 1551 mit dem Kupfer- und Silbererzabbau und der Verhüttung. Sie ist noch 1568 nachweisbar. Schon damals kam es zwischen der Hütten- und der Forstverwaltung zu Konflikten, die sich durch die ganze Geschichte des hiesigen Bergbaus zogen.

Im Dreißigjährigen Krieg ruhte der Bergbau bei Schweina völlig. Eine neue Gewerkschaft nahm erst 1684 den Kupfererzabbau an der Alten Warth nördlich von Schweina und am Altenstein wieder auf. Die eine Hälfte der 120 Kuxe gehörte dem Eislebener Bergverwalter NIKOLAUS LAG, die andere acht Meininger Staatsbeamten. Aber selbst als 1686 der Meininger Herzog in die Gewerkschaft eintrat, hemmte die ständige Kapitalknappheit das Unternehmen. Endlich erwarb 1701 der kapitalkräftige kursächsische Hofrat JOHANN FRIEDRICH TRIER Berg- und Schmelzwerke für 6833 Taler. Ihm gelang es in den folgenden Jahrzehnten, den Schweinaer Bergbau auf seinen Höhepunkt zu führen. Schon 1705 arbeiteten hier 100 gangbare Stollen und 12 Schmelzhütten. Die Werke warfen 1718 etwa 13000 Taler ab. Die Kupfergewinnung trat aber gegenüber der seit 1716 aufkommenden Kobaltförderung immer mehr zurück und hörte um 1750 völlig auf. Die Gewerkschaft, seit 1706 Glücksbrunn genannt, hatte ihren Sitz in einem großen Herrenhaus am Nordrand von Schweina nahe der später entdeckten Altensteiner Höhle. Sie ist von der Grube ‚Glücksbrunn' zwischen Schweina und Gumpelstadt zu unterscheiden. Im Glücksbrunner Kobaltwerk waren 1780 in 19 Schächten 167 Arbeiter tätig, es befand sich aber bereits im Niedergang. Das Bergwerk wurde deshalb 1783 von der Familie Trier für 25500 Taler verkauft, kam dann an die Herzöge von Sachsen-Gotha-Altenburg und endlich 1818 an die Kammer in Meiningen. Seit 1856 arbeitete die Sächsisch-Thüringische Kupferbergbau- und Hüttengesellschaft weiter; sie brachte es zwar 1858 auf 191 Bergleute, aber schon zwei Jahre später löste sich das Unternehmen auf, und auch weitere Abbauversuche erwiesen sich als nicht mehr rentabel.

Währenddessen war in Schweina die bitterste Armut eingezogen. Im Jahre 1822 lebten hier 21 Bauern, 46 Tagelöhner, 11 Bergleute, 5 Müller und 64 Handwerker. Um die vorhandenen Arbeitskräfte in dem bevölkerungsreichen Ort zu nutzen, verkaufte 1824 die Kammer zu Meiningen das Herrenhaus Glücksbrunn mit den Nebengebäuden an Johann Christian Weiss aus Langensalza, einen der bedeutendsten frühkapitalistischen Unternehmer in Thüringen. Dieser richtete hier sogleich eine Kammgarnspinnerei ein, die bald zum wichtigsten Unternehmen der Gegend wurde. Sie beschäftigte 1889 schon 429 Arbeiter, deren Zahl bis 1913 auf 549 stieg. Am Ende des 19. Jh. ging die Fabrik an Henry Joseph Swaine über. 1898 kam sie an den Nordwolle-Konzern in Bremen und wurde als GmbH weitergeführt. In der Weltwirtschaftskrise machte das Unternehmen Bankrott, von dem auch das Werk Glücksbrunn ergriffen wurde. Erst 1937 arbeitete der Betrieb wieder, nachdem die Fabrik ein Nebenwerk der Kammgarnspinnerei an der Werra in Niederschmalkalden geworden war (s. Q 4).

Schweina entwickelte sich im 19. Jh. zu einer Industriegemeinde und zum Zentralort für die umliegenden acht Dörfer. Die Zahl der einpendelnden Werktätigen war stets bedeutend höher als die der Auspendler. Die Industrialisierung führte bei den starken Gegenwirkungen der Glücksbrunner Fabrikherren zu einem verhältnismäßig späten Einsetzen der organisierten Arbeiterbewegung. Ein sozialdemokratischer Ortsverein wurde 1901, eine aktive Ortsgruppe der KPD 1920 gegründet. In der Weltwirtschaftskrise litten die Menschen große Not, als 800 Werktätige ihren Arbeitsplatz verloren. Die Arbeiter verhinderten 1931 die Herausnahme der Maschinen aus der Kammgarnspinnerei und deren endgültige Stillegung.

Auch heute ist die Industrie der bestimmende Wirtschaftsbereich in der Gemeinde. Etwa 2400 Beschäftigte waren 1983 in den sieben volkseigenen und drei privaten Betrieben tätig. Der größte unter ihnen, der VEB Wälzkörper Schweina, stellt Kugeln von 0,8 mm bis 150 mm Durchmesser und 20 kg Gewicht sowie verschiedene Rollen und Nadeln für den Maschinen- und Fahrzeugbau her. Der VEB Werkzeug- und Meßgeräte Schweina, zweitgrößter Betrieb des Ortes, produziert neben Wasserwaagen und Gliedermaßstäben auch Tabakpfeifen (Bruyère, Bruyèreholz = Wurzelholz der Baumheide) verschiedenster Art. Ein Betriebsteil des VEB Vereinigte Metallwaren Breitungen ist Alleinhersteller von Hohlnieten in der DDR. Daneben gehören Lederwarenbeschläge, Schnallen und Ösen zum Produktionssortiment. Weiterhin gibt es im Ort einen Betriebs-

G 2 teil des VEB Kammgarnspinnerei Niederschmalkalden (Herstellung von Garnen und Hochbauschstammwolle), den VEB Plastverarbeitung Schweina (Zulieferbetrieb von Verpackungsmaterial für den VEB Wälzkörper) und Betriebsteile der VEB Kleinmetall Pappenheim und Piko Elektrik Meiningen.

Die Gesamtfläche der Schweinaer Gemarkung beträgt etwa 392 ha, von denen über 50% der landwirtschaftlichen Nutzung unterliegen. Die LPG (P) Karl Marx Witzelroda betreibt auf den Hängen Grünlandwirtschaft, ansonsten Kartoffel- und Getreideanbau.

Im FDGB-Urlauberort Schweina erholten sich 1981 etwa 3500 Bürger. Zahlreiche Ausflugsziele, wie Park und Höhle Altenstein sowie Park Glücksbrunn (s. D 2), liegen in unmittelbarer Nähe. Den kulturellen Höhepunkt bildet das jährlich stattfindende Höhlenfest (Abb. 10).

In Schweina wird alljährlich ein Brauch ausgeübt, der seinen Ursprung in dem Fest der Wintersonnenwende oder dem Neujahrsfest der hier einst zahlreichen Schweinehirten besitzt. Früher leuchteten in der Nacht der Wintersonnenwende — sie wurde als Mutter des neuen Jahres bezeichnet — große Feuer vom Antoniusberg. Bei Musik und Gesang erwarteten die Schweinehirten den sich im O ankündigenden Morgen. Heute fertigen die Einwohner des Ortes aus Tannenreisig 10 große Fackeln, die auf eine Länge von etwa 8 m aus Zweigen gebunden sind und dann auf dem Antoniusberg Aufstellung finden. Am 24. Dezember ziehen die Schweinaer um 13 Uhr auf den Berg. 17 Uhr werden die Fackeln abgebrannt. Sind die Feuer erloschen, ziehen alle wieder in den Ort zurück, wo erst jetzt die weihnachtliche Bescherung beginnt. Dieser Brauch symbolisiert die Freude auf das kommende Jahr und die nun wieder kürzer werdenden Nächte.

G 3 **Marienthal,** seit 1923 Stadtteil von Bad Liebenstein,

ist eine Fabriksiedlung im Schweinatal, dessen etwa 200 m breite Aue zwischen Talhängen aus Unterem Buntsandstein liegt. Ursprünglich hieß es Wenigenschweina (Namenerklärung s. D 1) und wurde 1330 erstmalig erwähnt. Das hiesige Gut befand sich in adliger Hand, kam 1720 an die Familie von Fischern in Liebenstein und wurde 1890 aufgelöst. 1808 wurde für den Forstmeister F. L. VON FISCHERN das Schloß als einfacher, zweigeschossiger, streng symmetrischer klassizistischer Bau mit dreiachsigem Mitteltrakt unter einem Dreieckgiebel errichtet. 1833 erwarb es die Kammer zu Meiningen, die es gleichzeitig zu Ehren der Herzogin MARIE (LEHFELDT u. VOSS 1909) in Marienthal umbenannte. Der Meininger Herzog verpachtete das Schloß 1851 an den Pädagogen FRIEDRICH FRÖBEL (s. G 2), der, mit den Methoden PESTALOZZIS vertraut, hier eine Kindergärtnerinnenschule einrichtete. An seinen Tod am 21. Juni 1852 erinnert eine Gedenktafel. Die ehemalige Schule dient heute dem VEB Wälzkörper als Kulturhaus. Im Park des Schlößchens steht ein Denkmal mit denselben Spielgaben wie auf der Grabstätte FRÖBELS in Schweina (s. G 2).

1853 gründeten R. und O. LUX in Marienthal eine Metallfabrik, die Ahlen, Schuhmacherwerkzeuge und Bügel herstellte. Die Belegschaft zählte 1913 schon 890 Personen. Im Jahre 1926 wurde die Firma in eine Aktiengesellschaft umgewandelt. Eine weitere Metallfabrik entstand 1863; diese produzierte Messer und Kugellager. Dieses Werk wurde nach seiner Sequestration 1945 zunächst 1946 bis 1952 Betrieb einer Sowjetischen Aktiengesellschaft, dann Volkseigentum. Aus der Luxschen Fabrik entstand 1948 der VEB Lux-Werke. Ihre Gebäude nutzt der VEB Solidor Marienthal, der dem VEB Vereinigte Metallwaren Breitungen angehört. G 3

Aschenberg G 4

Die südlich Bad Liebensteins sanft ansteigenden bewaldeten Höhen erreichen in ihrem östlichen, kegelförmigen Teil, dem Aschenberg (Abb. 20), 456 m ü. NN. Die Hänge des Berges werden durch flach eingemuldete Tälchen, durch Hohlwege und Wasserrisse nur schwach gegliedert. Das aus rötlichen und weißgelben Sandsteinen und Schluffsteinen des Unteren Buntsandsteins aufgebaute Gebiet wird im W von der Aue des Grumbachs begrenzt, im SO von der Gemarkung des Ortes Bairoda und im O von der von Bad Liebenstein nach Trusetal führenden Straße, die auch den Gebirgsrand markiert.
Der Aschenberg ist nahezu vollständig mit Kiefer und Fichte aufgeforstet. Wie kleinflächige Reste beweisen, war er früher sicherlich mit Hainsimsen-Traubeneichen-Buchen-Wald bestanden. So finden wir entlang des Promenadenweges am nordöstlichen und nördlichen unteren Hang Buche, Traubeneiche und Spitzahorn. Noch gut erkennbare Meilerplätze an mehreren Stellen machen deutlich, daß hier Laubholz zu Holzkohle umgewandelt wurde.

Bairoda, seit 1974 Ortsteil von Meimers, G 5

liegt im Tal des Farnbachs, der innerhalb des Dorfes seine Aue verbreitert. Ein weiteres Tal, in dem sich Reste einer Landwehr, eines Steinwalls aus großen Granitblöcken, befinden, mündet von O her ein. Infolge intensiver Erosion treten in der Gemarkung auf kurze Entfernung Höhenunterschiede von über 100 m auf. Der Ort liegt unmittelbar an der Stahlbergstörung (Abb. 32), die hier den Südrand des Thüringer Waldes markiert. Während die Niederung unterhalb von Bairoda sich bereits im Vorland auf Sedimenten des Oberen Zechsteins und des Unteren Buntsandsteins befindet, tritt nördlich und östlich vom Dorf in Aufragungen das Kristallin von Ruhla-Brotterode auf, das teilweise von Riffkalken überlagert ist.
1194 wird erstmals das Gut urkundlich erwähnt. Unmittelbar westlich schloß sich eine kleine Bauernsiedlung an, die zunächst *Grosendorf*, dann aber *Beyrode* hieß (1516), wohl nach ihrem Gründer mit dem Familiennamen Beyer benannt. Das Gut und zwei später gebaute Häuser gehörten zum Amt Herrenbreitungen, die fünf Häuser des bäuerlichen Teils zum Amt Frauenbreitungen. Dadurch unterstand das Dorf landesherrschaftlich zwei Staaten: Hessen-Kassel (seit 1867 Preußen) und Sachsen-Meiningen (seit 1920 Thüringen). Der sachsen-meiningische Anteil gehörte zur Gemeinde Frauenbreitungen, bildete aber wegen der großen Entfernung seit 1850 eine selbständige Gemeinde, die 1923 zu Bad

G 5 Liebenstein kam. Das Gut zählte zu der 7 km entfernten Gemeinde Herrenbreitungen. Eine Zusammenführung beider Teile war erst 1945 möglich.
Im Zuge der Bodenreform im Jahre 1945 wurde das Gut und sein 238 ha großer Besitz an Neubauern verteilt. Die im Ort Beschäftigten sind heute überwiegend in der LPG Barchfeld, die in Bairoda eine Schweinemastanlage mit 300 Plätzen unterhält, und in der LPG Witzelroda tätig. Das ehemalige Gutshaus dient der Fachschule für Krippenerzieher und Physiotherapeuten in Bad Liebenstein als Internat. Am südlichen Ortsrand von Bairoda steht die sogenannte tausendjährige Linde. In einem nahe gelegenen Steinbruch wurde der Bairodit, ein dunkler kristalliner Amphibolmigmatit, als Baustein und Straßenschotter abgebaut.

H 1 Atterode

Die Wüstung Atterode liegt am Zusammenfluß zweier Quellbäche in stark versumpftem Gebiet dort, wo das Thüringer Tal die Randverwerfung des Thüringer Waldes schneidet. An dieser Stelle wechselt das Gestein, wobei sich aus dem schmalen Kerbtal im Altproterozoikum ein Kerbsohlental im Zechstein entwickelte (Abb. 27).
Eine Kapelle in *Ottinrode* — Rodung eines Otto — wird erstmals 1183 unter den Besitzungen des Klosters Frauenbreitungen erwähnt. Atterode kam 1330 von den Herren von Frankenstein an die Grafen von Henneberg, die den Ort seit 1492 an die Familie Hund von Wenkheim zu Altenstein verliehen. Während des Bauernkrieges soll er zerstört worden sein. Noch im 18. Jh. war die Mauer des Kirchhofs zu sehen, der auch durch den Flurnamen Kirfich überliefert ist. Keramikfunde aus dem 13. bis 14. Jh. dienen ebenfalls als Beleg für die Wüstung. Bei Atterode gruben Bergleute nach Eisenerz an der Klinger Spalte (s. H 5). Ein Bergwerk wird 1460 urkundlich erwähnt, dürfte aber weitaus älter sein.

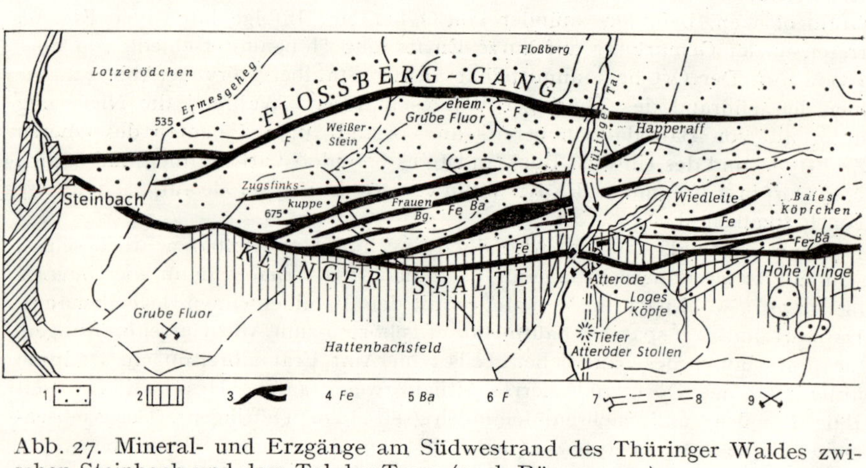

Abb. 27. Mineral- und Erzgänge am Südwestrand des Thüringer Waldes zwischen Steinbach und dem Tal der Truse (nach Böhne 1922)

Nach seinem Niedergang im 17. Jh. ließ 1842/43 JOSEPH MEYER, der Begründer des Bibliographischen Instituts in Hildburghausen, hier ein neues Bergwerk anlegen, um Eisenstein für ein von ihm geplantes Hüttenwerk zu gewinnen. Das Unternehmen scheiterte aber an den ungenügenden Transportverhältnissen. Seit 1911 nahm man erneut den Betrieb auf. 1920 wurden der 'Tiefe Atteröder Stollen' (Abb. 27) aufgefahren und eine Feldbahn von Atterode zur Aufbereitungsanlage Steinbach errichtet. Die Bergbauperiode endete 1965. Frische Pingeneinbrüche kennzeichnen heute den Verlauf junger oberflächennaher Stollen und damit den des Ganges. Zahlreiche ältere Pingenzüge wurden um 1975 im Zuge von Bergbausanierungsmaßnahmen planiert. H 1

Thüringer Tal H 2

Das etwa 4 km lange Thüringer Tal beginnt in der Quellmulde der Waldlichtung von Krätzersrasen, wo der Farnbach entspringt. Es wird von zwei von NO nach SW gerichteten Riedeln begrenzt und zieht sich durch den Ruhla-Brotteroder Kristallinkomplex. Auf der östlichen Seite des Höhenrückens verläuft der Brücknersche Rennsteig, die höchste Erhebung der westlichen Seite heißt Bommelhauk (685 m). Der Farnbach verliert beim Durchqueren der Randstörung bei Atterode (s. H 1) einen Teil seiner beträchtlichen Wassermenge, der hier in den Klüften des Zechsteinkalkes versinkt und möglicherweise in der Altensteiner Höhle wieder zum Vorschein kommt. Im weiteren Verlauf verändert sich das Kerbtal zum Kerbsohlental und durchbricht zwischen den Felsengruppen des Katzensteins (Bild 15) auf der linken Bachseite und des Eselssprungs auf der rechten eine enge Pforte, mit der auch die Bezeichnung Thüringer Tal endet. Die Klippen und Blockfelder des Katzensteins bestehen aus granitartigem Liebensteiner Gneis, heute als mittelkörniger Leukogranit

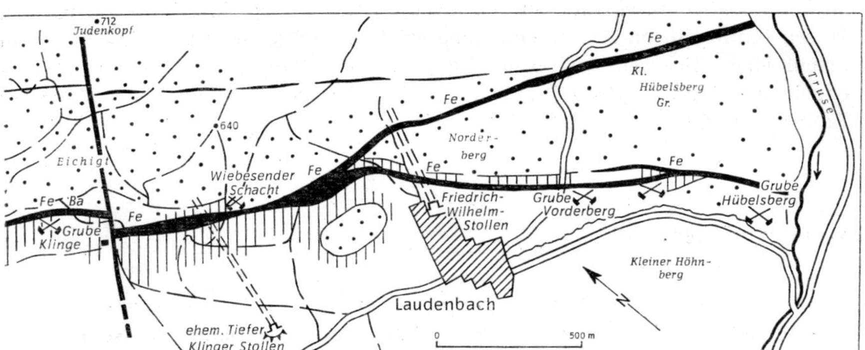

1 Gesteine des Ruhla-Brotteroder Kristallinkomplexes
2 Sedimente des Zechsteins
3 Mineral- und Erzgänge
4 Eisenerze: primär Siderit, sekundär Brauneisenstein
5 Baryt (Schwerspat)
6 Fluorit (Flußspat)
7 ehem. Mundloch
8 ehem. Stollen
9 ehem. Schacht

H 2 bezeichnet, der mit scharfer Kontaktfläche in den Hornblendegneis des Eselssprungs eingedrungen ist. In einem jetzt auflässigen Steinbruch wurde lange Zeit dunkler Amphibolmigmatit als Baustein und Straßenschotter abgebaut.

H 3 Gehege

Das bewaldete, 706 m hohe Gehege schließt den Brotteroder Granitkessel nach S ab. Der Berg besteht aus einem gneisartig texturierten, groben, hornblendeführenden Migmatit (s. Seite 7) mit zahlreichen Schiefereinschlüssen und wird von Magmatit- und Quarz-Hämatit-Schwerspat-Gängen durchzogen (s. J 1). Das wasserreiche Gehegswasser begrenzt ihn und fließt an seinem südlichen Ende mit dem Inselswasser zusammen. Von hier an trägt der Wasserlauf die Bezeichnung Truse (s. L 9).
Um 1960 war das Gehege noch nahezu vollständig mit alten Buchen bewachsen. Mit Ausnahme der unteren südexponierten Lagen gehörten diese Bestände zum Hainsimsen-Buchen-Wald. Heute findet man sie nur noch über den Gehegsteichen am Waldschlößchen sowie am Süd- und Südwesthang. Die übrigen Flächen des Geheges sind bis auf wenige kleine Buchenstandorte oder einzelne mit Buche gemischte Fichtenbestände fast völlig mit Fichten aufgeforstet, deren jüngere Exemplare durch Schneebruch stark geschädigt wurden. Die Kuppe des Geheges ist kahl, und in den großen Fichtenpflanzungen bedecken Drahtschmiele (*Deschampsia flexuosa*) und Waldreitgras (*Calamagrostis arundinacea*) weithin den Boden, ebenso die Himbeere. Die frischeren Stellen in den Kulturen heben sich mit Flattergras (*Milium effusum*), Waldschwingel (*Festuca silvatica*), Braunwurz (*Scrophularia nodosa*) und Fuchskreuzkraut (*Senecio fuchsii*) deutlich heraus.
Floristisch interessant ist am Gehegswasser, vor seiner Einmündung in das Inselswasser, das Vorkommen von geschütztem Buntem Eisenhut (*Aconitum variegatum*), der in einem Gebüsch aus Bergahorn, Vogelkirsche, Zitterpappel, Hasel, Faulbaum und Traubenkirsche wächst. Der Naturfreund findet in dem artenreichen Bestand weiterhin Lungenkraut (*Pulmonaria obscura*), Waldengelwurz (*Angelica silvestris*), Seidelbast (*Daphne mezereum*) und Breitblättriges Laserkraut (*Laserpitium latifolium*).

H 4 Waldschlößchen

Nur 500 m östlich des Rennsteigkopfes liegt im Tal des Gehegswassers, das hier zu mehreren Forellenteichen aufgestaut ist, das Gasthaus Waldschlößchen. Am 8. Oktober 1893 wurde diese durch Emil Lachmann aus Brotterode erbaute Gastwirtschaft eingeweiht. Auf dem Grundstück fand man 1918 einen durchbohrten Steinkeil und 1924 ein Feuersteinstück (Steinkern) aus der jüngeren Steinzeit.

Naturschutzgebiet Hohe Klinge-Dorngehege

Das 104 ha große NSG besteht seit 1961 und erfaßt einen typischen, stark reliefierten Ausschnitt vom südwestlichen Rand des Thüringer Waldes, und zwar den Zechsteinstreifen, der den Übergang zwischen dem Gebirge und dem Buntsandsteinvorland markiert und der durch zahlreiche Durchragungen von Granit, Porphyr und Melaphyr gekennzeichnet ist. Steilhänge und Klippen, dazwischen oft stark durchfeuchtete Senken, charakterisieren die Oberflächenformen. Bergkuppen und Versteilungen sind mit Blockfeldern übersät. Die absoluten Höhen reichen bis 550 m ü. NN an der Hohen Klinge und bis zu 370 m an der Landwehr bei Bairoda. Die Hohe Klinge gehört zu den hervorragenden Aussichtspunkten, von denen das südliche Vorland des Thüringer Waldes einzusehen ist.

Aufgrund der Lage des NSG auf der Luvseite des Thüringer Waldes erreicht der mittlere Jahresniederschlag mit etwa 700 mm relativ hohe Werte. Die Jahresmitteltemperatur beträgt ungefähr 7 °C (Januar —1,5 °C, Juli 15,8 °C); die südexponierten Steilhänge weisen aber lokalklimatisch eine besondere Wärmegunst auf. Gebunden an die Wechsellagerung der Sedimentgesteine, treten Schichtquellen vor allem zwischen Hoher Klinge und Dorngehege auf, aber auch östlich und nördlich des 448 m hohen Eichenberges.

Floristisch wird der thermophile Charakter des Werragebietes nicht erreicht, aber auch der ausgesprochen montane Einschlag fehlt. Von Bedeutung ist das Vorkommen der südatlantisch-südsubatlantischen Grünen Nieswurz (*Helleborus viridis*). Je nach dem anstehenden Grundgestein umfaßt die Waldvegetation in bodensauren Bereichen den Hainsimsen-Traubeneichen-Buchen-Wald, der, bedingt durch den Wasserhaushalt, in verschiedenen Ausbildungsformen auftritt (s. F 1). Die Zechsteinablagerungen hingegen werden vom Orchideen-Buchen-Wald eingenommen, der neben der vorherrschenden Buche stellenweise Bergahorn, Esche, Traubeneiche, Spitzahorn und Sommerlinde enthält; in der Bodenflora sind Waldmeister (*Galium odoratum*), Waldzwenke (*Brachypodium silvaticum*), Weißes und Rotes Waldvöglein (*Cephalanthera damasonium* und *C. rubra*) und Waldbingelkraut (*Mercurialis perennis*) weit verbreitet. Rauhe Trespe (*Bromus ramosus*), Seidelbast (*Daphne mezereum*), Türkenbundlilie (*Lilium martagon*), Frühlingsplatterbse (*Lathyrus vernus*), Waldlabkraut (*Galium silvaticum*), Fingersegge (*Carex digitata*), Maiglöckchen (*Convallaria majalis*) und Vielblütige Weißwurz (*Polygonatum multiflorum*) ergänzen diese Auszählung.

Das weitgehend bewaldete NSG besitzt im O und im S einen fast geschlossenen Wiesenstreifen. Diese Wiesen zählt der Botaniker entweder zum reicheren Flügel der Goldhafer-Frischwiesen, zur Trollblumen-Schlangenknöterich-Gesellschaft aus der Feuchtwiesengruppe oder zur submontanen Glatthaferwiese (s. C 3). Die Frischwiese enthält neben Goldhafer (*Trisetum flavescens*) Waldstorchschnabel (*Geranium silvaticum*), Weichen Pippau (*Crepis mollis*), Ährige Teufelskralle (*Phyteuma spicatum*) und Gamanderehrenpreis (*Veronica chamaedrys*), die besonders auffallen, ferner Rotschwingel (*Festuca rubra*), Ruchgras (*Anthoxanthum odoratum*), Sauerampfer (*Rumex acetosa*) und Scharfen Hahnenfuß (*Ranunculus acer*). Auf frischeren Teilen treten Schlangenknöte-

H 5 rich (*Polygonum bistorta*), Sumpfvergißmeinnicht (*Myosotis palustris*) und Rasenschmiele (*Deschampsia caespitosa)* als auffällige Arten hinzu.

Die Trollblumen-Schlangenknöterich-Gesellschaft nimmt Flächen mit stärkerer Bodendurchfeuchtung ein. Vor dem ersten Grasschnitt beherrschen Schlangenknöterich, Trollblume (*Trollius europaeus*), Mädesüß (*Filipendula ulmaria*), Sumpfpippau (*Crepis paludosa*) und Sumpfkratzdistel (*Cirsium palustre*) das Bild, die gemeinsam mit Wiesenfuchsschwanz (*Alopecurus pratensis*) und Gewöhnlichem Rispengras (*Poa trivialis*) dichte Bestände bilden. Alle rings um das NSG liegenden Wiesen sind weitgehend in intensiv bewirtschaftetes Knäuelgrasgrünland umgewandelt worden.

Im Gebiet an der Hohen Klinge ging vom Mittelalter – urkundliche Erwähnungen von 1183 und 1348 – bis 1969 Bergbau um. Bergleute bauten Spateisenstein, der in Oberflächennähe in Brauneisenstein umgewandelt ist, mit 10 bis 40% Eisengehalt und Manganerz ab. War das Erz mit Schwerspat verwachsen, dann konnte keine Verhüttung erfolgen. Das Erz trat in rundlichen Aggregaten mit glatter Oberfläche auf, die Glasköpfe heißen. In den Jahren 1887/90 wurden etwa 5000 t Eisenerz von den Abbaustellen ‚Klingengrabenstollen', ‚Alter Wiebesender Schacht' und ‚Tiefer Klinger Stollen' gefördert.

Das Bergbaugebiet liegt auf der Klinger Spalte (Abb. 27), die das Altkristallin (Mittelproterozoikum) des Ruhla-Brotteroder Kristallinkomplexes im NO gegen die Zechsteinsedimente im SO begrenzt und die durch eine spätvaristisch-saxonische Mineralisation und Vererzung gekennzeichnet ist. Pingenzüge zeigen den Ausstrich der Klinger Spalte an.

H 6 **Laudenbach,** seit 1950 Ortsteil von Trusetal,

erstreckt sich in einem Seitentälchen der Truse, das aus dem Quellgebiet nördlich des Dorfes herabkommt. Seit 1185 ist *Lutenbach* = laut rauschender Bach der Name der unterhalb von Brotterode vereinigten Truse, an welcher der 1348 genannte „hamer in der *Lutinbach*" lag (s. L 4). 1330 verkauften die Herren von Frankenstein den Ort an die Grafen von Henneberg. In dem kleinen Bauern- und Bergmannsdorf zählte man 1585 nur sieben Haushalte. 1723 waren es nach einer Beschreibung zwölf, deren Gehöfte vereinzelt lagen.

Das nördliche Ortsende von Laudenbach liegt nahe der mineralführenden Klinger Störung mit alten Bergwerken, die Braun- und Spateisenstein lieferten (s. L 1). Am Kohlberg sollen die Bergleute von 1689 bis 1720 jährlich etwa 8000 Zentner Erz gefördert haben. 360 m lang war der ‚Friedrich-Wilhelm-Stollen' (Abb. 27). Am Ortsrand befinden sich Schlackenhalden, die auf eine Verhüttung der Erze mit Holzkohle und einen ehemaligen Eisenhammer hindeuten. Die Gaststätte Glück auf erinnert an den historischen Bergbau ebenso wie an den gegenwärtigen Erz- und Mineralabbau, auf den eine große Aufbereitungsanlage und der Straßentunnel zur Grube Mommel/Stahlberg unterhalb des Ortes hinweisen.

Nördlich und nordöstlich von Laudenbach bilden Granite und Gneise hohe, bewaldete Berge; so den Kohlberg, Laudenberg, Vorderberg und die Hübelsberge, die die Hochscholle des Thüringer Waldes markieren. Der Ort selbst befindet sich vorwiegend auf marinen Zechsteinsedimenten, die von kleinen Granit- und Gneiskuppen durchragt werden. H 6

Naturschutzgebiet Seimbergwald H 7

Der Taldurchbruch der Truse durch den widerstandsfähigen Granit des Seimberges ist das Kerngebiet des 147 ha großen NSG, das seit 1961 besteht. Die steilen Hänge weisen durchschnittlich 15—18° Neigung auf, stellenweise sogar bis 30°. Der Osthang steigt von etwa 500 m Höhe auf der Talsohle bis auf 780 m an der Oberkante des Seimberges an. Kleine Quellbäche gestalten die Oberfläche des Hanges unregelmäßig. Der Westhang reicht bis 600 m ü. NN. Sein steiler Unterhang ist von Klippen durchsetzt und von Steinblöcken übersät. Die Talsohle der Truse ist nur wenige Meter breit oder fehlt fast völlig.

Der Seimberg selbst besteht aus Glimmerschiefern und Quarzitschiefern des Ruhla-Brotteroder Kristallins, von Granitporphyrgängen durchsetzt. Der untere Teil des Westhangs wird aus gleichkörnigem Brotteroder Diorit und Seimberggranit aufgebaut. Örtlich verwitterten die Gesteine zu Grus, der in Sandgruben abgebaut wurde. Auf diesem Granitgrus, in dem die Feldspäte tonig zerfallen sein können, gibt es feuchte, örtlich sumpfige Wiesen. Die Braunerden und Gleye haben sich weniger im anstehenden Gestein als vielmehr in den bis 2 m mächtigen pleistozänen Schuttdecken entwickelt.

Hier auf der Luvseite des Gebirges fallen im Mittel jährlich etwa 1100 mm Niederschlag. Das Jahresmittel der Lufttemperatur liegt zwischen 5 und 7 °C. Eine bedeutende lokalklimatische Differenzierung geht auf den vertikalen Höhenunterschied von 500 bis 800 m, die tiefe Zertalung und die verschiedenartigen Expositionen zurück.

Der unterschiedliche Nährstoffgehalt der Grundgesteine sowie die Oberflächenformen, die Höhenlage und der auf kleinstem Raum rasch wechselnde Wasserhaushalt sind die Voraussetzungen für folgende Waldgesellschaften: im unteren Teil noch die Traubeneichen-Buchen-Stufe, auf dem Gipfel des Seimbergs bereits hochmontane Buchenwaldgesellschaften. Spitzahorn, Traubeneiche, Hainbuche und sogar Feldahorn erreichen hier ihre Grenze vom südlichen Vorland her. Insgesamt ist das Gebiet subozeanisch(submontan) — montan geprägt, was durch die genannten Baumarten und ferner durch Rippenfarn (*Blechnum spicant*), Quirlblättrige Weißwurz (*Polygonatum verticillatum*), Rauhhaarigen Kälberkropf (*Chaerophyllum hirsutum*), Weiße Pestwurz (*Petasites albus*) und andere Arten belegt wird. Besonders hohe Ansprüche an den Standort stellt die Breitblättrige Glockenblume (*Campanula latifolia*), die hier ein starkes Vorkommen besitzt.

Von den zahlreichen Straucharten sollen nur Hasel, Stachelbeere, Rote Heckenkirsche, Alpenjohannisbeere, Weißdorn und vereinzelt Schwarzdorn aufgeführt werden, die sich in Waldgesellschaften auf nährstoffreichen und frischen Böden konzentrieren. Die artenreichsten Bestände stellen die Edellaubholzwälder mit Bergahorn, Esche und Bergulme dar, die zahlreiche Geophyten, wie Hohlen Lerchensporn (*Corydalis cava*), Bärlauch (*Allium ursinum*) und Moschuskraut

H 7 (*Adoxa moschatellina*), enthalten. Die Artenkombination deckt sich fast vollkommen mit denen vom Wintersteiner Grund (s. E 3) und Schleifkothengrund (s. E 6), lediglich die Weiße Pestwurz tritt hinzu.

Auf den weniger frischen, aber noch nährstoffreichen Partien wächst der Perlgras-Buchen-Wald mit dem dominierenden Waldmeister (*Galium odoratum*) und Einblütigem Perlgras (*Melica uniflora*); die Feuchteanzeiger und Geophyten treten zurück oder fehlen ganz. Die Zahnwurz (*Dentaria bulbifera*) ist häufig in dieser Gesellschaft anzutreffen und zeigt an, daß wir uns im Übergangsbereich zu den montanen Regionen befinden.

Auf den Graniten, Gneisen und Glimmerschiefern der unteren Lagen gedeiht der Hainsimsen-Traubeneichen-Buchen-Wald. Häufig läßt sich zwischen den genannten Waldgesellschaften und dem azidophilen Eichen-Buchen-Wald ein abrupter Wechsel feststellen. In der Bodenflora finden wir fast nur noch Hainsimse (*Luzula luzuloides*), Schlängelschmiele (*Deschampsia flexuosa*), Heidelbeere (*Vaccinium myrtillus*) und Sauerklee (*Oxalis acetosella*), die bis auf sporadische Reste verschwinden, wenn die Baumschicht dicht geschlossen ist. Der Frühjahrsaspekt zeichnet sich durch die zahlreichen Blütensterne des Buschwindröschens (*Anemone nemorosa*) aus.

Auf den höher gelegenen Standorten, etwa ab 500 m ü. NN, herrscht auf den sauren Grundgesteinen allein die Buche vor. In der Bodenflora ist gegenüber dem Traubeneichen-Buchen-Wald kaum ein Unterschied bemerkbar. Hier tritt verbreitet als montanes Element die Quirlweißwurz auf und zeigt somit an, daß wir den montanen Hainsimsen-Buchen-Wald erreicht haben (s. E 2). Am höchsten Punkt des Seimberges sind wie auf dem Großen Inselsberg (s. F 4) Wolliges Reitgras (*Calamagrostis villosa*) und Siebenstern (*Trientalis europaea*) vertreten und kennzeichnen den Beginn der hochmontanen Stufe.

J 1 **Brotterode,** Kreis Schmalkalden,

liegt in einer umfänglichen wannenförmigen Einsenkung am Südwesthang des Großen Inselsberges (Bild 14). Der Talkessel wird von einem gneisartig texturierten, mittelkörnigen, hornblendeführenden Migmatit (s. Seite 7) eingenommen, der als Brotteroder Gneis bezeichnet wird. Er zerfällt häufig zu Grus, der leicht abzutragen war, wodurch sich der Kessel bildete. An seinen unmittelbaren Rändern steigen bewaldete Berge auf 700 bis 900 m ü. NN an. Sie reichen vom riedelförmigen Querkamm mit dem Rennsteig im W bis zu dem des Trokkenberges im O. Den südlichen Abschluß bildet der Seimberg. Der Kessel zerfällt in zwei Talwannen, die Breitewiesen und den Oberen Gehegsgrund. Nachdem sich das Inselswasser und das Gehegswasser südlich von Brotterode vereinigt haben, durchbrechen sie, jetzt unter dem Namen Truse, den Rand des Kessels durch eine enge Pforte (s. H 7).

Ein schuhleistenkeilähnliches Gerät aus Amphibolit und eine Feuersteinklinge mit trapezförmigem Querschnitt — beide aus der jüngeren Steinzeit — weisen auf ein frühes Eindringen von Ackerbauern in diese Mittelgebirgslagen hin. Seine spätere Entwicklung verdankt der Ort der Existenz alter Wege über das Gebirge und den früh entdeckten Eisenerzlagerstätten. Schon 1039 wird eine

Straße von Brotterode über die Grenzwiese erwähnt, die von einem sehr alten Verkehrszug vom Werratal zum Rennsteig abzweigte. Der Weg durch das Schmalkaldetal nach Kleinschmalkalden — heute Pappenheim — und von da am Osthang des Seimberges nach Brotterode geht auf den Ausgang des Mittelalters zurück. Der Ausbau der Landstraßen über den Rennsteig erfolgte 1823 nach Friedrichroda und 1846 über die Grenzwiese nach Tabarz.

Die reichen Erzlager um Brotterode haben offenbar schon vor der Jahrtausendwende zur Besiedlung des oberen Trusetales geführt. Die 933 aufgezeichnete Grenze des Kirchspiels (Frauen-)Breitungen schließt das später kirchlich zum Dekanat St. Severi in Erfurt gehörige Brotterode aus. Die Grenzziehung des Reinhardsbrunner Klosterwaldes aus dem Jahre 1039 umgeht wiederum das Gebiet um Brotterode. Andererseits wird östlich davon durch einen den Rennsteig nach S übergreifenden Zipfel des Klosterbesitzes von Reinhardsbrunn dokumentiert, daß hier ein früher Vorstoß der Thüringer nach S in fränkisches Gebiet erfolgte. Brotterode lag offenbar auf altthüringischem Boden, da die Pfarrei bis zur Reformation unter dem Mainzer Erzbistum stand. Örtlicher Mittelpunkt einer bisher nicht genau zu fassenden Entwicklung war der Burgberg in Brotterode. Er erhebt sich am südwestlichen Ausgang des Ortes als niedriger, jedoch steil nach drei Seiten abfallender Hügel, der eventuell nach O zu mit künstlichen Trennungsgräben versehen war. Die Burg ist nur noch als Flurname überliefert. Die Existenz einer befestigten Anlage vor dem Gebirgsübergang mit den auch anderen Ortes vorhandenen Schutzfunktionen für Verkehrswege (s. C 1) und Eisenerzlager kann für die Zeit vor der Jahrtausendwende deshalb nur vermutet werden.

Die unmittelbare Besiedlung dieses Gebirgsabschnittes erfolgte offenbar jedoch sehr früh, da Brotterode auf Schlackenhalden steht, die in die Zeit um die Jahrtausendwende zurückreichen. Das Gebiet um den Ort hat wahrscheinlich zum ältesten Besitz der Ludowinger gehört, die seit dem Ausgang des 11. Jh. allmählich nach S in fränkisches Gebiet vordrangen. Ob Brotterode allerdings um 1037 durch den thüringischen Landgrafen Ludwig mit dem Barte gegründet wurde, wie das die chronistische Überlieferung des Wigand Gerstenberg (Diemar 1909) aus dem 15. Jh. berichtet, ist nicht recht glaubhaft. *Brunuvardesrot* = Rodung eines Brunwart erscheint erstmals in einer in der Mitte des 12. Jh. gefälschten Schenkungsurkunde Kaiser Konrads II. für das Kloster Reinhardsbrunn von 1039. 1216 wird es als *Brunwardesrot* in einer echten Urkunde von Papst Innocenz III. genannt, in der es erneut als Grenzort für die Besitzumschreibung des Klosters Reinhardsbrunn diente.

Das spätere Brotteroder Zentgebiet (s. Seite 17; Anhang C), das weitgehend alten Grenzen folgte, hatte schon im 11. Jh. seinen bekannten Umfang. Die älteren Besitzverhältnisse dieses Gebietes sind jedoch völlig ungeklärt. Das Hochgericht in Brotterode dürfte jung sein und kaum in das 13. Jh. zurückreichen. Die Zent taucht erstmals kurz nach 1360 in einem hennebergischen Urbarium auf. Um 1340 wird sie noch als Dorfgericht bezeichnet. Der Gerichtsbezirk der Zent erstreckte sich nur über Brotterode und die im 14. Jh. entstandene Siedlung Kleinschmalkalden — heute Pappenheim —, das als Filialgründung von Brotterode anzusehen ist. Seit 1360 galt die Zent Brotterode als Bestandteil der Herrschaft Schmalkalden. Der beträchtliche Waldbesitz von

J 1 Brotterode könnte aus dem großen Frankensteiner Wildbann (s. Seite 20) ausgeschieden worden sein und eine kleine Sonderherrschaft gebildet haben, die das Hochgericht übertragen bekam, bevor sie vor 1360 an die Henneberger fiel.
Jahrhundertelang förderten Bergleute um Brotterode Eisenerz aus jungvaristischen und saxonischen Quarz-Hämatit-Schwerspat-Gängen, vor allem aus dem 1,6 km langen und 10 bis 60 m breiten Gangzug am Gehege, der heute noch durch Hunderte von Pingen gut sichtbar ist. Seit dem Ende des 15. Jh. liegen Nachrichten über eine lokale Bergverwaltung vor, an deren Spitze ein Bergmeister stand. 1541 wurden neun Eisenhämmer in Brotterode gezählt, 1570 waren es sieben. Durch den regellosen Abbau gingen die Bergwerke seit der Mitte des 17. Jh. meist ein. Das Eisenerz für die drei noch bestehenden Eisenhämmer wurde später von der Mommel (s. L 1) und vom Stahlberg (s. M 5) herangeschafft. Der Bergbau kam 1922 zum Erliegen.
Mit der Abnahme des Bergbaus begann sich das eisenverarbeitende Gewerbe auszubreiten. 1772 saßen in Brotterode 33 Ringschmiede, 21 Messerschmiede, 7 Hufschmiede und je 2 Zweckschmiede und Nadler, hinzu kamen 16 Zuschläger bei den Schmiedearbeiten. Auch waren dort zur gleichen Zeit 7 Kaufleute als Eisenhändler ansässig, während 10 Fuhrleute den Frachtverkehr besorgten. Mitte des 19. Jh. befanden sich mehr als 20 Großhändler am Ort, die mit lokalen, aber auch Schmalkalder und Ruhlaer Eisenwaren handelten. Zu dieser Zeit wird die Kleineisenindustrie als Haupterwerbszweig der Bewohner von Brotterode genannt. An Gewerken bestanden im 18. Jh. nur noch ein herrschaftlicher Zainhammer mit einer dazugehörigen Schleifkothe sowie 5 Mahlmühlen und eine Ölmühle. Dieses Bild zeigte sich auch noch im 19. Jh. Daneben gab es zahlreiche kleine Werkstätten zur Herstellung von Schnallen, Ringen, Messern und Zwecken. Auch die Holzverarbeitung gehörte zu den im Ort vorkommenden Gewerben. Eine größere Rolle spielte seit dem 18. Jh. die Tabakverarbeitung, die Rohtabak aus dem Werragebiet bezog. Ihre Blütezeit lag in der Mitte des 19. Jh. Mit der Erbauung einer Zigarrenfabrik im Jahre 1892 wurde seitdem die Zigarrenindustrie im Ort seßhaft, die erst 1964 zum Erliegen kam. Zuletzt bestanden drei große Zigarrenfabriken in Brotterode, in denen vorwiegend Frauen beschäftigt waren. Die zersplitterte Kleineisenwarenherstellung wurde nach 1945 schrittweise aufgegeben.
Eine einschneidende Zäsur in der Entwicklung des kleinen Marktfleckens, der Mitte des 19. Jh. 359 Häuser aufwies, brachte der verheerende Brand vom 10. Juli 1895, durch den von 842 Wohnhäusern und Wirtschaftsgebäuden insgesamt 729 vernichtet wurden, wobei die ältere Bausubstanz vollständig verlorenging. In den nächsten fünf Jahren erfolgte ein planmäßiger Wiederaufbau des Ortes im historisierenden Geschmack der Zeit um 1900. Die für diese Arbeiten eingerichtete Schmalspurbahn zwischen Wernshausen und Brotterode bestand nur bis 1897. Danach wurde 1898 die Bahnstrecke Kleinschmalkalden (Pappenheim) – Brotterode als Stichbahn geschaffen, die bis 1970 in Betrieb blieb. Rings um den früheren Bahnhof befindet sich der zentrale Omnibushalteplatz.
Der Eisenerzbergbau wurde nach 1945 wiederaufgenommen, 1964 aber endgültig eingestellt. 1984 bestimmten neun volkseigene Betriebe mit insgesamt 1500 Beschäftigten die Produktionsstruktur der Stadt. Mit Abstand der größte Betrieb ist der VEB Fahrzeugelektrik Ruhla mit über 1000 Beschäftigten, die

Scheinwerfer und Signalhörner für Kraftfahrzeuge produzieren. Ihm angeschlossen ist die Berufsschule Bruno Ißleib, Schmalkalder Straße 50. Der VEB Metallverarbeitung Brotterode erzeugt Spannschlösser, Haken und Schellen, unter anderem für den Schiffbau. Größere gebietliche Bedeutung erlangen auch der VEB Ziehwerk (Drahtzieherei) und der VEB Lederwaren. In den übrigen, kleinen Produktionsstätten, die über die gesamte Stadt verteilt sind, arbeiten jeweils weniger als 25 Beschäftigte.
Die landwirtschaftliche Nutzfläche des Ortes wird durch die LPG (P) Breitungen bewirtschaftet (s. N 1.4). Bei einem größeren Anteil des Grünlandes gegenüber dem Ackerland werden von der LPG (T) Trusetal überwiegend Weidewirtschaft und Viehzucht betrieben, darunter Pferdezucht (Haflinger).
Seitdem 1897 Brotterode als erster Ort im Kreis Schmalkalden in den Thüringer Bäderverband aufgenommen war, entwickelte sich der Fremdenverkehr in dem aufstrebenden Gebirgsdorf, das 1936 das Stadtrecht verliehen bekam. Mit der 1905 erfolgten Gründung eines Vereins zur Förderung des Wintersports wurde der Grundstein für die Entwicklung Brotterodes zum Wintersportort gelegt; das erste Wintersportfest fand bereits 1907 statt.
Zum Zentrum für Sommer- und Winterurlauber entwickelte sich Brotterode nach 1952. Im Jahre 1983 wurden durch den Feriendienst des FDGB mit seinen Erholungsheimen Inselsberger Hof, Thüringer Hof und Berggarten und durch das betriebliche Erholungswesen nahezu 20000 Urlauber betreut. Ende Juli jeden Jahres findet das Berg- und Rennsteigfest (Abb. 10) statt, das 1983 bereits zum 15. Male begangen wurde. Wichtigster Träger des umfassenden folkloristischen Teils dieser Festtage ist das Rennsteig-Ensemble im Betrieb Brotterode des VEB Fahrzeugelektrik Ruhla. Gemeinsam mit anderen Folkloregruppen aus dem Thüringer Raum stellt es Trachten, Brauchtum, Volkstänze, Volkslieder und Mundartgedichte vor.
Das Rennsteig-Ensemble kann auf reiche Traditionen zurückgreifen. Unter den Trachten, die früher hier verbreitet waren, genoß die „Brotteröder Flitterbraut" besonderen Ruhm. Diesen Namen besaß die Brautkleidung aufgrund des dazugehörigen aufwendigen Kopfputzes. Das Haar der Braut wurde in zwei Zöpfe geflochten, die Zöpfe mit rotgeblümtem Seidenband umwickelt, in Schleifen angeordnet und dann in goldenes Flitterband eingehüllt. Das alles verband im Nacken der sogenannte Ankenbusch, eine rotseidene Rosette. Darüber saß die Krone, die aus Flitter- und Silberdraht bestand und Perlen als Zierat aufwies. Bekleidet war die Braut mit dem bunten, seidendurchwirkten „Sürkesmieder", der daruntersitzenden ausgeschnittenen, mit rotem Brustlatz geschmückten Jacke, einem gefältelten schweren Tuchrock in Schwarz, der mit schwarzem Band besetzt war und bis zu den in weißen Strümpfen und Hakenschuhen steckenden Füßen herabreichte. Hinzu kam der Halsschmuck, eine Kette aus Goldfiligran, Körnerkette genannt, an der ein Henkeldukaten hing.
Sage, aber auch reale historische Bezüge verbinden sich mit der Brotteroder Kirmes, die in der Woche nach Jakobi — nach dem 25. Juli — gefeiert wurde. Das Fest begann an einem Montag um 6 Uhr morgens mit dem Hissen der Kirmesfahne vom Kirchturm, später auch von der Gemeindeschenke. Die Fahne zeigte auf schwarzem Grund einen Keil und zwei Bergmannsschlegel in

J 1 Weiß und auf der anderen Seite in Gelb die Aufschrift „Vivat Carolus V. 1530" mit einer Krone. Genannt wurde sie die Kaiser-Korle-Quinte-Funn oder Korlequint. Der Sage nach fanden Kaiser KARL V. und seine Frau 1521 in Brotterode so gute Aufnahme, daß sie die Fahne dem Ort stifteten, verbunden mit Waldungen und dem Fischereirecht. Tatsächlich besaßen die Einwohner Brotterodes während des Aushängens der Fahne in der Kirmeswoche das Recht, innerhalb der Gemeindegewässer frei zu fischen, ferner steuerfrei Bier und Wein einzuführen und auszuschenken. Der Hintergrund des Erwerbs dieser Rechte ist ungeklärt, hängt aber keinesfalls mit Kaiser KARL V. zusammen, der niemals in diese Gegend kam.

J 2 Hohe Scharte

Die Hohe Scharte (814 m ü. NN) stellt einen Teil des Riedels dar, der am Trockenberg vom Kamm des Thüringer Waldes abzweigt und den Brotteroder Kessel (s. J 1) im O begrenzt. Über den Berg zieht die Grenze zwischen dem Rotliegenden des zentralen Thüringer Waldes einerseits und dem Brotteroder Migmatit sowie dem Pappenheimer Granit andererseits. Der Gipfel besteht aus Felsit- und Quarzporphyr — Meisensteinporphyr — sowie aus Glimmerporphyrit der Gehrener Schichten. Rote und grünliche Porphyrtuffe mit Sandsteinen sind zwischengeschaltet.

Am Westhang der Hohen Scharte schufen Einwohner von Brotterode das Naherholungsgebiet Reitbahn. Hier besteht die Möglichkeit, Freizeitsport zu betreiben und kulturelle Veranstaltungen durchzuführen.

J 3 Mommelstein

Die südliche Begrenzung des Brotteroder Kessels setzt sich mit leichtem Abfall im etwa 720 m hohen Mommelstein fort. Die mächtigen Felsklippen bestehen aus hornfels- bis gneisartigen Glimmerschiefern der Trusenfolge in der sogenannten Mommelsteinmulde mit auffälligen weißen Quarztrümern (kleinen Gängen). Sie gewähren vom Hermannsblick eine Aussicht auf den nordwestwärts steil abfallenden Hang des Trusetals, der mit Felsblöcken übersät ist. Im SW wird das Werratal mit dem Ort Breitungen sichtbar, im W tauchen Immelborn und Barchfeld mit ihren Kiesgrubenseen sowie Bad Salzungen auf, am Horizont ragen die Schornsteine vom Kalikombinat Werra in Merkers empor. Westnordwestlich erkennt man die Burgruine Liebenstein, links davon den Judenkopf. Im NW können wir den Großen Weißenberg am Rennsteig ausmachen. An den Klippen des Mommelsteins sind zwei Tafeln mit folgenden Texten angebracht: Zur Erinnerung an FRANZ THOMAS — Gotha, Ehrennachbar der Mommelsteingemeinde und Begründer der Thüringer Berg-, Burg- und Waldgemeinden, 1873—1930, und Unserem Ehrennachbarn und Gemeindepoet ARTHUR RICHTER-Hemibach, 1879—1947, dem Begründer unseres Bundes, die Mommelsteingemeinde.

Östlich der Felsgruppe befindet sich eine Waldgaststätte, der Fuchsbau, der 1897 von dem ehemaligen Brotteroder Bürgermeister GOTTLIEB FUCHS errichtet wurde. Von hier aus bietet sich der Ausblick über eine sanft abfallende Bergwiese auf den Ort Pappenheim im Schmalkaldetal und auf die dahinterliegende Hohe Warte mit ihrem Aussichtsturm. Im SO erhebt sich der Haderholzstein, dahinter tauchen die charakteristische Gruppe der Hühnberge und weiter in der Ferne der Sperrhügel am Rennsteig auf. J 3

Sorga, seit 1923 Stadtteil von Bad Liebenstein K 1

Der Grumbach, der im mäßig bewegten Buntsandsteinhügelland in einer etwa 300 m breiten Talaue mit schwachem Gefälle mäandriert, kommt von NNW und biegt am Aschenberg nach SW ab. An dieser Stelle liegen am Rand der Aue die Häuser von Sorga. Das Rittergut mit einer Gemarkung von 140 ha war vom Mittelalter bis zum 19. Jh. in adliger Hand. 1858 kam es in den Domänenbesitz Sachsen-Meiningen. Als thüringisches Staatsgut mit 132 ha Land ausgestattet, wurde es 1945 bei der Demokratischen Bodenreform an Kleinbauern verteilt. Die LPG (T) Barchfeld unterhält auf der Gemarkung Sorga eine Jungviehanlage mit 1 200 Plätzen und einen Schafstall für 350 Tiere.

Meimers, Kreis Bad Salzungen K 2

In Meimers mündet ein Nebentälchen von O in den Grumbach ein. Von der gegenüberliegenden Seite kommt aus NW ebenfalls ein Rinnsal, das zu drei aufeinanderfolgenden Teichen aufgestaut wird. Die Wasserläufe schufen im leicht zerstörbaren Buntsandstein ein unruhiges Relief mit beträchtlichen Höhenunterschieden. Der Ort hieß 1330 *Meimbrechts*, 1340 daz *Einbrechts*. Der Name gehört zu den sogenannten genitivischen Ortsnamen mit frühem Verlust des Grundwortes und dürfte ursprünglich zum *Aginbrachts* Hof gelautet haben.

Wahrscheinlich aus der letzten hochmittelalterlichen Rodungsperiode stammend, kam das Dorf von den Herren von Frankenstein an die Grafen von Henneberg. Es bestand aus vier Teilen: Obermeimers, dem Freihof, dem Gut und Oberfarnbach. Das Dorf besaß zwei Mühlen und seit dem 18. Jh. eine Schule. Meimers war der Mittelpunkt der Höfe Bairoda (s. G 5), Raboldsgrube, Sorga (s. K 1) und Farnbach (s. K 3). Im 18. und 19. Jh. herrschten unter den Mittelbauern und Tagelöhnern ärmliche Verhältnisse.

Die LPG (P) Witzelroda bewirtschaftet heute die Felder von Meimers. Der Anbau konzentriert sich auf Kartoffeln, Getreide und Gemüse. In einer Baumschule züchtet man Obst- und Nadelgehölze sowie Rosen. Bis auf einen privaten Handwerksbetrieb, der Nägel produziert, ist in Meimers kein Gewerbeunternehmen vorhanden. Die meisten Arbeitskräfte pendeln nach Schweina (s. G 2) aus. Viele Heimarbeiter stellen Klingeln, Kugelnieten, Kupferkrüge und Kraftfahrzeuggummiteile für Schweinaer und Bad Liebensteiner Betriebe her.

K 3 Farnbach, seit 1956 Ortsteil von Breitungen,

liegt am Bach gleichen Namens, etwa 1,2 km vor seiner Einmündung bei Herrenbreitungen in die Werra. Der Ort begegnet uns urkundlich erstmalig 1248 (*Varrenbach*, Erklärung s. K 4). Das Geschlecht derer von Farnbach ist bis 1344 nachweisbar. Das Dorf setzte sich aus zwei Teilen zusammen. Oberfarnbach bestand aus drei Bauerngütern, Unterfarnbach aus drei Adelshöfen. Der untere Hof kam 1718 in bürgerliche Hand, die beiden oberen gehörten längere Zeit der Familie von Rußwurm. Das Gut ging 1800 an die Liebensteiner Gerichtsherren von Fischern und schließlich an die Familie Swaine über. Bei der demokratischen Bodenreform 1945 wurden die 197 ha des Gutes an Kleinbauern verteilt.

K 4 Farnbach

Der Farnbach verdankt seinen Namen — 1016 *Farenbach* — dem Farnkraut an seinem Ufer. Er entspringt als Hattenbach zwischen Bommelhauk und Unterem Beerberg und durchfließt zunächst das Thüringer Tal. Dann durchbricht er zwischen Eselskopf und Katzenstein das Grundgebirge und erreicht schließlich unweit Bairodas das Buntsandsteinvorland. Hier verbreitert er seine Aue, die Talhänge werden flacher, und die Bewaldung tritt zurück. Zahlreiche, aber nur kurze Trockentäler gliedern das angrenzende Gelände auf.

L 1 Mommel

Das Gebiet der Mommel erstreckt sich beiderseits der Straße von Bairoda nach Herges. Sein äußerst bewegtes Relief geht auf den kurz aufeinanderfolgenden Wechsel der Gesteine mit morphologisch unterschiedlicher Wertigkeit und auf die beträchtliche Erosionswirkung des Farnbaches und der Truse zurück. Der Gesteinswechsel hängt mit der Gebirgsrandstörung zusammen, der sogenannten Stahlbergstörung (Abb. 32). Im Bereich dieser Störung entstand südlich des 506 m hohen Sandberges — wenig nördlich von der Mommel gelegen — ein 600 m langer und 80 m breiter horstartiger Aufbruch von Zechsteinkalk mit einem geologisch komplizierten inneren Bau. Die Kalke sind in saxonischer Zeit metasomatisch, also durch chemische Verdrängung, in einen Eisenerz-Schwerspat-Körper umgewandelt worden, die ursprünglichen Siderite (Eisenspat $FeCO_3$) später weitgehend in Limonit (FeOOH). Wahrscheinlich entstammt ein Teil des Mineralgehaltes der heutigen Liebensteiner Quellen den Mineralisationen dieser Störungslinie. Zugleich zeigen diese Quellen an, wie im ausgehenden Erdmittelalter infolge Absenkung oder vulkanischer Prozesse aufgeheizte Wässer Barium, Fluor, Mangan und Eisen mit sich führten, die sich in Spalten, oft an Kalksteine gebunden, ausschieden.
Das Bergwerk an der Mommel soll der Überlieferung zufolge seit dem Beginn des 16. Jh. bestanden haben. Urkundlich wird es 1536 zum ersten Mal genannt. Neben dem Bergbaurevier am Stahlberg (s. M 5) war hier das zweite Hauptabbaugebiet im Schmalkalder Raum. Der an der Mommel geförderte Eisenstein ent-

hielt allerdings geringere Mengen Mangan. Bis 1826 bestanden mehrere kleine Gewerkschaften für neun Grubenfelder, die sich dann zur Mommeler Gewerkschaft vereinigten. Als zum Ende des 19. Jh. der Abbau von Eisenerz zurückging, nahm die Gewerkschaft die Förderung an der bereits früher erworbenen Grube ‚Klinge' auf (s. H 5). Noch vor dem ersten Weltkrieg stellte man den Eisenerzabbau an der Mommel ein. Seit 1904 wird Schwerspat gefördert (s. L 5). L 1

Öhmigshauk L 2

Der Forstort Öhmigshauk ist ein Höhenzug südlich von Laudenbach, an dem der Graben entlangführt, dessen Wasser dann über den Trusetaler Wasserfall (s. L 9) in die Truse stürzt. An den steil abfallenden, felsigen Hängen des Öhmigshauks stehen Traubeneichen-Hainbuchen-Wälder. Neben Traubeneiche und Hainbuche hat auch die Buche erheblichen Anteil an der Zusammensetzung. Von den Straucharten kommen vor allem Hasel und Weißdorn vor, in der Bodenflora Waldlabkraut (*Galium silvaticum*) und Große Sternmiere (*Stellaria holostea*). Weniger stetig, aber kennzeichnend sind Hainwachtelweizen (*Melampyrum nemorum*), Goldhahnenfuß (*Ranunculus auricomus*), Brennesselblättrige Glockenblume (*Campanula trachelium*), Waldknäuelgras (*Dactylis polygama*) und Maiglöckchen (*Convallaria majalis*), welche die Waldgesellschaft als mehr oder weniger wärmeliebend kennzeichnen. Eine große Gruppe von Waldpflanzen weist auf die weite ökologische Amplitude hin: Flattergras (*Milium effusum*), Hainrispengras (*Poa nemoralis*) und Knotige Braunwurz (*Scrophularia nodosa*).

Elmenthal, seit 1950 Ortsteil von Trusetal, L 3

ist der höchstgelegene und nördlichste Teil der großen Gemeinde (s. L 6). Die Häuser stehen in der Quellmulde eines kurzen Seitentälchens der Truse, und zwar auf der etwa 2 km breiten Zechsteinscholle zwischen der Klinger Störung im NO und der Stahlbergstörung im SW. Westlich über dem Dorf befinden sich die ehemaligen Bergwerksanlagen der Mommel (s. L 1).

Der bereits 1185 bezeugte Name *Elmental* bedeutet eine Siedlung in einem mit Ulmen bestandenen Talgrund. Die Bewohner waren meist Bergleute oder trieben Ackerbau. 1585 besaß der Ort 22 Haushalte, 1832 standen hier 33 Häuser, in denen 160 Menschen wohnten.

Herges, seit 1950 Ortsteil von Trusetal, L 4

erstreckt sich am westlichen Ufer der Truse, die die geschlossen wirkende Gebirgsmauer des Thüringer Waldes hier in einem 150 m tiefen Einschnitt durchbricht. *Herigest* (1185) ist als Herigasts Hof zu deuten. Die Siedlung (1340 *Hergeys*) lag ursprünglich nicht im Haupttal der Truse, sondern westlich davon, nahe der alten Straße, an der heutigen Landstraße nach Bad Liebenstein. Sie

L 4 wurde von ihren Bewohnern verlassen, die sich näher am Wasser niederließen, das sie zum Betrieb der Hämmer brauchten. Zurückblieb die Wüstung Im alten Herges.

Die meisten Häuser von Herges stehen auf Schlackenhalden, die von den zur Eisengewinnung ehemals betriebenen Rennfeuern herrühren. Hier ließ sich auch im 14. Jh. das eisenverarbeitende Handwerk nieder. Der 1348 genannte „hamir der da gelein ist in der *Lutinbach*“ (*Lutinbach* = Laudenbach, damals der Name der Truse bis zum Dorf Trusen) muß in der Flur von Herges gesucht werden. 1427 erscheint eine „hamerstadt, genand der obern *Lutenbach* under Waldenberg gelegen“. Wahrscheinlich sind diese beiden frühen Eisenhämmer mit den 1541 erwähnten in *Drusen* und *Hergots* identisch. Sie lagen auf jeden Fall am Hauptgewässer des Trusetales und haben nichts mit der in einem Seitental gelegenen Siedlung Laudenbach zu tun.

Den Aufstieg des Ortes begünstigten die Eisenerzvorkommen an der nahe gelegenen Mommel (s. L 1). Das dort geförderte Erz wurde seit der Mitte des 16. Jh. bis 1761 auf einem Eisensteinmarkt in Herges verkauft. Die Einwohner waren überwiegend als Bergleute auf der Mommel oder in den Spatgruben tätig. Westlich von Herges befand sich ein Alabastergipsbruch, der bereits im 18. Jh. betrieben wurde. Zur Gewinnung von Sandsteinen für die Ausmauerung der Bergwerksstollen erschloß man im 19. Jh. ebenfalls einen Bruch. Von 1687 bis 1713 ist eine herrschaftliche Kupferhütte nachzuweisen.

Das alte Wasserkraftwerk in der Brotteroder Straße besitzt als technisches Denkmal deshalb Bedeutung, weil es für die Anwendung des Wassers als Produktivkraft einen regional wichtigen Beleg darstellt.

L 5 Auwallenburg (Bild 17), seit 1950 Ortsteil von Trusetal,

zieht sich halb um den Eichberg herum und liegt unterhalb der Wallenburg (s. L 8). Es hieß 1185 *Gerdrode* und hat seinen Namen zweimal gewechselt. Es dürfte identisch sein mit dem 1249 genannten Dorf *Gernoteshagen*, das sich am Fuße des Hainberges erstreckte, auf dem sich seit 1247 die Wallenburg erhob. Ihre gemeinsame urkundliche Überlieferung als „*Waldenburch* cum villa *Gernoteshagen*“ in der Vergleichsurkunde von 1249 zwischen LUDWIG VON FRANKENSTEIN, Schirmherrn des Klosters Herrenbreitungen, und dem Abte desselben über Burg und Dorf deutet darauf hin, daß die Siedlung schon vor der erst zwei Jahre zuvor erbauten Wallenburg bestanden haben muß. Der in beiden Ortsnamen als Bestimmungswort überlieferte Personenname Gerd — Gernot ist vermutlich identisch. Der Wechsel des Grundwortes -rode zu -hagen ist sicher durch den benachbarten Bergnamen Hain (-hain ist die kontrahierte Form von -hagen) beeinflußt. Möglicherweise lebte in dem erst weitaus später aufgezeichneten Namen des Hainberges eine urkundlich nicht überlieferte Weiterentwicklung des Ortsnamens zu *Gernotshain* fort. Auf dem Hainberg aber stand die Wallenburg, die dem Dorf am Fuße des Berges im 15. Jh. einen neuen Namen gab. Ob jedoch Besiedlungskontinuität vorliegt oder eine Wüstungsphase eingeschoben wurde, läßt sich nicht mit Bestimmtheit sagen. Der Name *Gernoteshagen* oder eine mögliche andere

Namensform erscheinen nach 1249 nicht mehr. 1416 heißt das unter der Burg gelegene Dorf *Aue*, das später nach der benachbarten Burg den Namen Auwallenburg annahm (1720 *Au-Wallenburg*, 1832 *Aue-Wallenburg*). L 5

Im 14. Jh. gehörte der Ort zum Burgvogteibezirk der Wallenburg, der durch die Grafen von Henneberg aus dem Besitz des Klosters Herrenbreitungen gelöst worden war. Zu Ende des 16. Jh. zählte man in Auwallenburg 52 Haushalte. Die Einwohner waren zu Felddiensten für den Wallenburgshof unterhalb der Burg verpflichtet. Bis ins 19. Jh. ernährten sie sich vom Ackerbau oder waren im Bergbau tätig. Im Ort gab es einen Sandsteinbruch und eine Schwerspatgrube. Bereits im 18. Jh. war Auwallenburg mit dem benachbarten Herges (s. L 4) räumlich zusammengewachsen und nur durch die Truse von ihm getrennt.

Durch den Ort streicht die von NW nach SO verlaufende Stahlbergverwerfung, die den Unteren Buntsandstein im S vom Trusetalgranit im N trennt. In zahlreichen parallel zur Verwerfung ziehenden Fiederspalten tritt eine Eisenerz-Baryt-Flußspat-Mineralisation auf. Im Revier ‚Hühn' sind sechs Mineralgänge von Bedeutung, von denen der Hauptgang 500 m lang und 2 bis 10 m breit ist, und zu denen auch der 1 km lange Turmgang und der Buchenberggang gehören. Wirtschaftlichen Wert besitzen der Schwerspat im höheren Niveau und der Flußspat in den tieferen Bereichen. Am Eichberg und am Michelsberg erfolgt der Abbau seit 1911, im Revier ‚Hühn' seit den zwanziger Jahren.

Im Rotliegenden (Oberhofer Schichten, Abb. 4) entstanden die „zusammengesetzten Vulkanitgänge" des Trusetals, die mit verschiedenen magmatischen Schmelzen ausgefüllt sind und von denen zwischen Schmalkalden, Trusetal und Pappenheim mehr als 60 bekannt wurden. So gibt es zweifach zusammengesetzte Gänge aus Granitporphyr-Syenitporphyr, aus Granitporphyr-Kersantit

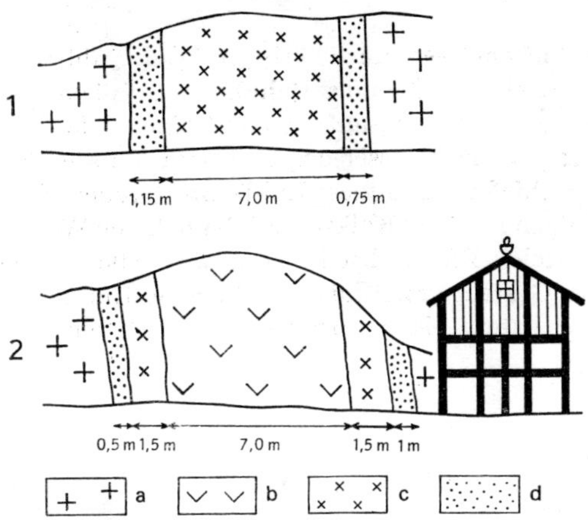

Abb. 28. Gemischte Magmatitgänge im Thüringer Wald (nach BÜCKING 1906)

1 Profil durch den zweifach gemischten Trusetaler Hauptgang im Trusetal
2 Profil durch den dreifach gemischten Magmatitgang Elmenthal-Süd in Elmenthal

a Trusetalgranit
b Granitporphyr
c Syenitporphyr (keratophyrähnlich)
d Kersantit

Abb. 29. Geologisches Profil im Eisenbahneinschnitt am ehemaligen Bahnhof Auwallenburg (Entwurf W. STEINER)

1 sandige gelbe und graue Kalke, dolomitisch, z. T. rauchwackenartig
2 Tonsteinhorizont
} Sedimente des Zechsteinmeeres
3 Klippe aus gneisartigem Glimmerschiefer (Metapelit)

und Syenitporphyr-Kersantit sowie dreifach zusammengesetzte Gänge aus Granitporphyr-Syenitporphyr-Kersantit (Abb. 28). Das jeweils zuerst genannte kieselsäurereichere Magmagestein liegt in der Mitte des Ganges. Der Trusetaler Hauptgang ist in seiner ganzen Breite und auf über 100 m Länge durch einen alten Bruchbetrieb, der die Gangfüllung als Pflastersteine und Straßenschotter abbaute, gut aufgeschlossen.

Zu den geologisch bekanntesten Aufschlüssen im Thüringer Wald zählt der Eisenbahneinschnitt (Abb. 29) unmittelbar östlich des Bahnhofs Auwallenburg, dem heutigen Verladebahnhof der Aufbereitungsanlage Laudenbach, der folgende geologische Deutung zuläßt: Im Flachwasser des Zechsteins wurde eine relativ steil aufragende Glimmerschieferklippe des Ruhla-Brotteroder Kristallins von gut geschichteten, plattigen marinen Kalksteinen der höheren Werra- und der Leinefolge allmählich bedeckt. Die Zechsteinsedimente stoßen dabei winkeldiskordant an die Klippe. Die Gesteinsverhältnisse sind in dem Einschnitt wie in sogenannten geologischen Fenstern einer 1917 errichteten Betonstützmauer gut zu erkennen.

L 6 **Trusetal,** Kreis Schmalkalden,

entstand am 1. Juli 1950 durch Zusammenlegen der heute räumlich zusammengewachsenen Siedlungen Herges (s. L 4), Auwallenburg (s. L 5), Trusen (s. L 7), Elmenthal (s. L 3) und Laudenbach (s. H 6). Die einzelnen Ortsteile haben sich in der Frühzeit verhältnismäßig selbständig entwickelt, wofür die mittelalterlichen Verkehrsverhältnisse dieses Gebietes mit einer alten Straßenverbindung aus dem Werratal zum Kamm des Thüringer Waldes und das durch den Bergbau bedingte Aufblühen des Eisenhandwerks seit dem 14. Jh. entscheidend waren. Die bereits erwähnte Straße begann in Herrenbreitungen, teilte sich aber kurz nach dem Ausgangspunkt. Der Hauptarm verlief auf den Bergen westlich der Truse, fiel vom Saarkopf zur Wüstung Im alten Herges (s. L 4) hinab und zog dann über Elmenthal und Laudenbach weiter nach Brotterode. Der östliche Zweig überschritt in der Nähe des späteren Gutes Winne das Trusetal und führte auf den Höhen am rechten Ufer des Farnbaches zur Nüßlerliete. Von dort verlief die Straße über das Fischholz nach Auwallenburg, von da zum Hang des Seimberges und weiter nach Brotterode. Nach der Vereinigung beider Zweige in Brotterode überschritt dieser Verbindungsweg im weiteren Verlauf an der Grenzwiese den Rennsteig.

Beide Straßenzüge waren vermutlich im frühen Mittelalter gleich stark benutzt. Später aber überwog der östliche Zweig, der neben der Weiterführung nach Brotterode noch einen Anschluß an den sogenannten Liebensteiner Rennweg mit der Fortsetzung über den Paß beim Dreiherrnstein am Großen Weißenberg zur Weinstraße (s. B 4) zwischen Ruhla und Winterstein besaß. Als am Ende des 14. Jh. sich das eisenverarbeitende Gewerbe in den Dörfern des Trusegrundes ausbreitete, wurde der westliche Zweig stärker befahren, wodurch die Ortschaften in seinem Bereich emporblühten. In seiner Nähe lag auch die Mitte des 13. Jh. erbaute Wallenburg (s. L 8).

Für das hohe Alter der Straße zeugen die frühzeitig gegründeten Orte ihres Siedlungsfeldes, von denen Herrenbreitungen (s. N 1.1) und Brotterode (s. J 1) vor dem Jahr 1000 entstanden sind. Schon bald danach aber bildeten sich an oder unweit der Straße im Tal der Truse oder in den Nebentälern Niederlassungen. Die fünf Dörfer, die heute zur Gemeinde Trusetal zusammengefaßt sind, treten uns geschlossen erstmals 1185 entgegen, als sie unter dem ältesten Güterbesitz der Benediktinerabtei Herrenbreitungen genannt werden. Diese werden in der Urkunde, mit der Papst Lucius III. dem Kloster seine Besitzungen und Rechte bestätigt, neben anderen frühen Siedlungen dieses Gebietes erwähnt. Das 1340 angelegte hennebergische Urbarium überliefert innerhalb des Grundbesitzbezirks des Klosters Herrenbreitungen die Orte *Drusen*, *Hergeys*, *Elmintal* und *Lutirbach*. Es scheinen zunächst noch Bauerndörfer gewesen zu sein, da in dem Urbarium noch nichts von Zinsen für Eisenhämmer oder Bergwerke, die bei anderen Orten vermerkt sind, erwähnt wird. Einen wirtschaftlichen Aufschwung nahmen sie erst nach der Anlegung eines Eisenhammers in der *Lutinbach* (s. H 6). Bereits sehr früh bestanden neben dem alten Bergbaugebiet von Brotterode die Schürfstätten im Auwallenburger Forst in der Nähe des Stahlbergs mit den späteren Wüstungen Erzschwinden (1185 *Ezzelingweneden*, 1506 *Atzelswinden*, 1596 *Atzeswinden*) und Neuendorf (s. L 8) auf dem Weg von der Wallenburg nach Kleinschmalkalden (Pappenheim). Später zog das an Bedeutung gewinnende Bergwerk an der Mommel (s. L 1) rasch die Bevölkerung aus den umliegenden Orten an.

Von den fünf Dörfern im Trusetal gehörten Trusen, Herges, Laudenbach und Elmenthal nach der älteren Verwaltungsgliederung der Herrschaft Schmalkalden zum Amt (Vogtei) Herrenbreitungen und bildeten mit Heßles und Wahles die Obervogtei. Auwallenburg zählte als Zubehör des Vogteibezirkes der Wallen-

L 6 burg zum Oberamt Schmalkalden. Diese Einteilung änderte sich nach der Neugliederung der Verwaltung im 19. Jh. mehrfach. Von den Dörfern wuchsen zuerst Herges (wegen seiner Verwaltungszugehörigkeit zur Vogtei Herrenbreitungen und zur Unterscheidung von dem gleichnamigen Ort im Amt Hallenberg mit dem determinierenden Beiwort Vogtei verbunden) und Auwallenburg räumlich zusammen und bildeten seit 1935 die Doppelgemeinde Herges-Auwallenburg.

Die wirtschaftliche Entwicklung dieses Gebietes geht auf den Eisensteinbergbau zurück, der im 19. Jh. der Spatgewinnung wich. Schwer- und Flußspat wurden verstärkt nach 1870 abgebaut. Insgesamt bestanden 1874 in den Dörfern des Trusegrundes 7 Eisen-, 12 Spat-, 3 Alabastergipsgruben, dazu 4 Spatmühlen. Nach 1871 gründete man die ersten Metallwarenfabriken. Aus den Bergarbeiterdörfern entwickelten sich damals Industriegemeinden. Die sich formierende Arbeiterschaft schloß sich 1906 der gewerkschaftlichen Organisation der Bergarbeiter an. Fortschrittliche Arbeiter bildeten 1907 eine Ortsgruppe der SPD, 1925 entstand die Ortsgruppe der KPD.

Die am 25. Juli 1899 eingeweihte Trusebahn (1969 eingestellt) verband Herges-Vogtei und Trusen mit Wernshausen und war in erster Linie für den Stückgutverkehr, aber auch für den Transport von Eisenerz und Schwerspat bestimmt.

Mit 1500 Industriebeschäftigten gehört Trusetal zu den Produktionszentren des Kreises Schmalkalden. Das örtliche Industrieprofil wird durch den VEB Fluß- und Schwerspat und den VEB Stahl- und Schneidwaren (Maniküre, Scheren, Plastartikel) bestimmt, die 85% der Beschäftigten umfassen. Die Gewinnung und Weiterverarbeitung von Spaten und Erzen wurden nach Überführung der Gruben in Volkseigentum stark erweitert. Der Bau einer zentralen Aufbereitungsanlage Trusetal erfolgte von 1949 bis 1954. Im Jahre 1954 nahm auch eine Seilbahn zum Bahnhof Auwallenburg ihren Betrieb auf. Es folgten bis 1970 die Erweiterung der Naßwäscheaufbereitung Trusetal, die Errichtung eines Erzumschlagplatzes, die Erweiterung der Flotationsaufbereitung und die Fertigstellung der Klärteiche. 1974 schließlich folgte die Inbetriebnahme des Fördersystems Schrägort Trusetal. Modernste technische Einrichtungen erleichtern die Arbeit der Bergleute, so Bohrhämmer mit Bohrstützen, Akkumulationslokomotiven sowie Überkopflader und Schwenkschaufellader (nach Unterlagen des VEB Fluß- und Schwerspatbetrieb Trusetal).

Darüber hinaus sind in Trusetal die volkseigenen Betriebe Plaste Breitungen, Kunstgewerbe Pappenheim, Ultramöbel und Plaste Struth-Helmershof mit jeweils weniger als 100 Beschäftigten vertreten.

Die über dem Gebietsdurchschnitt liegenden Acker- und Grünlandzahlen geben der landwirtschaftlichen Entwicklung der Gemeinde große Bedeutung. Während die Pflanzenproduktion von der LPG Breitungen betrieben wird, hat die LPG Tierproduktion in Trusetal selbst ihren Sitz. Sie ist außerdem für die Gemeinden Pappenheim (s. M 1), Brotterode (s. J 1) und Wahles mit einem Gesamtbestand von 1500 Rindern und 500 Schweinen zuständig. In Trusetal stehen der Viehhaltung mehrere Anlagen zur Verfügung.

Das Siedlungsbild der Trusetaler Ortsteile ist vorwiegend von massiven Steinbauten geprägt. Aber zwischen ihnen blieben manche Fachwerkhäuser erhalten, einige davon wurden in die Kreisdenkmalliste eingetragen. Als Beispiele seien im Ortsteil Trusen Karl-Marx-Straße 17 und 28 genannt, in Herges-Auwallen-

burg das Wohnhaus Brotteroder Straße 13, in dessen straßenseitigem Giebel eine gußeiserne Platte von 1617 eingesetzt ist, und Ernst-Thälmann-Straße 10. Um besonders Bergleute anzusiedeln, wurden an verschiedenen Standorten Mehrfamilienhäuser errichtet, so 6 Blocks an der Mommel im Jahre 1954, mehrere Blocks An der Länge zwischen 1960 und 1970 sowie 3 Häuser an der Straße der Einheit. Diese insgesamt 110 genossenschaftlichen, kommunalen und betrieblichen Wohnungen werden durch etwa 340 Eigenheime (Stand 1984) ergänzt. Außerdem entstanden unter anderem Kinderkrippe und -garten (1983 eingeweiht), eine Sport- und Veranstaltungshalle (1979), aus einer Spatwäscherei eine Apotheke (1984) sowie aus einer ehemaligen Schlauchweberei ein Kino mit Bibliothek und Jugendklub (1985). Die Schulpflichtigen werden in verschiedenen Gebäuden der Wilhelm-Pieck-Oberschule unterrichtet, so in dem Haus Am Schulhof und in dem in der Schenkgasse, wo nahebei auch ein Gedenkstein an den ersten Präsidenten der DDR erinnert. Wo die Schenkgasse auf die Brotteroder Straße stößt, steht eine der beiden Mahlmühlen Trusetals. Sie nutzt neben dem elektrischen Strom noch die Wasserkraft der Truse zum Antrieb. Weitere ehemalige Mühlen wurden im Laufe der Jahre umgebaut und erhielten neue Funktionen, so als gemeindeeigener Bauhof und als Sägewerke. L 6
Den seit 1979 staatlich anerkannten Erholungsort Trusetal besuchen jährlich 1400 Urlauber durch Vermittlung des FDGB und 2300 im betrieblichen Erholungswesen. Der Trusetaler Wasserfall und das Wasserfallfest im Juni jeden Jahres sowie die Veranstaltungen auf der Freilichtbühne und im Kulturhaus — 1953 durch Umbau des ehemaligen Zechenhauses entstanden — bieten den Urlaubern die Möglichkeit einer abwechslungsreichen Freizeitgestaltung.

Trusen (Bild 16), seit 1950 Ortsteil von Trusetal, **L 7**

breitet sich etwa an der Stelle aus, wo sich der Charakter des Trusetals vollständig ändert. Oberhalb des Ortes gleicht die Truse einem Wildbach mit reißender Strömung und starkem Gefälle; sie fließt hier in einem mit Felsbrocken übersäten, tief eingekerbten Bachbett. Unterhalb des Dorfes verbreitert sich die Aue beim Austritt aus dem Gebirge ins Buntsandsteinvorland auf 250 m, und die Hänge steigen nur allmählich an. Infolge des geringeren Gefälles beginnt die Truse nun zu mäandrieren. Der Hauptteil des Ortes liegt in einer Aue und auf randlichen pleistozänen Terrassensedimenten.
1185 gehörte *Drusen* (Namenerklärung s. L 9) wie die umliegenden Siedlungen zum Klosterbezirk von Herrenbreitungen. Die 1482 genannte Pfarrkirche unterstand dem Kloster und war die Mutterkirche für die Dörfer Laudenbach, Elmenthal, Herges, Auwallenburg, Heßles und Wahles. Die jetzige Kirche, ein schlichter barocker Saalbau mit polygonal geschlossenem Chor und Dachreiter mit Schweifhaube, wurde 1744 errichtet. Das Innere birgt einen Grabstein von 1570, aufgestellt für die im Alter von 4 Monaten verstorbene Tochter des Ritters Fuchs von der Wallenburg.
Landwirtschaft und Bergbau waren die Haupterwerbszweige der Bewohner; die meisten von ihnen waren als Grubenarbeiter auf der Mommel (s. L 1) beschäftigt. Im 16. Jh. gab es in Trusen einen Eisenhammer (s. L 4).

L 8 Wallenburg

Auf dem steilen, isolierten Hainberg (1589 *Hain*) erhebt sich über grauen, sehr festen, gneisartigen Glimmerschiefern, die in den gut erhaltenen Befestigungsgräben und als Felsklippen anstehen, der Bergfried der Wallenburg als Rest einer ehemaligen Burganlage. Er hat eine Höhe von 27 m und wurde aus außen flach gewölbten Quadern aus horizontal- und schräggeschichteten, fein- bis mittelkörnigen, meist grauen bis gelblichen und rötlichen Sandsteinen des Unteren Buntsandsteins der Umgebung errichtet. Die Mauerstärke beträgt 2 m. Der Rest eines unterirdischen Ganges, der zum ehemals unterhalb der Burg nach O hin gelegenen Wirtschaftshof führte, wurde 1977 angeschnitten. Wenige darin geborgene Funde, so Keramik und Tierknochen, haben das gleiche Alter wie die Burg.

Chronikalischer Überlieferung in den Annales Reinhardsbrunnenses zufolge wurde die *Waldenburg* 1247 von den Herren von Frankenstein erbaut, die als Hersfelder Lehnsherren die Vogtei von Herrenbreitungen besaßen, zu dessen Klosterbesitz das Gebiet um die Wallenburg gehörte. Ihre Errichtung erfolgte offenbar aus strategischen Gründen, einerseits als Flankendeckung gegen die drohende Umfassung durch die hennebergischen Besitzungen, zum anderen als Deckung für den wichtigen Straßenzug (s. L 6) von Herrenbreitungen zum Rennsteig und weiter nach Thüringen sowie nicht zuletzt zum Schutz der in ihrem unmittelbaren Bereich gelegenen Eisenerzgruben in Richtung auf den Stahlberg (s. M 5) zu. Zum ersten Mal urkundlich erwähnt wird sie als castrum *Waldenburch* 1249, nachdem die erstarkten Frankensteiner den Hainberg in Besitz genommen hatten und dem Kloster nur noch die Oberlehnsherrschaft über die neugegründete Burg überließen, während sie die Wallenburg und das dabei liegende Dorf *Gernoteshagen* (später wüst, s. L 5) nun erblich behielten.

1316 erwarb Fulda eine Burghälfte, die aber bereits 1325 an Würzburg kam, während die andere Hälfte 1330 von Henneberg-Schleusingen angekauft wurde. Als Vögte des Klosters Herrenbreitungen lösten die Henneberger den Burgvogteibezirk aus dem Klosterbesitz und ließen seit 1416 ihren Anteil durch Vögte verwalten, die der Aufsicht des Amtes Schmalkalden unterstanden. Der Würzburger Anteil kam 1520 endgültig auch an die Grafen von Henneberg-Schleusingen, so daß die gesamte Burganlage seitdem hennebergischer Besitz war. Mit dem kleinen, wegen seines Bergbaus wichtigen Burgvogteibezirk, zu dem die Burg und der Wirtschaftshof, das Dorf Aue (s. L 5) zu Füßen der Burg, die Siedlungen Neuendorf (noch 1667, später wüst) und Erzschwinden (im 16. Jh. wüst) südöstlich der Burg gehörten, belehnten die Henneberger 1522/24 den Ritter CHRISTOPH FUCHS, der auch die Gerichtsbarkeit und das Bergwerksrecht in Anspruch nahm. Im Bauernkrieg brannte die Burg 1525 teilweise ab. Nach dem Aussterben des Henneberger Grafenhauses (1583) fiel die Lehnschaft an Sachsen, das sie aber 1588 an Hersfeld abtrat. 1589 erwarb Hessen die Burg mit den dazugehörigen Siedlungen, die in das Amt Schmalkalden eingegliedert wurden, während der Waldbezirk landesherrlicher Forst wurde. 1594 begann Landgraf WILHELM IV. von Hessen-Kassel, Teile der Burg abtragen zu lassen, um Baumaterial für sein neues Schloß Wilhelmsburg in Schmalkalden zu gewinnen. Allein der Bergfried auf der östlichen Burghälfte blieb erhalten. Die

Ruine gehörte von 1866 bis 1945 als Privatbesitz dem Herzog von Sachsen-Gotha. Der Wallenburgshof am Fuße des Burgberges wurde im Dreißigjährigen Krieg (1643) zerstört, bestand im 18. Jh. wieder und verfiel im 19. Jh. endgültig. An der Stelle des Wirtschaftshofes liegt heute die Gaststätte Turmklause. L 8

Truse L 9

Bereits in der Beschreibung der Mark Breitungen von 933 erscheinen die Weiße Truse = *drusanda candida* und die Schwarze Truse = *drusanda nigra* als Richtungspunkte. Offenbar ist die Weiße Truse mit dem westlichen Arm identisch, dessen Quellen am Großen Weißenberg und am Unteren und Oberen Beerberg liegen. Dieser Wasserlauf, das jetzige Gehegswasser, wurde im 19. Jh. auch als Beerbach bezeichnet. Die Schwarze Truse als östlicher Arm heißt heute Inselswasser. Nach dem Zusammenfluß beider trägt der Bach den Namen Truse. Der aufgrund der Endung vorgermanische Flußname enthält im Bestimmungswort wohl mittelhochdeutsch *drusene* = Bodensatz, was vielleicht auf Erzfunde im Flußbett hindeutet. Im 16. Jh. führte der Mittellauf bis zum Dorf Trusen den Namen Laudenbach (s. H 6).
Die 20 km lange Truse entspringt in einer Höhe von etwa 820 m ü. NN. Mit 28,6 ‰ besitzt sie das größte Gefälle aller Nebenflüsse der Werra, in die sie in 248 m ü. NN einmündet. Das Einzugsgebiet der Truse umfaßt 46,2 km². Nach der Vereinigung von Inselswasser und Gehegswasser unterhalb von Brotterode durchbricht der Bach eine enge, durch eindrucksvolle Felsbildungen ausgezeichnete Schlucht, in der sich oft Kaltluftmassen aus den Wiesenflächen des Brotteroder Kessels talwärts bewegen. Das Engtal besteht aus kristallinen Migmatitgesteinen und aus Trusetalgranit. In Steinbrüchen wurden hier der Granit und ein Diorit, letzterer bis in die sechziger Jahre des 20. Jh., als Bausteine gewonnen.
Der Oberflächenabfluß der Truse ist im mittleren Laufabschnitt hoch. Allerdings dämpfen die geschlossene Waldbedeckung und die auflagernden quartären Schuttdecken mit mehr oder weniger grobem Filtergerüst mögliche Extreme. Die mittlere jährliche Gebietsabflußhöhe liegt bei 600 bis 700 mm, die entsprechenden Abflußspenden Mq betragen 19 bis 22 l/s/km². Die Abwässer der Kleineisenindustrie belasten die Truse stark.
Am Ortseingang von Trusetal befindet sich der Trusetaler Wasserfall. Er wurde im Jahre 1865 unter der Leitung des Schmalkalder Regierungsrates Specht für 1400 Taler angelegt. Das Wasser dazu wird unterhalb von Brotterode an einem Stau von der Truse abgezweigt. Der Graben führt mit gleichmäßigem Gefälle am Hübelsberg und am Hallstein vorbei, dann unter der Laudenbacher Straße hindurch und am Öhmigshauk entlang, wo das Wasser nach zwei kleinen Fällen im Hauptfall über von Porphyrgängen durchbrochene Granitfelsen 50 m in die Tiefe stürzt. Mehr als 200 Stufen führen am Wasserfall in die Höhe. In seinem Bereich tritt, als geologische Besonderheit, ein im Wärmehof des Granits rekristallisierter, grobkörniger hornblendearmer Gneis auf. Die Schlucht reicht bis zu der durch Herges-Auwallenburg ziehenden Stahlbergstörung, dem geologischen Südrand des Thüringer Waldes.

L 9 Unterhalb des Ortsteils Trusen fließt der Bach in Mäandern durch einen breiten Wiesengrund des Buntsandsteinvorlandes und ändert beim Eintritt in die Werra-Aue, in einer verschleppten Mündung, die Richtung unvermittelt von SW nach NW.

L 10 Wahles, Kreis Schmalkalden,

erstreckt sich zum größten Teil auf der von holozänen Ablagerungen bedeckten Aue des unteren Trusetales, nur wenige Häuser stehen auf dem Talrand aus Unterem Buntsandstein und den darüberliegenden Terrassensedimenten. Bereits 1185 gehörte der Ort zum ältesten Güterbesitz der Benediktinerabtei Herrenbreitungen. In der Bestätigungsurkunde des Papstes LUCIUS III. erscheint Wahles unter dem Namen *Wales* = des Walos Hof, wobei der Kurzname Walo auf die Vollform Walhraban hindeutet. Durch den Übergang der Vogtei des Klosters an die Grafen von Henneberg im Jahre 1337 wird es im hennebergischen Urbarium von 1340 genannt. Die landesherrliche Amtsorganisation bezog seit 1347 dieses Gebiet als Vogtei Herrenbreitungen in das Amt Schmalkalden ein. Seit 1619 gehörte Wahles zum neugebildeten Amt Herrenbreitungen (Anhang C). 1899 wurde es durch den Bau der Trusebahn über längere Zeit an das Eisenbahnverkehrsnetz angeschlossen (s. L 6).
Wahles ist eine typische Arbeiterwohngemeinde, deren Werktätige nach Trusetal und Schmalkalden pendeln. Im Ort selbst besteht lediglich ein Betriebsteil des VEB Fajas Suhl. Die landwirtschaftliche Produktion besitzt aufgrund der mäßig guten natürlichen Bedingungen Flächen mit einer mittleren Ackerzahl von 29 und einer Grünlandzahl von 41. Die pflanzliche Produktion obliegt der LPG (P) Breitungen, die tierische der LPG Trusetal.

M 1 Pappenheim, Kreis Schmalkalden,

hieß bis September 1945 Kleinschmalkalden und erhielt seinen neuen Namen auf Beschluß der Landesregierung von Thüringen, noch bevor der ursprünglich preußische (vor 1866 hessische) Ortsteil mit dem thüringischen (vor 1920 sachsen-gothaischen), die voneinander durch den Wasserlauf der Schmalkalde getrennt sind, am 1. Oktober 1945 zu einer Gemeinde zusammengeschlossen wurden. Die Umbenennung erfolgte zum Gedenken an den 1934 im faschistischen Konzentrationslager Börgermoor ermordeten Redakteur der sozialdemokratischen „Volksstimme" LUDWIG PAPPENHEIM aus Schmalkalden. An den 1887 geborenen Antifaschisten erinnern Gedenksteine in Pappenheim, Platz der Deutsch-Sowjetischen Freundschaft, und in Schmalkalden auf dem Friedhof.
Kleinschmalkalden war einer der zweiherrigen Orte in der alten Herrschaft Schmalkalden, da im oberen Schmalkaldetal früher landgräflich-thüringischer Besitz über den Rennsteig nach S griff, der im ausgehenden Mittelalter zum sachsen-gothaischen Amt Tenneberg gehörte. Die Schmalkalde bildete hier die Grenze, so daß für sie im 16. Jh. der Begriff Grenzwasser aufkam. Die beiden Ortsteile westlich und östlich des Wasserlaufes entstanden zu verschiedenen

Zeiten. Die Besiedlung erfolgte im 14. Jh. zuerst auf der westlichen, auf der zur Herrschaft Schmalkalden gehörenden Seite, bevor im 16. Jh. der thüringische Dorfteil östlich des Baches entstand. M 1

Kleinschmalkalden kann als Tochtergründung von Brotterode angesehen werden, zu dem die Gemeinde westlich der Schmalkalde gerichtlich und verwaltungsmäßig (Amt Brotterode) gehörte (Anhang C). Ursprünglich war der umfangreiche Wald um den Inselsberg noch gemeinsamer Besitz. Er wurde erst 1743 zwischen beiden Orten im Verhältnis der Einwohnerzahl geteilt.

Den Ausgangspunkt für die Siedlungsentwicklung bildete das sich etwa Mitte des 14. Jh. im oberen Schmalkaldetal festsetzende eisenverarbeitende Gewerbe, das in unmittelbarer Nähe des alten Bergbaugebietes von Brotterode (s. J 1) und der Schürfstätten in Richtung Wallenburg (s. L 6) entstand. Urkundlich werden zum ersten Mal 1378 Eisenschmiede in der *Smalghaldin* erwähnt, auf die die Anfänge der Siedlung zurückzuführen sind. Der Gründung von Eisenhämmern in diesem Gebiet — neben Kleinschmalkalden die bereits um 1340 erwähnten Eisenhämmer in Brotterode und Hohleborn (s. M 4) — folgte die Anlage einer 1425 erstmals genannten Schneidemühle. Das Dorf In der *klein Schmalkalden* wird urkundlich 1465 zum ersten Male so erwähnt. Es lag an der Mündung des Wiebachs in die Schmalkalde. Im Rüstungsregister des Amtes Schmalkalden für 1543 wird seine Mannschaft mit 72 Mann angegeben. 1585 zählte man 92 Haushalte. In der zweiten Hälfte des 16. Jh. gab es in Kleinschmalkalden einen Stahl- und zwei Eisenhämmer, so daß wir mit Recht davon ausgehen können, daß Erzbergbau und Eisenverarbeitung in der älteren Zeit vorgeherrscht haben. Daneben verdienten sich Einwohner als Holzfäller, Schneidemüller und Köhler ihren Lebensunterhalt.

Erst nach 1500 entstand der sachsen-gothaische Dorfteil durch die Ansiedlung eines herrschaftlichen Försters, dem einige Holzhauer und Köhler folgten. 1566 wohnten hier sechs Familien. 100 Jahre später zählte die Gemeinde östlich der Schmalkalde 15 Häuser mit 91 Bewohnern in 16 Haushalten. Sie blieb gegenüber der zur Herrschaft Schmalkalden gehörenden Gemeinde zahlenmäßig immer im Nachteil.

Trotz der politischen Trennung der beiden Dörfer mit gesonderten Gemeindeverfassungen, Gerichtsbehörden und Schulen gab es bis ins 19. Jh. eine gemeinschaftliche Pfarrei. Die Kirche stand auf hessischer Seite. An Stelle der 1569 erbauten hölzernen wurde 1719 eine steinerne errichtet. Die geräumige Saalkirche mit einem der lutherischen Predigtkirche entsprechenden Raum besitzt eine umlaufende Doppelempore und einen freistehenden Altar mit dahinterliegender Kanzelwand. Auf der Ostseite befindet sich zwischen den Fenstern das hessische Wappen. Auf gothaischer Seite entstand 1855 ein separater Kirchbau. Der Schule auf hessischer Seite folgte 1661 eine auf gothaischer.

Die Straße durch den Ort wurde 1835 chaussiert, den gleichen Ausbau erhielten die Landstraßen nach Friedrichroda 1837 und nach Brotterode 1840. Zu den bisherigen Gewerben kamen im 19. Jh. noch die Korbflechterei, die — oft nur im Winter — in Heimarbeit betrieben wurde, sowie die Herstellung von Blasebälgen, Kuhglocken und Vorlegeschlössern. Vorherrschend war die Fabrikation von Korbwaren und von Blasebälgen. Die Korbflechterei ging später in die Anfertigung von Taschen und im 20. Jh. in die von Lederwaren über. An grö-

M 1 ßeren gewerblichen Anlagen arbeiteten 1842 je ein Eisenhammer und Drahthammer (mit Drahtzug und Zainhammer) sowie eine Papiermühle. Die hergestellten Eisen- und Korbwaren wurden durch Kaufleute vertrieben. 1892 erhielt Kleinschmalkalden durch die von Schmalkalden her erbaute Bahnstrecke Anschluß an das Eisenbahnnetz. Die Strecke wurde 1898 bis Brotterode weitergeführt, ist aber seit 1970 stillgelegt (s. J 1).
Bereits um 1900 wurde die landschaftlich reizvolle Lage des Ortes und seiner Umgebung für den Fremdenverkehr entdeckt und für diesen 1908 das Kurhaus Berghotel errichtet. Das Erholungswesen entwickelte sich vor allem nach 1945. Der Urlauberverkehr begann durch den FDGB 1953 in zwei privaten Vertragsheimen. Heute ist Pappenheim Kurort und gewährt im Jahr nahezu 7000 Urlaubern Erholung. Der Freizeit- und Erholungswert des Ortes wird neben der landschaftlichen Schönheit im engen Kerbtal der Schmalkalde, die nördlich des Ortes eine schmale Felsenpartie durchbricht und den Ebersbach und den Wiebach aufnimmt, auch durch das Freibad und die Sportanlagen bestimmt. Für die Naherholung entstand die Bungalowsiedlung im Schneidemühlengrund mit über 70 Gebäuden. Außerdem schufen sich etwa 50 Familien Eigenheime nach 1945. Als gesellschaftliche Bauten wurden das FDGB-Heim Zum Adler rekonstruiert und eine Kinderkrippe mit 24 Plätzen errichtet. 1984 wurde die Gaststätte Wiebachsgrund, Gemeinschaftseinrichtung für die Speisenversorgung der Betriebe und der Schule des Ortes, eröffnet. Außerhalb Pappenheims steht an der Straße nach Friedrichroda seit 1953 die Station Junger Touristen.
Während es bis ins 19. Jh. hinein kaum Feldbau und Viehzucht gab, kam nach 1945 die Landwirtschaft stärker zur Geltung. Die 1958 gegründete LPG Hohe Warte betrieb vor allem Jungrinderaufzucht. Damit im Zusammenhang steht das gegenwärtige Verhältnis zwischen Grünland und Ackerflächen von 3:1. Heute nutzt die LPG (T) Trusetal einen Rinderstall in der Nähe der Waldschenke. Die LPG (P) Schmalkalden bewirtschaftet die Felder und betreibt eine Gärtnerei.
Arbeiteten früher etwa 60% der Werktätigen außerhalb des Ortes, so waren es 1983 nur noch rund 10%. Die vorhandenen 890 Industriearbeitsplätze verteilen sich auf drei volkseigene Betriebe, von denen der VEB Lederwaren mit etwa 500 Beschäftigten der größte ist. Er produziert Taschen, Koffer, Boxen, Geldbörsen und Etuis. Die 260 Werktätigen des VEB Kleinmetallwaren stellen Küchengeräte und Elektroinstallationsmaterial her. Eine Sonderstellung nimmt der VEB Kunstgewerbe mit 130 Beschäftigten ein, der Geweihe, Gehörne und Rehläufe zu Fahrtenmessern, Brieföffnern und Bestecken sowie anderen Souvenirs verarbeitet.
Pappenheim liegt auf der Grenze zwischen dem Ruhla-Brotteroder Kristallinkomplex und dem Rotliegenden des zentralen Thüringer Waldes in einer Höhe von 447 bis 500 m. Der größte Teil des Ortes breitet sich auf Glimmerschiefern mit Magmatitgängen, die am Fuchsstein als Felsen anstehen, und auf Pappenheimer Granit aus. Östlich anschließend folgen Sedimente und Vulkanite der Gehrener, Goldlauterer sowie Oberhofer Schichten. Die flach einfallenden Sandsteine und Schiefertone der Goldlauterer Schichten mit fossilen Koniferenresten (*Walchia*; Abb. 30) sind in einem alten Steinbruch an der Straße nach Friedrichroda aufgeschlossen.

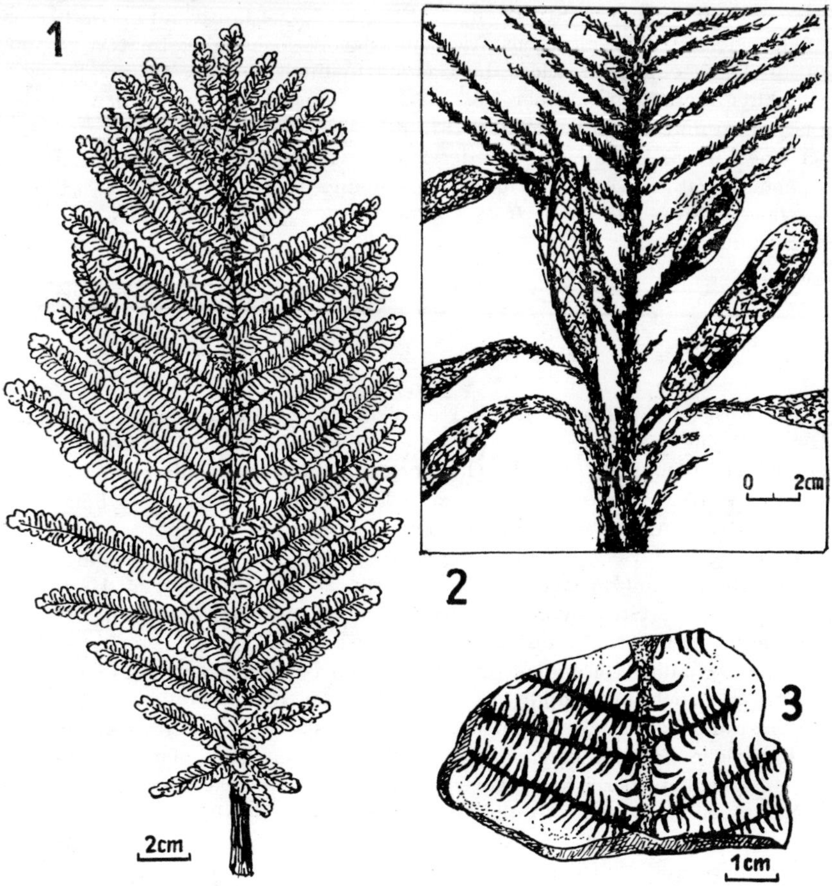

Abb. 30. Pflanzliche Leitfossilien für das terrestrische Rotliegende des Thüringer Waldes (Entwurf W. Steiner)

1 Rekonstruktion eines sterilen Wedels von Callipteris conferta
2 Blühender Zweig von Lebachia (Walchia) piniformis
3 Walchia filiciformis

Hohe Warte M 2

Der 602 m hohe Berg südöstlich von Pappenheim überragt den Ort etwa um 150 m. Er besteht aus Haderholzporphyr (s. M 3). An seinem westlichen Steilhang folgen von oben nach unten Glimmerporphyrit, steinkohlenführende Sedimente der Gehrener Schichten, in denen Schürfversuche im benachbarten Alttal unternommen worden waren, und dann der Granit von Pappenheim.
Auf dem Plateau der Hohen Warte steht seit der Jahrhundertwende ein steinerner Aussichtsturm. Von ihm aus bietet sich ein Blick über Pappenheim ins

M 2 Wiebachtal, in dem die Straße nach Brotterode verläuft, und ins Tal der Schmalkalde mit der Touristenstation und der Waldschenke. Im NW erkennt man am Hang einer Bergwiese die Gaststätte Fuchsbau am Mommelstein (s. J 3), rechts davon den Seimberg (803 m), den Gänseberg (717 m), den Schartekopf (753 m) und die Hohe Scharte (814 m).
Über eine frühere Befestigung auf der Hohen Warte liegt keine Nachricht vor. In einem Rezeß zwischen Sachsen, Hessen und Henneberg vom Jahre 1580 erscheint der Name *Das Hohe Holz*, aber erst im 17. Jh. taucht die Bezeichnung *Hohewart* auf.

M 3 Haderholzstein

1,5 km südöstlich von der Hohen Warte erhebt sich der etwa 730 m hohe Haderholzstein. Seine mächtige Wand aus meist dichtem, rötlichbraunem, plattig abgesondertem Quarzporphyr der Gehrener Schichten mit wenigen kleinen Einsprenglingen besteht aus mehreren, zum Teil grotesken Felsen, so dem 70 m hohen Haderstein und den Münzsteinen. Kleine Felsen durchragen den gesamten Hang. Der Berg gewährt eine weite Aussicht ins Gebirge, in die Täler der Schmalkalde und der Werra und weiter bis zu den Rhönbergen. Umflossen wird der Sporn des Steins vom Weihersbach im W und vom Tambacher Wasser im O und S, die unterhalb des Gakensteins zusammenfließen.
Über eine ehemalige Burganlage auf dem Haderholzstein ist urkundlich nichts bekannt, und auch im Gelände lassen sich keinerlei Reste erkennen. Bei der in einer Felswand befindlichen Münzhöhle könnte es sich möglicherweise um eine mittelalterliche Falschmünzerei handeln, doch stehen auch hier Beweise aus. Der als Falkenberg bezeichnete gegenüberliegende Felsrücken ist an seiner östlichen Längsseite mit Erdwall und Graben verbunden, so daß es sich hier möglicherweise um eine kleine befestigte Anlage gehandelt haben kann, zumal an ihr eine alte Straße vorbei zum Kamm des Gebirges führte. Dieser Zug von Floh über das Tambacher Feld zum Rennsteig ist 1535 als Weinstraße (= Wagenstraße) bezeugt und stellt einen Teil der Hohen Straße (s. S 5) dar.
Der Forstort Haderholz stand im 15. und 16. Jh. im Mittelpunkt von Grenzstreitigkeiten zwischen den benachbarten Landesherrschaften Sachsen, Hessen und Henneberg, die ihm den charakteristischen Namen gaben. Zuvor hieß der heute als Haderholzstein bezeichnete Berg Tamberg.
Eine Sage erklärt die Entstehung des Namens auf ihre Weise. Danach gab es hier einst zwei Burgen, die eine auf dem Haderholzstein, die andere auf dem Falkenberg. Beide Adelsgeschlechter, in deren Besitz sie sich befanden, waren untereinander verfeindet. Diese Feindschaft ließ die Liebe zwischen der Tochter des einen und dem Sohn des andern im Unglück enden. Auf der Suche nach ihrem Liebsten erscheint nun alle sieben Jahre das Mädchen nachts als eine weiße Frau.

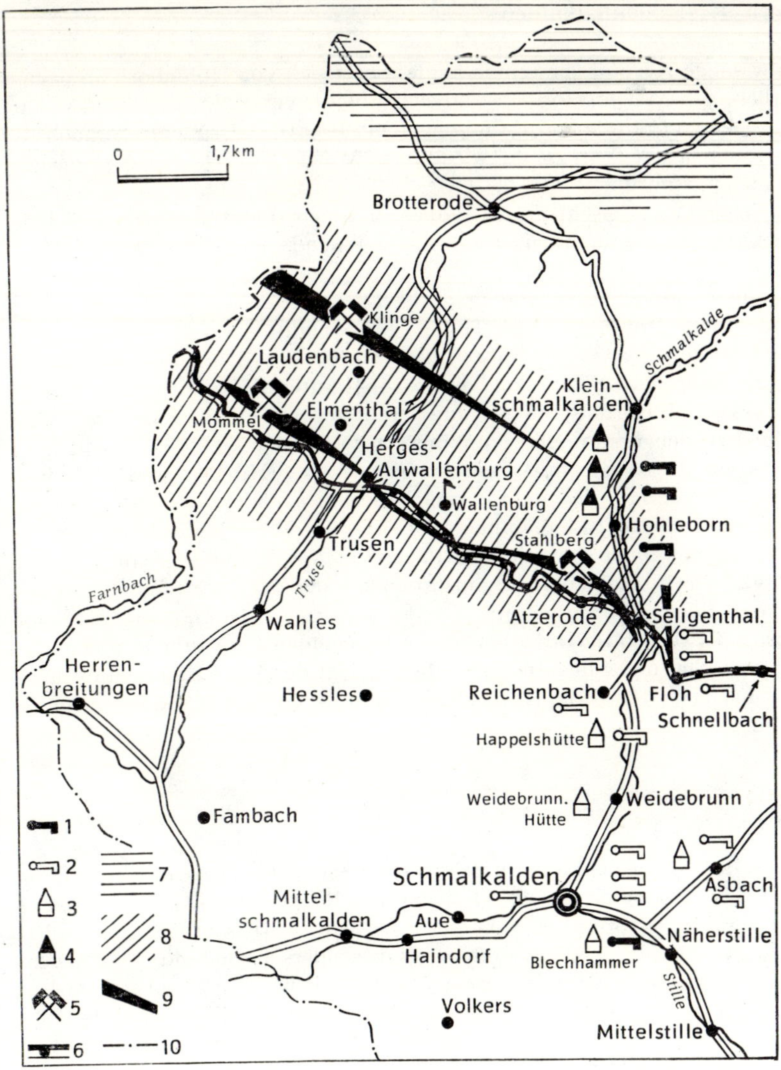

Abb. 31. Verbreitung des Eisenerzbergbaus, Hütten- und Hämmerwesens im Kreis Schmalkalden um 1820 (Ausschnitt, nach Lohse 1955)

1 Eisenhammer
2 Stahlhammer
3 hoher Blauofen
4 niedriger Blauofen
5 Eisenerzbergwerk
6 Eisensteinstraße
7 früheres Bergbaugebiet
8 Bergbaugebiet
9 manganhaltige Eisenerzlagerstätten des Klinger Gangzuges und der Stahlberg-Mommeler Störung
10 Grenze des Kreises Schmalkalden

M 4 **Hohleborn,** Kreis Schmalkalden

Das steilwandige Kerbtal der Schmalkalde weitet sich von Hohleborn an nach S beträchtlich. Das trichterförmige Aussehen wird verstärkt durch das Auseinandergehen von Straße und Bahnlinie, die in Richtung Pappenheim noch eng nebeneinander liegen. Verursacht wird dieser Wechsel durch den geologischen Untergrund. Der nördliche Teil des Ortes dehnt sich auf Glimmerschiefern und feldspatreichen Paragneisen aus, der südliche dagegen auf einer holozänen Talaue mit benachbarten Sedimenten des Zechsteins und des Unteren Buntsandsteins.

Ausgangspunkt der Siedlung, die 1340 als *Holnburn* – herzuleiten aus einem Flurnamen Beim Brunnen in der Hohle – erstmalig erwähnt wird, war ein Eisenhammer, der bereits zu dieser Zeit bestand. Im 16. Jh. lieferten zwei Eisenhämmer ihr Eisen nach Schmalkalden, im 18. Jh. drei niedrige Blauöfen an die im Ort ansässigen Kettenschmiede und Drahtzieher. Die Blauöfen waren im Unterschied zu den ursprünglichen Windöfen mit einem Gebläse versehen, zu dessen Antrieb die Wasserkraft genutzt wurde. Der Hütten- und Hammerbetrieb kam im Verlauf des 19. Jh. zum Erliegen, nachdem noch 1832 an gewerblichen Anlagen drei Eisenhämmer (Abb. 31), eine Schmelzhütte, zwei Drahthütten, ein Zainhammer sowie je eine Papier- und Mahlmühle gezählt worden waren. 1892 wurde Hohleborn Bahnstation an der Strecke Schmalkalden–Kleinschmalkalden (Pappenheim).

Hohleborner Erwerbstätige arbeiten in den Gemeinden Pappenheim und Brotterode, Seligenthal und Floh. Im Ort selbst verfügt der VEB Kleinmetallwaren Pappenheim über 70 Arbeitsplätze und bestimmt damit das Produktionsprofil der Gemeinde.

M 5 **Stahlberg**

Am Südfuß der vorwiegend aus Buntsandstein bestehenden 624 m hohen Kammerkuppe, 1,5 km westlich von Hohleborn gelegen, streicht die NW–SO orientierte Stahlbergstörung (s. L 1) aus. Eine Grabenstruktur 100 m nördlich davon erwies sich für den Erzbergbau als besonders bedeutend. Die Lagerstätten zeichneten sich durch ihre große Mächtigkeit und die gute Qualität des Erzes vor allen anderen aus. Geologisch handelt es sich um eine schmale Scholle kalkiger Zechsteinsedimente, von denen besonders der Plattendolomit in Erz umgewandelt wurde. Aus dem gelblichen Spateisenstein (Siderit) ging häufig Brauneisenstein hervor. Dem maximalen Eisengehalt von 37 bis 52% steht ein durchschnittlicher Mangangehalt von 6% gegenüber. Gelegentlich sind die Eisenerze von Schwerspattrümern durchsetzt.

Über den Beginn des Abbaus gibt es keine Nachrichten. Die ersten Abbaufelder waren die im westlichen und östlichen Teil des Gebirgsarmes zutage ausgehenden Erzlager. Auf der westlichen Seite lagen im Gebiet der Wallenburg die Bergbaureviere ‚Dachslöcher' und ‚Erzschwinde' (s. L 6), die bereits Mitte des 18. Jh. erschöpft waren. Im östlichen Teil des Stahlberges arbeitete das Bergwerk zu Atzerode (s. P 1). Infolge der zersplitterten Besitzverhältnisse und der unwirtschaftlichen Betriebsarten herrschte zunächst der Raubbau vor. Erst seit der Mitte des 18. Jh. kam es zu einem einheitlichen Stollenbetrieb, als sich die verschiedenen Gewerkschaften nach und nach zusammenschlossen. Bereits seit 1685 legten landesherrliche Restriktionsordnungen jährliche Fördermengen fest. Von 1740 bis 1760 bildeten sich drei Hauptreviere heraus: das Simonsberger, das Neuberger und das Brüderschächter Revier. Nachdem sich die drei bis dahin selbständigen Gewerkschaften 1826 zur Stahlberger Gewerkschaft vereinigt hatten, verbesserten sich die Möglichkeiten für einen systematischen Abbau. Allerdings verhinderte bis 1866 die hessische Berggesetzgebung eine freie kapitalistische Entwicklung. Der Anschluß an Preußen brachte eine Neuordnung der Betriebs- und Verwaltungsverhältnisse mit sich. M 5

In den Jahren 1921/23 streikten die Bergleute mehrmals um bessere Löhne, Durchführung von Sicherheitsvorkehrungen und Arbeitsschutzmaßnahmen sowie um günstige Arbeitsbedingungen. Weil von der Zechenleitung Kurzarbeit angeordnet wurde, mußten zahlreiche Arbeiter durch zusätzliche Tagelöhnerarbeit und durch Führen eines kleinen Landwirtschaftsbetriebes ihren Lebensunterhalt bestreiten (KRUG 1974).

Da die Besitzanteile bei den einheimischen Hütteninhabern lagen, beschränkte sich der Absatz zunächst ausschließlich auf die im Kreisgebiet vorhandene Hüttenindustrie, die 1924 aufgegeben wurde. Die Grube Stahlberg arbeitete bis 1945, ihre Eigentümer wurden 1946 enteignet. Nach der Überführung in Volkseigentum nahm man sie 1948 wieder in Betrieb und vereinigte sie mit den Gruben ‚Klinge' und ‚Arminius' zum VEB Eisenmanganerzbergwerke Schmalkalden. Heute dient sie als Lehrstollen zur Ausbildung von Bergleuten.

Breitungen, Kreis Schmalkalden N 1

Geschichte N 1.1

Die 933 als *Bretinga* bezeugte Siedlung liegt als Ort in der *Breite* an der Stelle, wo die Werra-Aue mit 2 km ihre größte Ausdehnung erreicht. In Breitungen, einem alten politischen und kulturellen Mittelpunkt, sind mehrere Siedlungen zu unterscheiden, die seit dem Hochmittelalter unterschiedliche Entwicklungen genommen haben. Wohl noch in vorfränkische Zeit geht Altenbreitungen zurück, das 1137 als *Vetus Bredinge* und 1183 als *Aldenbreidingen* genannt wird. Links der Werra tritt 1137 Frauenbreitungen mit seinem besonderen Namen *Königsbreitungen* („*Bredinge*, quod dicitur regis, fluminis Wirrahe positum") auf. Es war Sitz eines Königshofes, der aus der Zeit der fränkischen Landnahme im 7. oder 8. Jh. zu stammen scheint, und einer bei der Kolonisation gegründeten Urpfarrei, die zum Erzbistum Mainz gehörte. Deshalb war Frauenbreitungen ursprünglich nicht fränkisch, sondern thüringisch. Die zum Königshof zählende Burg lag auf dem Steilhang rechts der Werra und erscheint 1183 als *Burcbreitungen*. Hier befand sich ein altes Benediktinerkloster, weshalb der Ort seit dem Hochmittelalter Herrenbreitungen hieß.

Die Siedlung Breitungen ist zur Sicherung des Werraübergangs entstanden. Schon 1137 wird hier eine Brücke genannt. Über Königs-(= Frauen-)Brei-

N 1.1 tungen und Burg-(= Herren-)Breitungen liegen mehrere Urkunden vor, die zumeist Fälschungen des 12. Jh. sind. Die Forschung hat es große Mühe gekostet, aus diesen den wahren Kern herauszuschälen. Zunächst besitzen wir eine wichtige, auf König HEINRICH I. zurückzuführende gefälschte Urkunde von 933 aus der Mitte des 12. Jh., gleichzeitig die älteste Urkunde unseres näheren Untersuchungsgebietes überhaupt. Der König vertauschte darin Reichsgut in Breitungen an die Reichsabtei Hersfeld. Die Tatsache selbst ist unbestritten, Bedenken erregten aber die in der Urkunde aufgeführten Grenzen der Mark Breitungen, also des hier liegenden Herrenlandes, die im wesentlichen mit denen der Urpfarrei zusammenfielen. Diese Grenzen wurden zunächst als Hauptursache der Fälschungsaktion im Streit zwischen Frauen- und Herrenbreitungen um die Pfarrechte angesehen und dem 12. Jh. zugewiesen, in das die Urkunde ihrer Schrift nach gehört. Neuerdings ist aber zu Recht festgestellt worden, daß die deutschen Namen in der Grenzbeschreibung nicht der Sprache des 12., sondern des 10. Jh. angehören und folglich auch die Grenzbeschreibung schon einer echten Urkunde von 933 entnommen sein muß.

Der Pfarrer von Königsbreitungen und der Freie — im Unterschied zum Lehnsinhaber oder Dienstmann — DIETRICH errichteten in Frauenbreitungen ein Hospital, das 1137 der Abt von Hersfeld genehmigte. Die Pflege übernahmen Prämonstratenserinnen, während sich Prämonstratenser-Chorherren, die aus Veßra kamen, neben der Kirche niederließen. Der Prämonstratenserorden, dessen Zentrale in Prémontré bei Coucy nahe Reims lag, war eben erst gegründet worden. Er bemühte sich, die Seelsorge der nahe liegenden Pfarreien an sich zu ziehen, was im Falle von Breitungen auch gelang. Das Stift wurde 1165 und 1183 durch Kaiser- und Papstprivilegien gestärkt, die Chorherren verließen aber bald den Ort. Königsbreitungen blieb seitdem nur noch ein Chorfrauenstift, weshalb der Name in Frauenbreitungen — 1285 *Vrowinbreithingin* — verändert wurde.

Als am Ende des 12. Jh. das Breitunger Gebiet in die Ausweitungsbestrebungen der Landgrafen von Thüringen geriet, wurde im heutigen Frauenbreitungen eine Stadtgründung vorbereitet. Schon Kaiser HEINRICH V. hatte 1114 eine Markterhebung vorgenommen, und 1189 erscheint Breitungen unter den landgräflichen Städten. Auch der um 1200 erfolgte Neubau der Marien-Urpfarrkirche mag von den Landgrafen als Stadtkirche angeregt worden sein. Der Vorstoß der Landgrafen in das Werragebiet östlich von Salzungen scheiterte aber schon 1192, so daß Hersfeld hier zunächst die Oberhand behielt.

Zu den weit ausgedehnten Besitzungen des Stiftes Frauenbreitungen gehörte auch Altenbreitungen. Trotz des Machtstrebens gelang es aber nicht, eine geschlossene Grundherrschaft zu errichten. Vögte des Klosters waren die von den Herren von Stein abstammenden Herren von Frankenberg, die auf der Burg bei Helmers, 4 km südwestlich von Breitungen, saßen. 1301 übten die Grafen von Henneberg die Vogtei über Frauenbreitungen aus. Die Prämonstratenserinnen wurden 1514 durch Benediktinerinnen der Bursfelder Kongregation ersetzt.

Bei der hennebergischen Reformation hob man das Stift, das bereits im Bauernkrieg weitgehend zerstört worden war, 1542 auf. Sein Besitz kam an die landesherrliche Grundherrschaft. Aus dem alten landesherrlichen Besitz und dem ehemaligen Klostergut entstand das Amt Frauenbreitungen (Anhang C), das bei der hennebergischen Teilung 1660 zunächst an Sachsen-Gotha, 1680 aber an Sachsen-Meiningen fiel. Aus dem Wirtschaftshof ging eine landesherrliche Domäne hervor, die 1834 ein in Frauenbreitungen bestehendes Rittergut an sich zog, aber schon 1849 an Bauern verkauft wurde.

Während Altenbreitungen bis zum Anfang des 20. Jh. eine ausschließliche Agrargemeinde mit landwirtschaftsbezogenem Handwerk blieb, zog in Frauenbreitungen seit Anfang des 19. Jh. die Industrie ein. Anknüpfend an den Tabakanbau, entstand 1804 eine Tabakfabrik, die zwar bald wieder einging, aber schon 1809 im Rußwurmschen Hof eine Nachfolgerin fand. Seit 1875 gab es noch die Tabakfabrik von Otto Engel. Als im 19. Jh. die Leine- und Barchentweberei unterging, wurde Tabakverarbeitung auch im Hausgewerbe betrieben. Einen wirklichen Industrieaufschwung erlebte Frauenbreitungen aber erst seit 1897, als die Metallwarenfabrik Scharfenberg Teubert — seit 1929 GmbH — gegründet wurde. Sie stellte hauptsächlich Metallbügel für Lederwaren her und beschäftigte 1905 bereits 398, 1913 schon 689 und 1939 etwa 1000 Arbeiter.

Als 1912 die Thüringische Elektrizitäts-Lieferungs-Gesellschaft AG in Gotha, eine Tochtergesellschaft des AEG-Konzerns, die Elektrifizierung des nordwestlichen Thüringer Waldes und seines Vorlandes übernahm, errichtete sie auf der Basis von Dampfturbinen das Kraftwerk Breitungen. Dieses versorgte bald 12 Städte sowie 152 Landgemeinden mit Strom. Zur Sicherung der Lieferkapazität wurde das Werk 1923 an das Großkraftwerk Borken südlich von Kassel und an das entstehende thüringische Verbundnetz angeschlossen.

Altenbreitungen und Frauenbreitungen wurden 1840 zu einer Gemeinde unter dem Namen Alten- und Frauenbreitungen zusammengeschlossen. Ihre Umbenennung in Breitungen (Werra) erfolgte 1925. Die Hinzunahme von Herrenbreitungen war erst mit der Eingliederung der preußischen Gebiete in Thüringen möglich und erfolgte 1950.

Durch die Industrialisierung erhielt Breitungen einen städtischen Einschlag. Während um 1890 noch Hunderte Werktätige Arbeit in Wernshausen, Schweina und sogar in Ruhla suchen mußten, trat im 20. Jh. eine umgekehrte Pendelbewegung ein. Das Einzugsgebiet erstreckte sich nunmehr über Herrenbreitungen, Wernshausen und die Orte im Rosagrund.

In der Zeit der Weimarer Republik herrschten in Breitungen die bürgerlichen Parteien vor, besonders der Thüringer Landbund, aber seit 1924 erstarkte auch die KPD.

Herrenbreitungen

Die Burg Breitungen, mit Sicherheit zuerst Königsbesitz, stellte den militärischen Mittelpunkt der Breitungen-Siedlungen dar. Die urkundliche Überlieferung ist dürftig, aber Ausgrabungen 1910/11 haben eine größere Burganlage aus der ersten Hälfte des 10. Jh. nachgewiesen. Die Burg muß dann an die Grafen von Weimar gefallen sein, die auch sonst über grundherrliche Rechte in Westthüringen verfügten. Nur so läßt sich erklären, daß sie sich seit 1112 im Besitz der Weimarer Erben, der askanischen Grafen von Orlamünde, befunden hat. In der Burg bestand ein Benediktinerkloster, das offenbar eine Gründung der Grafen von Weimar war und bis ins 10. Jh. zurückgeht. Das Kloster wird

N 1.1 erstmals 1048 als monasterium Breitungen genannt. Wie in Frauenbreitungen ist die Urkundenüberlieferung auch hier mit manchen Fälschungen durchsetzt. So stellt die auf Kaiser OTTO I. ausgestellte Urkunde zwischen 962 und 973 über die angebliche Gründung des Klosters zu Zeiten HEINRICHS I. eine Fälschung ohne echte Vorlage dar. Auch die im 18. Jh. noch vorhandene Weiheinschrift von 1112 bezieht sich nicht auf das Kloster, sondern nur auf einen Neubau der Klosterkirche. Vermutlich war der langjährige Streit zwischen Frauen- und Herrenbreitungen um die Pfarrechte in Herrenbreitungen im 12. und 13. Jh. die Ursache der Fälschungen. Die Benediktiner in Herrenbreitungen verfügten über gute Beziehungen zur Abtei St. Peter in Erfurt und fälschten mit deren Hilfe eine Urkunde auf Erzbischof HEINRICH I. von Mainz, die ihnen Tauf- und Begräbnisrechte, also wesentliche Pfarrbefugnisse, in Herrenbreitungen zuweisen sollte.

Im Bemühen, am Ende des 12. Jh. die Landesherrschaft im Breitunger Gebiet zu erreichen, standen sich die Landgrafen von Thüringen und die Äbte von Hersfeld gegenüber. Die Landgrafen errangen spätestens 1187 die Vogteirechte über Herrenbreitungen. Zur Erlangung Hersfelder Lehens in Hessen traten die Landgrafen aber schon 1192 Herrenbreitungen samt Vogtei an Hersfeld ab, das das Kloster nunmehr als sein Eigentum betrachtete. Die Abtei Herrenbreitungen erwirkte dann, wiederum gestützt auf ihre Verbindungen zur Abtei St. Peter in Erfurt, einen günstigen Schiedsspruch des Erzbischofs SIEGFRIED von Mainz, der die Hersfelder Rechte an Herrenbreitungen lediglich auf eine formale Lehenshoheit beschränkte. Die Vogtei fiel im 13. Jh. an die Herren von Frankenstein, durch Erbschaft an die Herren von Salza (Langensalza) und ging schließlich 1337 an das erstarkende Henneberg über.

Die Grundherrschaft der Abtei Herrenbreitungen war ein nahezu geschlossener Komplex um Herrenbreitungen. Zu ihm gehörte zunächst auch Wernshausen. Hier übernahm man wie in Frauenbreitungen bei Fortschreiten des Zerfalls des Mönchtums die Regel der Bursfelder Reformkongregation, einer Vereinigung von 75 Benediktinerklöstern mit strenger Beachtung der Benediktinerregel. Das Kloster wurde nach der hennebergischen Reformation 1553 aufgehoben, und sein Besitz kam an den Landesherrn. Die Vogtei blieb bis dahin den Grafen von Henneberg. Nach Aussterben der Grafen fiel Herrenbreitungen ganz an die Landgrafen von Hessen-Kassel.

Herrenbreitungen war zunächst ausschließlich Agrargemeinde. Schon im 18. Jh. gewann aber das Handwerk immer größeren Eingang, und auch die Dorfarmut vermehrte sich. So waren 1768 von den 79 Familien nur noch 12 Bauern, dagegen 16 Handwerker, 9 Gastwirte und Händler sowie 38 Tagelöhner. Vor dem zweiten Weltkrieg arbeitete nur noch ein Drittel der Bewohner in der Landwirtschaft, zwei Drittel waren in der Industrie beschäftigt.

N 1.2 Kunstgeschichte

Die Bauzeit der Kirche des Benediktinerklosters in Herrenbreitungen liegt um 1100. Am Langhaus der ursprünglich dreischiffigen Basilika (Bild 18) weisen Bauspuren auf einen Westchor oder eine Vorhalle hin. Durch Grabungen von

1911 konnten das Querschiff und ein dreischiffiges Presbyterium (Chorraum) mit drei parallelen Apsiden festgestellt werden. Die sparsame Bauornamentik kennzeichnet die Kirche als zur Hirsauer Bauschule — benannt nach dem schwäbischen Kloster Hirsau — gehörig, die Ostpartie war ursprünglich ornamental reicher ausgestattet. 1640 nahm das Bauwerk beim Abzug der Schweden schweren Schaden und verfiel seit dem 19. Jh., so daß 1901 die südliche Seitenschiffwand aus alten Steinen neu aufgeführt werden mußte. Die Kirche bildet mit der Schloßanlage eine bauliche Einheit. Die Klostergebäude wurden nach der Säkularisation zum hennebergischen Residenzschloß umgestaltet. Romanische Reste befinden sich noch im Hauptflügel, in der Torhalle und im östlich anschließenden Trakt. In der Südost- und Nordostecke sind runde Treppentürme angeordnet. Die weiträumige Anlage knüpft an die spätgotische Bautradition an, wie es die langen Reihen der paarweise gruppierten Vorhangbogenfenster belegen. N 1.2

Im südlichen Vorgelände des Schlosses liegt die Dorfkirche, 1731/35 an Stelle einer romanischen Kapelle und unter Einbeziehung des Turms errichtet. Sie besitzt eine reiche barocke Ausstattung und einen Rokokoorgelprospekt.

In Frauenbreitungen wurde die ursprünglich romanische Klosterkirche gotisch überbaut und 1615 in eine flachgedeckte Saalkirche umgewandelt. Am Turm befinden sich romanische Zwillingsfenster, am Langhaus hingegen hohe Spitzbogenfenster mit teilweise zierlicher Maßwerkeinteilung. Der geradegeschlossene Chor ist mit Kreuzrippengewölbe überspannt. Die Kirche besitzt einen Schnitzaltar von 1518 mit Marienkrönung im Mittelschrein und Darstellungen aus dem Marienleben nach Kupferstichen Martin Schongauers in den Seitenflügeln. Die Arbeit stammt aus einer fränkischen Werkstatt und gehört zu den besten Beispielen spätgotischer Kunst.

Im Ort haben sich einige typische Fachwerkhäuser erhalten, so Amtsstraße 27a/b von 1606 (Rußwurmsches Haus) und Marktplatz 2 aus der Mitte des 17. Jh. Weiterhin enthält die Denkmalliste des Kreises Schmalkalden die Häuser 1, 4, 5, 6, 7 und 8 am Marktplatz im Ortsteil Frauenbreitungen sowie Am Kloster 4 und die Tabakfabrik mit ihren Nebengebäuden Am Kloster 8. Vom Ortsteil Altenbreitungen seien die ehemalige Fabrikantenvilla der Firma Döhrer und das Haus Eisenacher Straße 37 genannt.

Das herzoglich-meiningische Jagdhaus wurde um 1890 errichtet und 1974 vom Pleß bei Bad Salzungen auf den Heuberg bei Breitungen versetzt. Dieser Fachwerkbau im englischen Landhausstil (Bild 19) enthält im Inneren Temperamalerei (Walpurgisnacht) des „Theaterherzogs" Georg II. von Sachsen-Meiningen. Nach Umgestaltung dient das Gebäude jetzt als Naherholungsgaststätte Seeblick.

Volkskunde N 1.3

Breitungen feierte das wichtigste Fest des Jahres, die Kirmes, in der Zeit zwischen dem ersten Mittwoch im Oktober und dem darauffolgenden Freitag. Der sich anschließende Sonntag wurde als Nachkirmes begangen. Die Vorbereitungen begannen frühzeitig. Bereits zwei Wochen zuvor gab es den Kir-

N 1.3 mesmarkt, doch der erste wichtige Höhepunkt war der Vortag, der Kirmesheiligabend. Er wurde bestimmt von dem Putzen der Häuser und dem Kuchenbacken — Aufgaben der Frauen und Mädchen — und dem Herrichten der Tanzplätze und Aufrichten der Maibäume, auch Maien genannt — der Arbeit der männlichen Jugend.

Am Mittwoch, an dem die Arbeit völlig ruhte, ging es zunächst in die Kirche; nach dem anschließenden Mittagessen folgten der Umzug durch das Dorf und darauf der Plantanz im Freien. Bei den festlich in Trachten gekleideten Mädchen und jungen Frauen fiel vor allem die Zackenmütze auf, die auch Tanzmütze genannt wurde. Sie war oben mit bunten Läppchen benäht und ringsum mit hohen Spitzen — Zacken genannt — besetzt. Von ihr herab fielen lange schwarze Seidenbänder. Die jungen Männer trugen zur langen schwarzen Tuchhose eine hochschließende seidene Weste, die kurze Jacke, weißwollene Strümpfe und die Pelzmütze, vereinzelt auch eine Tuchkappe. Musik, Gesang und vor allem der Tanz bestimmten die Kirmestage, wobei Essen und Trinken nicht zu kurz kamen. Die ältere Generation beteiligte sich an dem Geschehen zumeist erst abends.

Am Sonnabend — die eigentliche Kirmes war vorbei — führten die Bauern, begleitet von der Dorfmusik, die mit Girlanden geputzten Hammel durch den Ort, die anschließend geschlachtet und am Abend verzehrt wurden. Dazu hatten die Mädchen Brot und Salat zu spenden; sie durften mit ihren Kirmesburschen am Essen teilnehmen. Kennzeichnend für diesen Tag war, daß nicht getanzt wurde.

N 1.4 Wirtschaftliche Entwicklung nach 1945

Die Errichtung der antifaschistisch-demokratischen Ordnung beseitigte auch in Breitungen den Großgrundbesitz. Die Urkunden wurden am 20. November 1945 an die neuen Landnehmer überreicht. Seit 1948 entstanden im Rahmen des Bodenreform-Bauprogramms Neubauerngehöfte, und zur technischen Hilfe für die Neubauern errichtete man eine Maschinenausleihstation (MAS) für das Gebiet um Salzungen, jetzt Kreisbetrieb für Landtechnik. Seit 1960 arbeiten alle Bauern von Breitungen genossenschaftlich. Umfangreiche Stallbauten entstanden 1963 und 1968. Auch 1968 vereinigten sich alle drei LPG in Breitungen zur LPG (P) Thomas Müntzer, der größten des Gebietes. Die Genossenschaftsbauern bauen vor allem Roggen, Kartoffeln und in geringem Umfang Weizen an. Typisch für Breitungen ist ein hoher Anteil von gärtnerischen Freiland- und Gewächshauskulturen. Tabak wird auf einer Fläche von über 50 ha angepflanzt und im Ort aufbereitet.

Die Metallwarenfabrik Scharfenberg & Teubert wurde 1945 sequestriert und 1948 als VEB Metallwarenfabrik Breitungen in Volkseigentum übergeführt. Er ist heute der größte Betrieb des Ortes mit 770 Beschäftigten und produziert Lederwarenbeschläge, Flaschenverschlüsse und Autoscheibenwaschanlagen. Eine annähernd gleiche Anzahl von Werktätigen arbeitet im VEB Leuchtstoffwerk, Betriebsteil Breitungen, im VEB Plaste Breitungen, einem Zulieferbetrieb für Massenbedarfsgüter, und im VEB Metallverarbeitung, Betriebsteil Breitungen.

Darüber hinaus wird das industrielle Bild des Ortes wesentlich durch den VEB Energieversorgung Kraftwerk Breitungen bestimmt. Damit bildet Breitungen ein regionales Zentrum der Elektroenergie- und Fernwärmeversorgung. N 1.4

Nach der Gründung einer Arbeiterwohnungsbaugenossenschaft errichtete man 1962 insgesamt 108 Wohnungen und 1982/83 weitere 206 am Ringelsweg. Zur medizinischen Betreuung wurde schon 1949 das Landambulatorium eröffnet. Die Polytechnische Oberschule I im Ortsteil Frauenbreitungen ging bereits 1956 zur zehnklassigen Oberschulbildung für Breitungen, Fambach und Schwallungen über, sie erhielt 1968 einen Neubau. Die POS II in Herrenbreitungen folgte 1963 mit der zehnklassigen polytechnischen Oberschulbildung.

Auch auf kulturellem Gebiet wurden beim Aufbau des Sozialismus große Fortschritte erzielt. Kulturhäuser entstanden 1951 bei der Metallwarenfabrik und 1954 beim Kraftwerk. Eine bedeutende Leistung zum Umweltschutz war die Rekultivierung der Aschenhalden des Elektrizitätswerkes zu einem 1967 unter Naturschutz gestellten Naherholungszentrum (s. N 2).

Naturschutzgebiet Breitunger Seen N 2

Die Werra-Aue erreicht um Breitungen mit 1,5 km ihre größte Breite. Die Entstehung der Aue hängt mit den im Untergrund liegenden Salzen des Zechsteins zusammen, die ausgelaugt wurden und eine Reihe größerer Senken bildeten (Abb. 32). Diese Vertiefungen wurden in der Regel mit pleistozänen und holozänen Kiesen und Sanden der Werra zugeschüttet. Die Aufschlüsse der Kieswerke Breitungen und Immelborn lassen die Zusammensetzung des geologischen Untergrundes gut erkennen. Es handelt sich um Auensedimente und quartäre Kiessande.

Nur besonders junge und intensive Einbruchs- und Senkungsräume blieben an der Oberfläche sichtbar und bilden heute Seen. Die größten von ihnen sind die beiden Breitunger Seen, der Vorder- und der Hintersee. Beide sind durch einen schmalen, stark mit Schilf verwachsenen Graben, den sogenannten Fischgang, miteinander verbunden. Die freie Wasserfläche umfaßt bei hohem Wasserstand etwa 20 ha. Dieses Areal wurde zusammen mit dem Verlandungsgürtel, mit Teilen der umliegenden Wiesen- und Sumpfflächen sowie der rekultivierten, 12 ha großen Aschenhalde westlich des Fischganges 1967 zum NSG erklärt, das insgesamt 76 ha umfaßt. Die maximale Tiefe der Seen beträgt 9 m. Die Gewässer stehen über den Lachengraben und den hohen Grundwasserstand der Talaue mit der Werra in Verbindung.

Die klimatischen Verhältnisse werden durch die Lage des Werratales zwischen Thüringer Wald und Rhön bestimmt. So betragen die jährlichen Niederschläge nur 630–650 mm, mit veranlaßt durch die Leewirkung der Rhön.

Die Bodenentwicklung verläuft zur Niedermoorverlandung. Außer Flachmoorböden sind Moorgleye, mineralische Gleye und verschiedene Auenböden zu beobachten (Handbuch der Naturschutzgebiete der DDR 1974). Die Vegetation und ihre Verteilung werden in erster Linie von den zonenförmig um die Gewässer vorhandenen unterschiedlichen hydrologischen Bedingungen be-

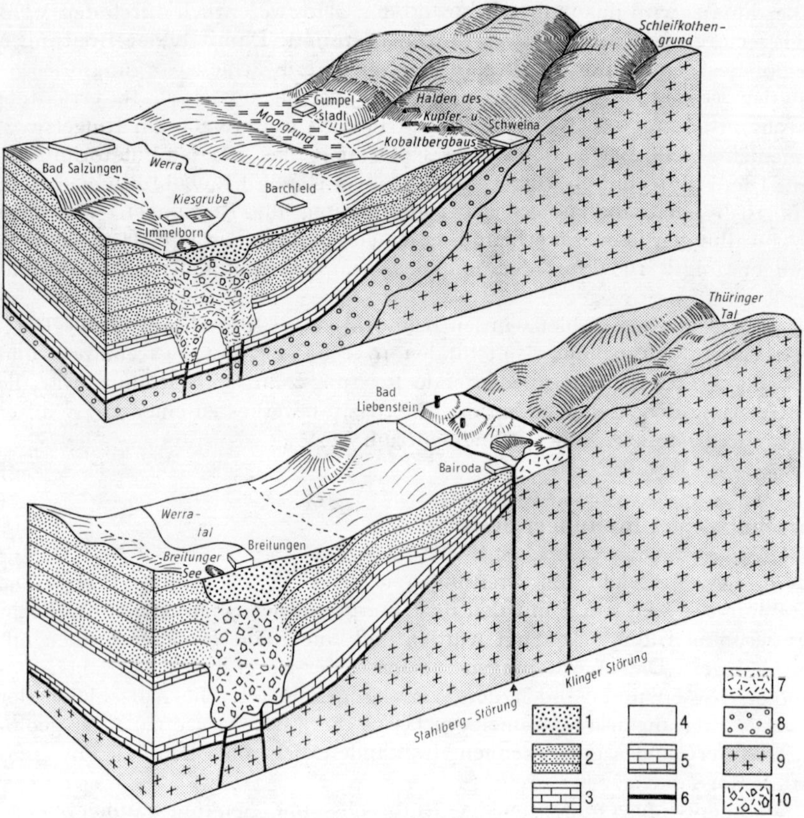

Abb. 32. Geologischer Aufbau des Werratales und des Randes des Thüringer Waldes um Bad Liebenstein (nach WAGENBRETH u. STEINER 1982)

1 Quartärer Werrakies
2 Buntsandstein
3 Plattendolomit
4 Steinsalz mit Kalisalzen
5 Werradolomit
6 Kupferschiefer
7 ungegliedert

(3–7: Zechstein)

8 Rotliegendes
9 Ruhla-Brotteroder Kristallin
10 Einsturzgebirge über Salzauslaugung

N 2 stimmt. Wasserlinsengesellschaften, untergetauchte Laichkrautgesellschaften oder — vor allem zum Schilfgürtel hin — Seerosengesellschaften, die teils eng miteinander verzahnt sind, besiedeln die offenen Wasserflächen. Landwärts folgen der Röhrichtgürtel mit Teichröhricht, Wasserschwadenröhricht und Großseggengesellschaften, die Verlandungssümpfe torfiger Böden mit mittleren Nährstoffverhältnissen charakterisieren. Die älteren Verlandungsflächen sind schilfreiche Naßwiesen, die bei tieferem Grundwasserstand in die Wiesenknopf-Silau-Wiese übergehen; diese verkörpert die für das mittlere Werratal charakteristische, stark wechselfeuchte Wiesengesellschaft.

Der dichte Schilfgürtel ist der Lebensraum einer artenreichen Vogelwelt. Außerdem stellen die Breitunger Seen einen bevorzugten Rastplatz für zahlreiche durchziehende Wasservögel in diesem sonst wasserarmen Gebiet dar. Bisher wurden knapp 50 Vogelarten als regelmäßige Brutvögel gezählt, zum Beispiel Hauben- und Zwergtaucher, Zwergdommel, Stock- und Knäkente, Rohrweihe und Wasserralle (Handbuch der Naturschutzgebiete der DDR 1974). Etwa 20 Arten brüten außerhalb des Gebietes, kommen aber zur Nahrungssuche in das Schutzgebiet, unter anderem Weißstorch, Graureiher und Eisvogel. Für weitere 20 Arten wird vermutet, daß sie hier brüten, so für Krick- und Löffelente, Tüpfelsumpfhuhn und Schilfrohrsänger. Während des alljährlichen Vogelzuges stellen Ornithologen 40 bis 50 Durchzüglerarten fest, wovon die Hälfte regelmäßig beobachtet wird. Vorzugsweise handelt es sich dabei um typische Wasser- und Sumpfvögel wie Gänse, Enten, Säger, Schnepfen, Wasser- und Strandläufer, Möwen und Seeschwalben. Zu den unregelmäßigen Gästen gehören unter anderen Merlin, Kranich und Wiedehopf. Auch seltene Irrgäste wurden schon gesehen, so Sterntaucher, Silberreiher und Brandgans. N 2

Bußhof, Ortsteil von Breitungen, N 3

liegt gegenüber dem Eintritt der Truse in die hier 1 km breite Werra-Aue. Ein kurzer Bach hat an dieser Stelle einen Schwemmfächer in die Aue vorgeschüttet. Der Bußhof war einer jener 11 Höfe, die zur Pfarrei Frauenbreitungen gehörten. Seit dem Mittelalter zählte er zum dortigen Kloster. Möglicherweise ist er identisch mit der villa *Biohse*, die schon bei der Wildbannschenkung Kaiser HEINRICHS II. an die Reichsabtei Hersfeld 1016 genannt wird.

Die Siedlung setzt sich aus etwa 15 Wohnhäusern zusammen, von denen eins ein hohes Krüppelwalm-Mansarddach trägt. Am nördlichen Ortsrand erhebt sich ein Wasserhochbehälter, neben dem 1983 unter alten Laubbäumen der Bassinplatz angelegt wurde.

Werra N 4

Die Flußnamen Werra und Weser sind zuerst bei den antiken Autoren TACITUS und PLINIUS in der alteuropäischen Form *Visurgis* überliefert. Germanisiert wurde der Name als *Wisuraha* mit der germanischen Endung *-aha* = Wasser. Die volle Form ist 933 in einer Beschreibung der Schweinamündung enthalten: ubi *Sweinaha* cadit in *Vuiseraha* (wo die Schweina in die Werra mündet). Im 11. Jh. erscheinen kontrahierte Formen in *Werraha* (1014) und in fluvium *Wirraha*, letztere in der Wildbannschenkung Kaiser HEINRICHS II. von 1016.

Das Flußgebiet der Werra gehört zum Einzugsbereich der Weser. Seine Ost-West-Ausdehnung beträgt 85 km, die nord-südliche 90 km. Auf thüringischem Raum umfaßt das Flußgebiet eine Fläche von 4220 km².

Die zwei Hauptbäche der Werra, die Nasse und die Trockene Werra (s. Bd. 39, E 2), entspringen zwischen Siegmundsburg und Masserberg im Thüringer Wald. Die Werra erhält im weiteren Verlauf eine Reihe wichtiger Nebenflüsse von

N 4 der Abdachung des Thüringer Waldes, so die Truse und die Schmalkalde. Die Werra fließt im Oberlauf in südwestlicher Richtung, von Eisfeld bis Untermaßfeld nach NW, von dort bis Wernshausen nach N und dann schließlich bis Bad Salzungen nach NW. In den beckenartigen Ausweitungen zwischen Schwallungen und Niederschmalkalden liegen die drei ehemaligen Cralacher Teiche. Die größere Breite der Talsohle, die Neigung des Flusses, häufig über die Ufer zu treten, sowie zahlreiche versumpfte Stellen weisen auf andauerndes Absinken des Untergrundes hin.

Auch das Talprofil besitzt eine entsprechende Form. Während die linke Talseite gleichmäßig abfällt, senken sich auf der rechten Riedel in breiten Flächen und mit wechselndem Böschungswinkel bis zur Aue hinunter. Zwischen dem Bahnhof Wernshausen und der Todenwarth wird die Talsohle noch einmal schmaler und weitet sich dann bei Herrenbreitungen auf ungefähr 2 km aus. Hier beginnt der große Senkungsraum, zu dem auch die Breitunger Seen (s. N 2) gehören. Der Flußlauf zieht sich in diesem Bereich aufgrund von Begradigungen und fünf Durchstichen fast schnurgerade durch das Wiesengelände bis nach Breitungen. Seine Ufer sind nur locker durch Bewuchs geschützt und deshalb an mehreren Stellen nachgebrochen.

Die geologische Geschichte des Werratales steht in Abhängigkeit von der tektonischen Entwicklung des Thüringer Waldes und der des Südlichen Vorlandes sowie von den Prozessen der Ablaugung der Zechsteinsalze im Untergrund und den über den Senkungsräumen erfolgenden Ablagerungen von Flußsedimenten (Abb. 32). In dem Talabschnitt zwischen der Einmündung der Schmalkalde und dem Ort Breitungen steht die Wechselwirkung zwischen der Talbildung und der Subrosion außer Zweifel. Die auf der östlichen Werraseite in unterschiedlicher Höhenlage auftretenden Werrasedimente sind sowohl den altpleistozänen Zersatzgrobschottern als auch saalekaltzeitlichen Terrassen zuzuschreiben. Die unter der rezenten Werra-Aue liegenden Niederterrassenschotter erreichen Mächtigkeiten bis über 50 m. Die oberen Bereiche sind während der Weichselkaltzeit und im Holozän abgelagert worden. Das heutige asymmetrische Talquerprofil ist die Folge der sich nach SW wendenden Auslaugungsfront.

Die Pegelwerte der Werra steigen alljährlich in den Wintermonaten und fallen wieder bis zum frühherbstlichen Niedrigwasser, unterbrochen durch ein sekundäres Maximum im Mai. Der Anteil der durchschnittlichen monatlichen Abflußmenge beträgt in Prozent des Gesamtabflusses (gerundet):

Jan.	Febr.	März	April	Mai	Juni	Juli	Aug.	Sept.	Okt.	Nov.	Dez.
8,1	10,3	9,6	11,4	14,9	11,8	5,6	5,3	6,7	5,2	4,9	5,7

N 5 **Fambach,** Kreis Schmalkalden,

liegt teilweise auf einer pleistozänen Werraterrasse, die vom Fambach zerschnitten wurde, teilweise auf Unterem Buntsandstein. Durch den Ort streicht von NNW nach SSO gerichtet eine Störungszone, in der eine schmale Wellenkalkscholle eingeklemmt ist. Dieser Felshügel ist von einem breiten Graben umgeben und war vielleicht schon in urgeschichtlicher Zeit befestigt. Auf ihm erhob sich 1183 die zum Klosterbesitz von Frauenbreitungen gehörende Kapelle in *Vanebach* (althochdeutsch *fanna* = Moor). Um den auf der einen Seite vom Fambach und auf der anderen von einem künstlichen Graben geschützten Kirchenhügel herum entwickelte sich die älteste Siedlung mit ihren gedrängten Höfen. Regelmäßiger sind die Straßen und Gehöfte jenseits des Baches angeordnet. 1185 erscheint die Kapelle als Besitzung der Benediktinerabtei Herrenbreitungen. Da nach der gleichen Urkunde auch die in der Fambacher Flur gelegenen und später wüsten Dörfer *Wenigen Vanebach* (Wenigenfambach), *Luccilvanebach* (Lützelfambach) und *Sichenginesen* (Siegwinden) zum Besitzstand des Klosters Herrenbreitungen zählten, läßt sich im Mittelalter eine größere Siedlungskonzentration in der fruchtbaren, in der Werraniederung befindlichen Gemarkung von Fambach feststellen. Unweit der Siedlung führte eine alte Straße aus dem Werratal zum Kamm des Thüringer Waldes bei Brotterode vorbei, so daß sich der Ort schnell entwickelte.

Die Kirche ist ein mehrfach umgebauter Rechtecksaal mit eingezogenem Turm, dessen Untergeschoß Bauspuren aus spätromanischer Zeit aufweist. Das gotische Obergeschoß wird von einer schlanken Spitze mit vier Schützenerkern auf den Ecken gekrönt. 1666 wurden Renaissancefenster eingebaut, die Türen erst 1855. Über der Westtür befindet sich das hessische Wappen, über der Südtür eine ausführliche Bauinschrift. Im Inneren sind die flache, an den Seiten abgeschrägte Holzdecke und ebenso die Felder der doppelten Emporenbrüstungen mit der etwas derben Malerei von JOHANN MICHAEL und JOHANN FRIEDRICH LEYH aus Tann (1778) versehen. Altar und Kanzel schuf der Kunstschreiner FRANZ HELLER aus Fambach im Jahre 1623. Der farbig gefaßte Taufstein von 1629 ist mit den vier Evangelisten und mit weiteren acht Reliefs geschmückt. Den Orgelprospekt fertigte der Orgelbauer JOHANN ADAM BÄSSEL 1723. Die Kirche sowie die Fachwerkhäuser Karl-Marx-Straße 20 und 21 stehen unter Denkmalschutz.

Das bis in die Neuzeit landwirtschaftlich bestimmte Fambach, zu dem später noch der Kirrhof (Ende des 16. Jh. hessisches Lehnsgut) im Kirrgrund südöstlich vom Dorf Heßles und der Hof Todenwarth (s. Q 2) kamen, gehörte seit dem 14. Jh. zur Vogtei Herrenbreitungen innerhalb der alten Herrschaft Schmalkalden. Im 16. Jh. bestand in Fambach eine Papiermühle, die bis in das 19. Jh. in Betrieb blieb. Zu dieser Zeit gab es außerdem eine Ölmühle und zwei Mahlmühlen. Als besonderes Gewerbe ist das Stricken wollener Strümpfe zu erwähnen, wozu die Gemeinde von der hessischen Landesherrschaft ein besonderes herrschaftliches Strumpfsiegel erhalten hatte. Der Anschluß des Ortes an das Eisenbahnnetz erfolgte 1899 durch den Bau der Kleinbahn (s. L 6) von Herges-Vogtei nach Wernshausen (Trusebahn), wobei die Bahnstation außerhalb des Ortes bei der Ölmühle lag.

Die Gemeinde ist heute durch Omnibuslinien direkt an die Zentren des Gebietes, Schmalkalden, Brotterode, Bad Liebenstein und Pappenheim, aber auch an die Kreisstadt Bad Salzungen und die Bezirksstadt Suhl angebunden. Ein Großteil der arbeitsfähigen Wohnbevölkerung pendelt nach Schmalkalden und nach Wernshausen aus. Fambach verfügt lediglich über den VEB Metallverarbeitung und den VEB Karabinerhakenfabrik mit insgesamt 30 Arbeitsplätzen.

Von regionaler Bedeutung ist die landwirtschaftliche Produktion. In Fambach

N 5 befindet sich der Sitz der LPG Tierproduktion, zu der die Gemeinden Breitungen, Wernshausen, Mittelschmalkalden, Niederschmalkalden, Möckers und Heßles (s. O 2) gehören. Mit einem Gesamtbestand von 4600 Rindern, 2500 Schweinen und 2500 Schafen zählt sie zu den größten des Territoriums. In Fambach selbst wird die Kälberaufzucht betrieben. Ein Bereich der LPG(P) Breitungen bearbeitet 1080 ha Nutzfläche.
Seit 1980 hat sich die Wohnfunktion der Gemeinde stärker ausgeprägt. Davon zeugt der umfangreiche Eigenheimbau auf der Gehbühne mitten im Ort.

N 6 Ölmühle

Die Ölmühle steht etwa an der Stelle der Truse, wo der Bach seine Fließrichtung von bisher NO—SW unvermittelt in SO—NW ändert. Der Wasserlauf, der mit mittlerem Gefälle aus dem Buntsandstein kommt, erreicht bald die Werra-Aue und strebt der 1,5 km entfernten Mündung bei Breitungen zu. Die Ölmühle nahm später eine Metallwarenfabrik auf. 1948 wurde der Privatbetrieb in Volkseigentum überführt. Später gehörte er zum VEB Trusetal-Werk und ist nach baulichen Erweiterungen heute Betriebsteil des VEB Sportgeräte Schmalkalden (s. S 1.5).

N 7 **Winne,** Ortsteil von Breitungen,

liegt am steil ansteigenden Westrand der Talaue der Truse. Es geht möglicherweise auf das 1016 bezeugte *Ruofrideswiniden* zurück, eine Ansiedlung von Wenden durch einen deutschen Herrn namens Ruodfrid. 1137 gehörte der Hof als *Wuphrideswinden* zur Kirche von Königsbreitungen (Frauenbreitungen), 1335 erschien er unter dem Namen *Wyden,* und erst im 19. Jh. setzte sich die heutige Bezeichnung durch. Der ehemalige Klosterbesitz wurde im 16. Jh. hessisches Kammergut, das vorwiegend Schafhaltung betrieb und Fischteiche besaß.
In den dreißiger Jahren des 20. Jh. kam die landwirtschaftliche Nutzfläche in 2—16 ha großen Parzellen an Kleinbauern. Sie wird gegenwärtig von der zuständigen LPG des Hauptortes genutzt (s. N 1).
Der ältere Dorfteil — offiziell Untere Winne — setzt sich aus Altbauten, so einer Mühle, und Reihenhäusern aus den dreißiger Jahren zusammen. Die Obere Winne besteht ausschließlich aus Zwei- und Dreifamilienhäusern.

O 1 **Nüßleshof,** Ortsteil von Heßles,

liegt am Zusammentreffen zweier stark eingekerbter Tälchen, in denen der Fambach seinen Anfang nimmt. Von dem östlichen der beiden Quellbereiche steigt der Hang des Großen Gieselsberges auf einer Strecke von 1 km um 250 m an, ein Beispiel für die besonders starke Zerschneidung des gebirgsrandnahen Vorlandes. O 1

1185 wird der Hof erstmalig, und zwar im ältesten Güterverzeichnis der Benediktinerabtei Herrenbreitungen, als *Neuwesesse* genannt. Er gehörte um 1340 unter der Bezeichnung *Nuses* zum Grundbesitz des Klosters, später war er hessisches Lehen. Zur Gemeinde Heßles rechnet er seit dem 19. Jh. Das Anwesen war zu dieser Zeit geteilt und bestand aus zwei Wohnhäusern mit Scheunen und Stallungen. Der Weiler wurde 1967 zu einem Naherholungszentrum ausgebaut, zu dem auch ein Schwimmbad gehört.

Heßles, Kreis Schmalkalden, **O 2**

erstreckt sich in der welligen Berglandschaft des Unteren Buntsandsteins im schmalen Fambachtal, dessen Hänge von 341 m bis etwa 400 m ü. NN ansteigen. Im nördlichen Ortsteil wird der Untergrund von der NW—SO streichenden Heßleser Störungszone (Abb. 4) durchzogen, so daß im SO Zechsteinsedimente und am Steinkopf Muschelkalk in einer kleinen Scholle an der Erdoberfläche vorkommen.

Das Dorf wird 1185 im Güterverzeichnis der Benediktinerabtei Herrenbreitungen *Hesele* genannt. Sein Name ist als Siedlung am Haselgebüsch zu verstehen. 1330 verkauften die Herren von Frankenstein das Dorf an die Grafen von Henneberg-Schleusingen. Bis in die Neuzeit besaß es keine besondere wirtschaftliche Bedeutung. Im 19. Jh. lagen inmitten einer beträchtlichen Feldflur nur 24 Häuser.

Heute betreibt die LPG(P) Breitungen den Feldbau und die LPG(T) Fambach Weidewirtschaft auf dem überwiegenden Grünlandanteil. Die meisten Arbeitskräfte pendeln in die Betriebe der umliegenden Orte, vor allem in die von Schmalkalden, aus. Zahlreiche Werktätige kommen in die Gemeinde zur Erholung. Im Betriebsferienheim des VEB Germina werden jährlich 1100 Urlauber betreut, für die Wandermöglichkeiten in die Täler der Werra, der Schmalkalde und der Truse bestehen. Außerdem besitzt der Ort eine Freilichtbühne am 390 m hohen Ziegenberg.

Waldhaus **O 3**

Am südwestlichen Fuß des 656 m hohen Großen Gieselsberges, inmitten der ausgedehnten Wälder des Buntsandsteinvorlandes, nimmt am Andreasbrunnen der Pfaffenbach seinen Anfang. In seiner kleinen Quellmulde liegt an der Straße von Trusetal nach Schmalkalden die Gaststätte Waldhaus, ein vielbesuchtes Ausflugsziel im Schmalkalder Stadtwald. Aus diesem Forst erhielten die Chorherren des Schmalkalder Kollegiatstiftes früher ihr Freiholz.

Ende der siebziger Jahre des vorigen Jh. beschlossen der Stadtrat und der Verschönerungsverein, hier eine Einkehrstätte für Wanderer zu schaffen, die 1882 eingeweiht wurde. Gleichzeitig nahm der städtische Förster zur besseren Überwachung der Wälder im Waldhaus seinen Wohnsitz. Er bewirtschaftete zunächst auch die Gaststätte, seine Stelle wurde allerdings später aufgegeben. Neben dem Haus wurden Fischteiche, Obst- und Gemüsegärten angelegt.

O 4 Ehrental

Das etwa 1,5 km lange Ehrental erreicht in 334 m ü. NN das Tal des Pfaffenbaches. Wie die meisten Täler des bewaldeten Buntsandsteinvorlandes weist es vor dem Verlassen des Waldgebiets ein starkes Gefälle und demzufolge sehr steile Hänge auf. Ein Gut *Erental* wird erstmals 1415 genannt. Bevor es 1579 vom Schmalkalder Stadtrat erworben wurde, war es hessisches und hennebergisches Lehen. Der Viehhof, der zuletzt aus vier Gebäuden bestand und zu dem zwei Teiche und ein Garten gehörten, wurde um 1700 aufgegeben. 1715 ließ der Stadtrat zum Schutz vor frevelhafter Beschädigung der Teiche und Äcker ein Forsthäuschen für eine Aufsichtsperson errichten. Heute befindet sich hier, etwa 2,5 km von Schmalkalden entfernt, eine Waldgaststätte.

O 5 Röthof

Der Röthof liegt auf einem Geländerücken, der sich von der Rötkuppe bis zum Rötberg erstreckt. Das nach SW angrenzende Tal des Eichelbaches zeichnet sich vor allem in seinem unteren Teil durch eine große Anzahl von Hohlwegen und von terrassierten Flächen aus. Der Hof steht auf Mittlerem Buntsandstein in der Nähe der Heßleser Störung (Abb. 4), an der Sedimente des Buntsandsteins und des Zechsteins (an der Rötkuppe) unvermittelt aneinandergrenzen.
Der Röthof ist auf der ältesten Karte der Herrschaft Schmalkalden von 1589 (Weber 1913) mit Wohnhaus und Scheune eingezeichnet. Bevor er 1900 von der Stadt Schmalkalden erworben wurde, befand er sich in Privatbesitz. Die Stadtverwaltung ließ ein Drittel des dazugehörigen Ackerlandes aufforsten, veräußerte aber bereits ein halbes Jahr später den Hof mit dem größten Teil des Landes wieder.
Der vierseitig umbaute Hof mit mehreren Fachwerkgebäuden dient der genossenschaftlichen Viehhaltung. Zwei neuere Wohnhäuser ergänzen das Einzelgut.

P 1 Atzerode, Ortsteil von Seligenthal,

befindet sich in unmittelbarer Nähe der Eisenerzgruben des Stahlbergs (s. M 5). Das Tal zwischen dem Großen Gieselsberg im SW und dem Spahnberg im NO, das der Randverwerfung des Thüringer Waldes, der sogenannten Stahlbergverwerfung, folgt, weitet sich südlich des Spahnberges. Die Störung verläuft innerhalb von Atzerode etwa im Bereich der Dorfstraße; die Häuser südwestlich davon liegen auf der abgesunkenen Scholle mit Buntsandstein an der Oberfläche, die nordöstlich davon auf der gehobenen Scholle aus Zechsteinsedimenten.
Das Dorf *Azerode* erscheint erstmals 1320, wird aber bereits fünf Jahre später als Wüstung genannt und als solche auch unter den Besitzungen des Amtes Schmalkalden im hennebergischen Urbarium von 1340 aufgezählt. 1420 gab

es auf der Flur ein Bergwerk, das bis in die erste Hälfte des 16. Jh. jedoch nur streckenweise genutzt wurde. Nachdem das Land 1554 an den hennebergischen Rentmeister HANS STEITZ gekommen war, entwickelte sich der Erzabbau zum Mittelpunkt des Schmalkalder Bergbaus (Abb. 31). Seit dem 16. Jh. gab es auch den Hof Atzerode, der damals aber nur aus einem Haus bestand und Landwirtschaft betrieb. Im 18. Jh. gehörten zu Atzerode sechs, im 19. Jh. neun Häuser, einige davon dienten als Unterkünfte für die Bergleute der benachbarten Gruben und Eisensteinmagazine. Neben Schwerspat baute man bis 1969 auch Brauneisenstein ab. P 1

Maßkopf P 2

Der Riedel zwischen dem Tambacher Wasser und dem Flohbach endet am Gebirgsrand in dem 590 m hohen Maßkopf und in dem südlich davon gelegenen, 516 m hohen Kaiserkopf. Seine westliche Begrenzung bildet die Aue der Schmalkalde, in die die beiden genannten Bäche einmünden. Der Maßkopf, von dessen Felsen sich eine eindrucksvolle Aussicht bietet, besteht am Gipfel wie an der Ostseite aus grauen Sandsteinen und Schiefertonen der Goldlauterer Schichten mit gelegentlichen Steinkohlenschmitzen (s. B 3). Nach abbauwürdiger Steinkohle wurde jedoch ergebnislos geschürft. Die Südwestseite des Gipfels und ein Teil des oberen Hanges werden vom Glimmerporphyrit der Gehrener Schichten aufgebaut, darunter folgen aus der gleichen Formation graue und schwarze Schiefertone und Sandsteine mit fossilen Pflanzenresten. Am Nordwesthang treten im Pappenheimer Granit Eisen-Mangan-Vererzungen auf.

Seligenthal, Kreis Schmalkalden P 3

An der Einmündung des Tambacher Wassers in die Schmalkalde verbreitert sich das Flußtal recht beträchtlich. Hier liegt Seligenthal, und zwar vorwiegend auf pleistozänen und holozänen Talsedimenten. Der Name des 1320 erstmals als *Selgenthal* (1340 *Selgintal*) bezeugten Ortes ist auf Silge, eine andere Bezeichnung für das Tambacher Wasser, zurückzuführen und bedeutet Suhle der Wildschweine, von mhd. *süligen* = sich im Kot wälzen. Die ersten urkundlich belegten Besitzer sind die Herren von Frankenstein, die das Dorf 1325 an die Grafen von Henneberg verkauften. Seitdem gehörte der Ort zum Amt Schmalkalden.
Die Mehrzahl der Bewohner war zunächst im Bergbau am benachbarten Stahlberg (s. M 5) und im Ebertsgrund beschäftigt. Gleichzeitig entwickelten sich auch das Eisenhandwerk und die Holzverarbeitung. In der Kleineisenindustrie herrschte die Herstellung von Ketten, Trensen und Geschirrbeschlägen vor. Außerdem gab es 2 Drahthämmer, eine Schneidemühle, 2 Mahl- und 3 Ölmühlen. 1672 erhielt Seligenthal als Gegenleistung für die Errichtung einer reformierten Pfarrgemeinde das Brau- und Schankrecht zugesprochen. Besondere gewerbliche Niederlassungen waren im 19. Jh. die Glockengießerei von BALTHASAR BITTORF und die bis nach der Jahrhundertwende existierende Orgelbaufirma Peternell.

P 3 Im Dorfbild fallen die unmittelbar nebeneinander und giebel- bzw. traufseitig zur Straße stehenden Hofanlagen auf. Das Fachwerk ist vielfach verputzt, große Torhäuser führen zu den dahinter angeordneten Höfen mit ihren Wirtschaftsgebäuden. Bemerkenswerte Einzelbauten sind das Haus Gothaer Straße 13 aus der Mitte des 18. Jh. und das Doppelhaus Gothaer Straße 68/70 aus dem Jahre 1802 mit Biedermeiertür.

Die Kirche, umgeben vom Friedhof, ist ein schlichter Saalbau mit fünfseitig geschlossenem Chor. Sie weist ein hohes Dach und einen zierlichen Dachreiter auf und wurde in den Jahren 1687/98 errichtet. An diesem Barockbau fällt das Nachempfinden des gotischen Stils auf, sowohl in der baukörperlichen Durchformung als auch im Detail, zum Beispiel in den gotischen Spitzbogenfenstern mit einfachem Stabwerk. Die einheitliche Ausstattung des Innenraums stammt aus der Bauzeit. Am Tonnengewölbe befindet sich ein symmetrisch verteilter Bilderzyklus, ergänzt durch szenische Darstellungen aus dem Alten und Neuen Testament an den Brüstungsfeldern der Doppelempore. Altarraum und Taufstein sind durch eine Gitterschranke vom Schiff getrennt. Die Orgel besitzt einen reichen Prospekt aus dem Jahre 1693.

Die 410 in der Industrie Beschäftigten arbeiten in sechs volkseigenen Betrieben, die meisten von ihnen in Betriebsteilen des VEB Elektrogerätewerk Suhl und des VEB Lederwaren. Die landwirtschaftliche Produktion obliegt der LPG(P) Schmalkalden, die in Seligenthal einen Stall für 3000 Schafe unterhält.

Die Stichbahn Schmalkalden—Pappenheim (s. P 6) trennt Seligenthal von der Gemeinde Floh. Die gemeinsame Bahnstation entstand im Jahre 1892. Eine bedeutende Rolle spielt im Kurort Seligenthal der Fremdenverkehr. In den Vertragshäusern des FDGB erhalten jährlich 750 Urlauber Unterkunft. Stärker ausgeprägt ist jedoch das betriebliche Erholungswesen mit jährlich 2100 Urlaubern, die in 32 Bungalows untergebracht sind (Stand 1985). Die Einwohner von Seligenthal schufen sich bis 1985 eine Sporthalle und einen Kindergarten sowie etwa 90 Eigenheime.

P 4 **Reichenbach,** seit 1972 Stadtteil von Schmalkalden

Etwa 500 m östlich vom Waldhaus beginnt eine Talung, die sich geradlinig nach O fortsetzt und bei Reichenbach die Schmalkalde erreicht. Geologisch bemerkenswert ist im nördlichen Dorfteil eine morphologisch nicht sichtbare Glimmerschieferaufragung südlich der Stahlbergstörung (s. M 5), die allseitig vom Unteren Buntsandstein umgeben ist.

Der 1330 als *Reychinbach* (1340 *Richenbach*) erwähnte Ort trägt einen häufig auftretenden Namen, der wasser- und fischreiche Bäche kennzeichnet. Im Jahre 1330 wurde er aus Frankensteiner Besitz an die Grafen von Henneberg-Schleusingen verkauft und gehörte seitdem zum alten Bestand des Amtes Schmalkalden. Das Schmalkalder Chorherrenstift hatte hier Besitzungen.

Die Zahl der Häuser war von jeher gering und betrug 1723 nur 14, 1832 insgesamt 16 Gebäude. Die Bewohner lebten vom Ackerbau oder waren als Bergleute in den Gruben am Stahlberg (s. M 5) beschäftigt. Bis ins 19. Jh. gab es

auch zwei Stahlhämmer (Abb. 31), die ihr Rohmaterial von der in der Nähe gelegenen Happelshütte bezogen (s. P 7). P 4
In Reichenbach haben ein Betriebsteil des VEB Sportgeräte und die Mühle 4 des VEB Spatmühlen ihre Standorte. Am Ortsrand errichtete man einen Technikstützpunkt sowie Hallen zur Schafhaltung der LPG(P) Schmalkalden.

Floh, Kreis Schmalkalden, **P 5**

erscheint erstmals in dem 1340 angelegten hennebergischen Urbarium unter den Orten des Amtes Schmalkalden. Es trägt einen altertümlichen Gewässernamen (1340 *Flo*, 1401 *Floe*, 1407 *Vlohe*), der zu mhd. *vlöun, vlöuwen* = spülen gehört und vielleicht auf das Flößen von Scheitholz oder das Auswaschen von Erz hindeutet. Der Bach gleichen Namens mündet nördlich eines nach W vorspringenden Riedels in die Schmalkalde. Der Ort zieht sich mit seinen Häusern in einem kleinen Kessel zwischen diesem Riedel und dem Kaiserkopf im N am Gebirgsrand hin. Hier gabelte sich die alte Straße, die von Schmalkalden zu den Pässen des Thüringer Waldes führte. Demzufolge entwickelte sich im Ort das Fuhrmannswesen, das bis ins 19. Jh. eine wichtige Erwerbsquelle für die Bewohner darstellte. Vorherrschend waren jedoch der Bergbau und das eisenverarbeitende Handwerk, zu dem später noch die Holzverarbeitung, vor allem die Anfertigung von Heften als Zuarbeit für das Eisenhandwerk, kam. Die Bergleute arbeiteten in den Gruben am Stahlberg (s. M 5). In der Dorfkirche von 1710, die in gotisierenden Formen erbaut wurde und mit reichem Altar- und Abendmahlsgerät versehen ist, besaßen sie ein eigenes Kirchengestühl. Im 18. Jh. arbeiteten 3 Eisenhämmer, im 19. Jh. wird zusätzlich noch eine Schmelzhütte genannt. Weiterhin gab es eine Papiermühle, eine Schneidemühle und drei Mahlmühlen. 1672 erhielt der Ort von der hessischen Landgräfin Hedwig Sophie die Brau- und Schankgerechtigkeit als Gegenleistung für die Gestattung einer reformierten Pfarrei.
Gemessen an der Zahl der Einwohner (Anhang B), ist die Anzahl der hier lokalisierten Betriebe mit 670 Arbeitsplätzen hoch. Von den sieben volkseigenen Betrieben ist der VEB Sportgeräte der wichtigste und hat hier seine größte standörtliche Konzentration. Das Werk liefert Ski und Rodel für das In- und Ausland. Dazu kommen die volkseigenen Betriebe Fischfeinkost, Kunstgewerbe und Kleinmetallwaren. Die beiden letztgenannten verfügen auch in Pappenheim und Seligenthal über Betriebsteile.
Die Verbreiterung des Schmalkaldetales nach S und die zunehmend geringere Hangneigung begünstigen die ackerbauliche Nutzung des Gebietes, im Gegensatz zu den nördlich gelegenen Gemeinden, wo die Grünlandwirtschaft vorherrscht. Die landwirtschaftliche Produktion betreiben die LPG(P) Schmalkalden und die LPG(T) Mittelstille.
Floh gehört zu den Ferienorten des Kreises Schmalkalden. Im FDGB-Heim Freundschaft finden nahezu 5000 Urlauber im Jahr Erholung. Dazu kommen 950 Urlauber in Betriebsheimen. Drei Schwimmbäder und die Ausflugsgaststätten Nesselhof und Am Maßkopf liegen unweit des Ortes.
Der Untergrund von Flohs Gemarkung weist einige geologische Besonder-

P 5 heiten auf. Mitten durch den Ort zieht sich die von N nach S streichende Kohlbergstörung, an die sich die Stahlbergstörung anschließt. Östlich davon liegen Sedimente und Vulkanite des Rotliegenden (Gehrener, Goldlauterer und Oberhofer Schichten; (Abb. 4), unmittelbar westlich schließt sich ein schmaler Streifen Zechsteinsedimente mit Eisenvererzungen an, auf den der Untere Buntsandstein folgt. Der Flohbach hat die genannten Gesteine mit geringmächtigen holozänen Sedimenten bedeckt, während in der nördlichen Ortslage pleistozäne Terrassensedimente die älteren Gesteine überlagern.

P 6 Eisenbahnlinie Schmalkalden—Pappenheim

Die fast ausschließlich von N nach S gerichtete Bahnlinie verläuft im Tal der Schmalkalde. Sie wurde zur weiteren Erschließung des Schmalkalder Wirtschaftsgebietes erbaut und am 3. November 1892 mit einer Länge von 9,54 km eröffnet. Bahnstationen bestehen für die Dörfer Floh und Seligenthal gemeinsam sowie für Hohleborn. Die Weiterführung der Strecke von Pappenheim nach Brotterode auf einer Länge von 8,5 km wurde 1898 in Betrieb genommen, ist aber heute eingestellt (s. J 1).

P 7 **Weidebrunn,** seit 1950 Stadtteil von Schmalkalden,

erstreckt sich auf einer Länge von 1 km in der hier etwa 500 m breiten Talaue der Schmalkalde, an die sich die sanft ansteigenden, landwirtschaftlich genutzten Hänge im Buntsandstein anschließen und zum Beispiel bis zum 569 m hohen bewaldeten Kohlberg hinaufreichen. Unterhalb des Stadtteils tritt das Gespringe, eine starke Karstquelle, an die Oberfläche, dessen Wasser nach kurzem Lauf in die Schmalkalde mündet. So ist auch der Ortsname als Brunnen auf der Viehweide zu verstehen. 1340 wird das Dorf im hennebergischen Urbarium unter den zu Schmalkalden gehörenden Orten als *Weytinburn* genannt. 1406 erscheint *Weitenborn*. In der Vergangenheit spielte die Landwirtschaft die wichtigste Rolle. Das herrschaftliche Vorwerk, zu dem auch eine Schäferei gehörte, versorgte die Schloßbewohner in Schmalkalden. Bis in das 16. Jh. war das Schmalkalder Stift mit zwei Gütern in Weidebrunn belehnt.
Zur Verarbeitung der in der Nähe abgebauten Eisenerze (s. M 5) errichtete Dr. SIEGFRIED HAPPEL, ein hessischer Amtmann, im Jahre 1656 etwa 0,8 km nördlich des Dorfes im Tal der Schmalkalde einen Stahlhammer, 1669 entstand ein Blauofen, benannt nach der bläulichen Färbung des Eisens beim Schmelzen. Mit dem Bau eines 12 m hohen Holzkohlehochofens, eingefaßt von einer klassizistischen Industriearchitektur, wurde 1835 an dieser Stelle die Neue Hütte angelegt (Abb. 33, Bild 21, Titelvignette), zu der Räume für den gesamten Produktionsprozeß und die erste Verarbeitungsstufe kamen. Auch technische Anlagen wie Wasserrad und Zylindergebläse sowie Hüttenmeisterhaus, Holzkohleschuppen, Kunstgraben und Abwassertunnel gehören dazu. 1870 erfuhr die Hütte eine Erweiterung um einen zweiten, 9 m hohen Turm, also einen Hochofen, der in die Ummantelung einbezogen ist. Der alte Turm wurde erhöht. Zur Straßen-

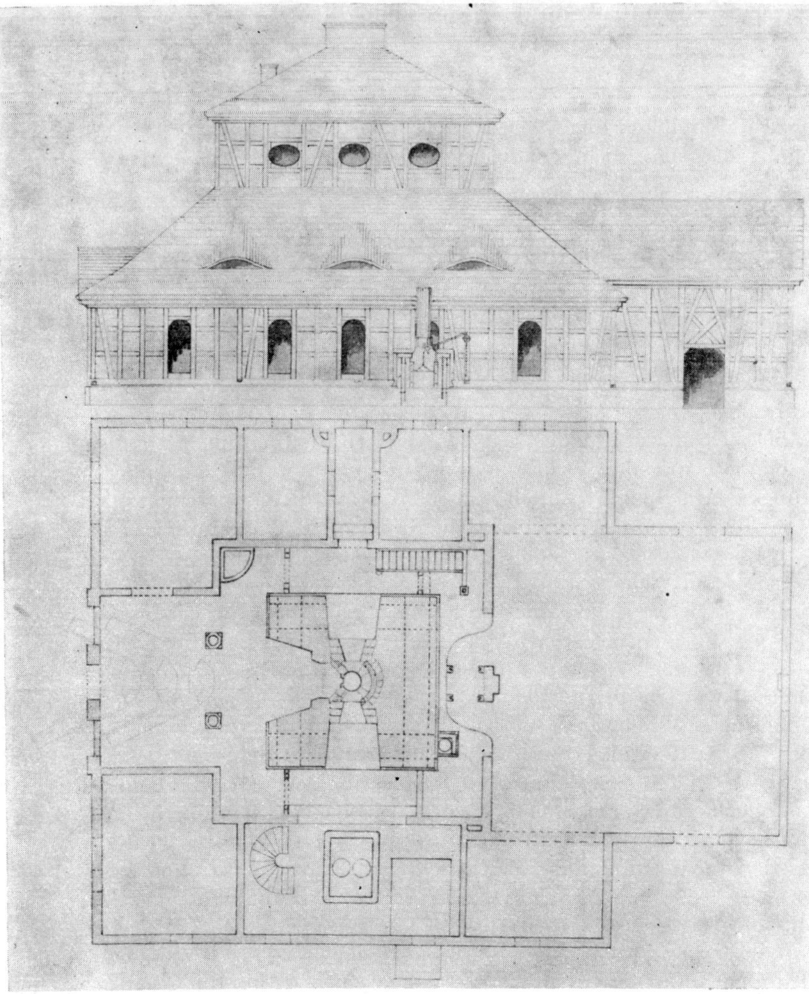

Abb. 33. Neue Hütte in Weidebrunn, Zustand zwischen 1835 und 1870 (Sächsische Landesbibliothek, Abt. Deutsche Fotothek Dresden, aus einer Wanderausstellung über technische Kulturdenkmale der DDR 1955)

seite hin erhielt das Hüttengebäude einen Vorbau mit Backsteinfassade in den typischen Industriebauformen der Zeit. Seit 1924 liegt die Hütte still. Zunächst als Lagergebäude genutzt, wurden nach 1945 in ihren Räumen Kunststeine hergestellt. Seit 1966 wird das für die DDR einzigartige Industriewerk mit dem Ziel einer weitestgehenden Rekonstruktion des Zustandes von 1835 restauriert. Nach Abschluß der Arbeiten ist seine Nutzung als Schauanlage für das Eisenhüttenwesen und die Schmalkalder Eisenindustrie vorgesehen (ZIESSLER 1984).

P 7 Längs der Wilhelm-Külz-Straße, der Hauptstraße Weidebrunns, haben zahlreiche volkseigene Betriebe Produktions- bzw. Lagerstätten, so die Feinmeßzeugfabrik, das Werkzeugkombinat, das Werk für Hartmetallwerkzeuge. Gothaer Straße 21 steht die Kirchschule in Fachwerk-Ziegel-Bauweise. Das angebaute Schulhaus dient heute als Kinderhort und Bibliothek. Am Ende des Stadtteiles steht die ehemalige Neue Mühle, Gothaer Straße 92.

Q 1 Wernshausen (Bild 20), Kreis Bad Salzungen,

wird trotz seiner günstigen Lage urkundlich verhältnismäßig spät, nämlich 1185, als *Werßhusen* = bei den Häusern des Warin genannt, war aber sicherlich bei der fränkischen Landnahme gegründet worden. Es gehörte zum altfränkischen Gebiet und zur Zent Schmalkalden, befand sich im Besitz der Herren von Frankenstein und kam 1301 an die Grafen von Henneberg. Grundherrschaftliche Rechte übte lange Zeit die Abtei Herrenbreitungen aus. Infolge der hennebergischen Teilung wurde Wernshausen dem Amt Frankenberg-Frauenbreitungen (Anhang C) zugeteilt und seitdem mit diesem vereinigt.
Die Ortsflur war in 52 1/2 Erben (Hufen) der nicht teilbaren Güter gegliedert. Zunächst bestimmte ausschließlich die Landwirtschaft mit Getreide- und Tabakanbau sowie mit Viehzucht die Lebensgrundlage der Bewohner. Aus dem Tabakanbau entwickelte sich später im Kleingewerbe die Zigarrenherstellung. Im 18. Jh. gewann der aus der Holzflößerei entstandene Holz- und Dielenhandel aus dem Thüringer Wald nach Hessen, Hannover und Bremen große Bedeutung. In Bremen wurden im 19. Jh. durch Wernshausener Vermittlung Bäume aus dem Thüringer Wald zum Schiffsbau, vor allem als Schiffsmasten, verwendet. In dieser Zeit gab es hier 150 Holzhändler und Flößer mit einem Betriebskapital von 700000 Gulden. Seit Anfang des 20. Jh. ging der Anteil der landwirtschaftlichen Bevölkerung immer mehr zurück und machte 1933 nur noch 8,3% der Gesamtbevölkerung aus. Wernshausen wurde Arbeiterwohnort für die Industrie im mittleren Werratal. In der Zeit der Weimarer Republik gab es im Dorf eine bedeutende Ortsgruppe der KPD, und bereits 1924 stimmten 32% der Wähler für die fortschrittlichste Arbeiterpartei.
Wernshausen besitzt eine Reihe wertvoller Fachwerkhäuser, wie den Pachtershof Hauptstraße 2 aus der Mitte des 16. Jh., die Häuser Mühlengasse 7/9 und das stattliche Pfarrhaus von 1757. Auch in der Straße der Deutsch-Sowjetischen Freundschaft, dem alten bäuerlichen Dorfteil, blieben einige Fachwerkhäuser erhalten, so das ehemalige Wohnstallhaus Nr. 21. Daneben erhebt sich direkt am Rosabach ein Torhaus eines früheren Gehöftes. In einer kleinen Schmuckanlage nahe am Rosabach haben ein DSF-Gedenkstein und ein steinerner Wassertrog von 1867 ihren Platz.
Der schlichte verputzte Saalbau der Dorfkirche von 1723 steht auf einem dreiseitig abfallenden Bergsporn. Sein Turm mit Fachwerkoberteil und Haube (1689) stammt von einem älteren Vorgänger. Das Bauwerk besitzt eine bemerkenswerte Innenausstattung: einen Taufstein von 1622, eine reich dekorierte Kanzel von 1723 und einen spätbarocken Orgelprospekt von 1760.
Wernshausen übt aufgrund seiner topographischen Lage im Werratal, gegenüber

Windenhof Q 7

Der Windenhof liegt am Ausgang des Zillbaches ins Werratal, und zwar im Gebiet der Wüstung Altschwallungen, woran der nahe Altschwallunger Teich noch erinnert. Die an den Hof anschließenden Ländereien wurden 1688 für die Schafhaltung urbar gemacht. Nach einem späteren Besitzer erhielt der Hof den Namen Hartambergsthal. Er gehörte zur Gemeinde Schwallungen, mit der die Schäferei gemeinsam betrieben wurde.

Dippachshof R 1

Der Dippachshof gehört seit alters zu Aue, einem heutigen Stadtteil von Schmalkalden. Er liegt inmitten der welligen Landschaft des Unteren Buntsandsteins in einer Quellmulde, deren Tälchen in die Schmalkaldeaue einmündet. Zum ersten Male wird der Hof 1585 als *Tippach* unter den hessischen Besitzungen in der Herrschaft Schmalkalden als Lehngut aufgeführt. Im 17. Jh. lag er wüst und wurde erst seit dem ersten Drittel des 18. Jh. wieder bewirtschaftet. Neben Ackerland, Wiesen und Wald gehörten auch Fischteiche zu diesem Besitz.

Mittelschmalkalden, Kreis Schmalkalden R 2

Der erstmals 1289 bei der Zuweisung von Besitzungen in villa *medio Smalkaldin* (Erklärung s. S 1.2) an das Kloster Frauenbreitungen erwähnte Ort erstreckt sich auf dem Schwemmfächer eines von Möckers kommenden Baches in der Schmalkaldeaue. Später befand er sich im Besitz der Herren von Stein und von Frankenberg, denen die Vogtei des Klosters unterstand. Mit dieser muß er 1301 an die Grafen von Henneberg-Schleusingen gekommen sein, und 1340 erscheint er als *Miteln Smalkalden* unter den zum Amt Schmalkalden gehörenden Orten.

Bis in die Neuzeit blieb Mittelschmalkalden klein, die Bewohner lebten überwiegend von der Landwirtschaft. Die den Ort durchquerende Landstraße von Schmalkalden nach Wernshausen besaß bereits im Mittelalter für den Fernverkehr nach Hessen Bedeutung, die steinerne Bogenbrücke über die Schmalkalde stammt aus dem Jahre 1593. Einen Eisenbahnanschluß erhielt Mittelschmalkalden im Jahre 1874 (s. Q 6).

Außer einer Mahlmühle und zwei Schleifkothen gab es am Ende des 18. Jh. keine gewerblichen Anlagen. Um die Wende vom 19. zum 20. Jh. erlangte als ein Betrieb für die Herstellung elektrotechnischer Erzeugnisse die Firma Kugella GmbH Bedeutung. 1948 in Volkseigentum überführt, ist er auch heute als VEB ERU Mittelschmalkalden (s. A 1.3) der einzige Industriebetrieb. Seine 175 Beschäftigten produzieren vor allem Elektroinstallationsmaterial. Viele Werktätige pendeln täglich zu ihren Arbeitsstätten nach Schmalkalden.

Die landwirtschaftliche Nutzfläche des Ortes bearbeitet die LPG(P) Breitungen. Die LPG(T) Fambach nutzt einen neuen Rinderstall und dazugehörende Bergeräume im Tal in Richtung Möckers. Auf mehr als zwei Drittel der Gemarkungsfläche, die im Buntsandsteinvorland liegt, steht Wald.

R 3 Schmalkalde

Die Schmalkalde, einer der bedeutendsten Zuflüsse der Werra, entspringt in einer Höhe von etwa 680 m. Ihre Hauptquellbäche, der Lange Bach, der Nesselbach und der Ickersbach, vereinigen sich oberhalb Pappenheims. Dort erhält das Flüßchen zunächst den Namen Kaltes Wasser und im weiteren Verlauf Schmalkalde. Sein Kerbtal im Gebirge reicht bis Hohleborn. Im benachbarten Seligenthal nimmt die Schmalkalde das Tambacher Wasser auf, später in den Talweitungen des Buntsandsteinvorlandes den Flohbach, die starke Quelle des Gesprings in Weidebrunn (s. P 7) und die Stille in Schmalkalden. Die beträchtlichen Wassermengen der Schmalkalde trieben zahlreiche industrielle Anlagen im Schmalkalder Raum (s. M 4, P 3) an. Bei Todenwarth mündet der Fluß nach einer Lauflänge von 24 km in die Werra. Er besitzt ein Gefälle von 17,7‰ und ein Einzugsgebiet von 156 km².
Hochwasser haben in früherer Zeit oft Schaden angerichtet. Zuletzt verursachten sehr ergiebige Niederschläge im oberen Einzugsgebiet der Schmalkalde zwischen dem 8. und 12. August 1981 einen so hohen Wasserabfluß, daß Schäden an 200 Gebäuden im Flohbach- und Schmalkaldetal entstanden.
Bereits im Jahre 1039 wird der Wasserlauf erstmalig erwähnt, und zwar als Grenzlinie des Reinhardsbrunner Klosterforstes, der hier über den Kamm des Gebirges herübergriff „super fluviolum *Smalachaldon* (Erklärung des Namens s. S 1.2) usque *Cholbach*". Als Grenzwasser teilte die Schmalkalde bzw. das Kalte Wasser die Flur und den Ort Kleinschmalkalden in thüringischen (gothaischen) und hessischen bzw. preußischen Besitz (s. M 1).

R 4 **Aue,** seit 1957 Stadtteil von Schmalkalden,

liegt in der etwa 500 m breiten, dicht besiedelten Schmalkaldeaue, in die das vom Dippachshof kommende Tälchen mündet, das in die Buntsandsteintafel zwischen Kohlberg und Famberg eingeschnitten ist. Der Ort wird erstmalig im Jahre 1340 als *Owe* im hennebergischen Urbarium unter dem Amt Schmalkalden genannt.
Neben dem Dorf tritt 1363 auch ein Hof auf, der mit anderen Gütern bis zur Säkularisation im Besitz des Schmalkalder Stiftes blieb. Später wurde er herrschaftliches Lehnsgut. Im 19. Jh. gab es eine Mahlmühle und eine Schleifkothe. Nach 1852 eröffnete Carl Ludwig Fack nach englischem Vorbild eine Metallschreibfedern-Fabrik, die erste auf deutschem Boden. Sie fiel nach sechs Jahren einer Brandstiftung zum Opfer. Als große industrielle Anlage entstand 1857 nahe dem Ort die Auehütte, ein Hochofenbetrieb, verbunden mit einem Puddel- und Walzwerk. Ein von der Schmalkalde abgeleiteter Kunstgraben sorgte für die zum Antrieb des Gebläses notwendige Wasserkraft. Als spezielles Gewerbe nahm im 19. Jh. die Herstellung von Striegeln — Reinigungsgeräten für die Haardecke von Pferden und Rindern — und von Wetzstahl ihren Einzug.
Der Stadtteil blieb ein bedeutender Industriestandort bis in die Gegenwart. Hier arbeiten beispielsweise die Volkseigenen Betriebe Gesenkschmiede, Stanz- und Ziehteile sowie Sportgeräte. Am Auehüttenweg hat der VEB Haushaltgeräteservice sein Ersatzteillager für den Bezirk Suhl.

Haindorf, seit 1950 Ortsteil von Mittelschmalkalden, **R 5**

erstreckt sich mit seinen Häusern auf einem Schwemmfächer eines von S her in den waldfreien Buntsandsteinabfall eingeschnittenen Baches am Rande der Schmalkaldeaue. Eine Urkunde nennt Haindorf erstmals 1335, als die Grafen von Henneberg-Schleusingen dem Stift Schmalkalden Güter „in der marke des dorfs *Heyendorf*" verkauften. Der Ort war Bestandteil des Amtes Schmalkalden, wo er 1340 als *Hegindorff* erscheint, als eine Siedlung im umhegten Gelände.
Die große gotische Kirche, mit Chorpolygon und wenig eingezogenem quadratischem Turm, wurde als Wallfahrtskirche St. Maria und zum Heiligen Kreuz 1444/67 errichtet. Ihr ältester Teil, die Sakristei auf der Nordseite, ist mit einem Kreuzrippengewölbe überspannt, auf dessen Rippen vier kleine Rosetten mit menschlichen Gesichtern sitzen. Die Gewölbedienste stehen auf runden Basen. An den Gewölbezwickeln erhielten sich Reste einer aus der Bauzeit stammenden Bemalung, an den Wänden befinden sich Szenen aus dem Marienleben. Die Nordwand besitzt eine fensterartige Nische mit einer Vertiefung, die Südwand einen zweiteiligen steinernen Wandschrank. Der Sockelsims des Chores greift außen über die Sakristei, ist demnach also später gebaut. Er und das Langhaus gehören einer zweiten Bauzeit an. Ihre Grenze befindet sich an den eingelegten Stufen im Inneren bzw. im Mauerabsatz der Nordwand. Das westliche Langhaus mit Turm und nördlichem Seitenschiff gehört einem dritten Abschnitt an. Der Chor wurde nochmals erhöht und anschließend bis zur Mitte des Langhauses mit einer hölzernen Tonne überspannt. Die westliche Hälfte des Langhauses erhielt dagegen eine Flachdecke. 1463/64 war der Turm fertig, die spätmittelalterlichen Glocken tragen als Gußdaten diese Jahreszahlen. Die Türen und Fenster besitzen besonders auf der Nordseite Drei- und Vierpässe in der Spitze. Die Stabwerktür ist dreifach gerippt, die westliche Tür dagegen nur zweifach. Am Turm sind die gotischen Fenster im Rundbogen geschlossen. Eine Besonderheit auf der Turmwestseite stellt die leicht aus der Mitte gerückte Reliefplatte mit einem männlichen Gesicht dar. Das Erdgeschoß des Turmes ist mit einem Kreuzrippengewölbe überspannt.
Der Innenraum der Kirche hat durch nachmittelalterliche Veränderungen viel von seiner ursprünglichen Raumwirkung verloren. Das wertvollste Ausstattungsstück, die sogenannte Krippe, stammt aus der abgebrochenen Heiligen-Grabes-Kirche bei Asbach. Es besteht aus einem sarkophagähnlichen Unterbau und ist von oben her bis zu 16 cm ausgehöhlt. In diese Mulde legte man die in Tücher gehüllte, aus Holz geschnitzte Gestalt Christi am Karfreitag „zu Grabe". Die zierliche Dekoration aus vielfach verschlungenem Flechtwerk läßt aber auch die Möglichkeit offen, daß es sich um eine Weihnachtskrippe gehandelt haben könnte. Dieses reich gearbeitete Werk stellt ein hervorragendes Beispiel spätgotischer Steinmetzkunst dar.
Der größte Teil der Bewohner von Haindorf trieb Ackerbau. Daran änderte auch der Bahnanschluß an die Station Auehütte im Jahre 1874 nichts wesentlich. Nahe bei der Kirche befindet sich in einem modernisierten Altbau der örtliche Kindergarten. Schräg gegenüber blieb bis in die Gegenwart eine funktionsfähige Schmiede erhalten.

R 6 **Volkers,** seit 1961 Stadtteil von Schmalkalden

Die langgestreckte Siedlung liegt in einem tief eingeschnittenen, von S nach N gerichteten Tal im Buntsandstein. Die feinkörnigen Sandsteine der Herrenliethe zwischen Volkers und Haindorf weisen eine seltene, kugelige Absonderung auf.
Das Dorf wurde 1057 als *Folcholdes* = Wohnsitz eines Volkhold genannt, als der Adlige Siegfried von Schwallungen an das Kloster Fulda Schenkungen machte. Zu Beginn des 14. Jh. befand sich der Ort als hersfeldischer Lehnsbesitz in der Hand der Herren von Frankenstein, die ihn 1325 an die Grafen von Henneberg veräußerten. Er wurde in das Amt Schmalkalden eingegliedert und erscheint als *Volkolt* in dem um 1340 angelegten hennebergischen Urbarium. In dem stets kleinen Dorf gab es 1585 lediglich 8 Haushalte, 1832 nur 11 Wohnhäuser mit 62 Einwohnern, die sich von Landwirtschaft und Lohnfuhren ernährten.
Hat man die Siedlung an der Volkerser Straße, beiderseits eines tiefen Tälchens gelegen, passiert, so kommt man zu einer genossenschaftlichen Schweinemastanlage am Ortsrand von Volkers. Die Gemarkung dieses Stadtteils läßt noch die frühere Flureinteilung in schmale Streifen erkennen, obwohl schon seit Jahrzehnten auf ihr ausschließlich Grünlandwirtschaft betrieben wird.

R 7 **Wüstung Roßbach**

Die Wüstung liegt nur 500 m südlich von der Roßbachquelle im Buntsandsteinvorland, und zwar südwestlich von Schmalkalden zwischen dem Wolfsberg und der Herrenkuppe. Die Siedlung gehörte zur alten Feldmark von Volkers, wurde 1320 urkundlich als *Rospach* erwähnt, ging 1325 aus Frankensteiner Besitz an die Grafen von Henneberg-Schleusingen über und wurde in das Amt Schmalkalden eingegliedert. In der Folgezeit hören wir nichts wieder von ihr.

R 8 **Möckers,** Kreis Schmalkalden

Die Erosionsbasis der Schmalkalde befindet sich bei Möckers in etwa 270 m ü. NN und zwingt die ihr von S zufließenden Bäche zu beträchtlichem Einschneiden. An der Vereinigungsstelle zweier derartig tief eingeschnittener Tälchen liegt Möckers. Unterhalb des Ortes verbreitert sich stellenweise die Bachaue, und der Wasserlauf pendelt zwischen Prall- und Gleithängen.
1312 hieß das Dorf *Oeckers* und 1340 *Meckers* = Ottokars Hof. Es gehörte ehemals zur Zent Schmalkalden (s. Seite 17) und kam bei der Auseinandersetzung zwischen Henneberg und Hessen-Kassel an das Amt Wasungen. Die kleine Flur bestand aus sechs Erben (Hufen). Da der Feldbau wenig ergiebig war, entwickelte sich Möckers seit dem Anfang des 20. Jh. immer mehr zur Arbeiterwohngemeinde für die Schmalkalder Industrie. Im Jahre 1984 pendelten 103 Personen dorthin aus.
Die Gemarkung der Gemeinde wird zu über zwei Dritteln forstwirtschaftlich genutzt. Lediglich 15 ha Grünland bearbeitet die LPG(T) Fambach.

Am westlichen Talhang steht eine kleine Kirche mit einem Dachreitertürmchen. R 8
Ihr gegenüber am östlichen Hang hat die ehemalige Schule, heute Kindergarten, ihren Platz. Sie wurde 1905 im sogenannten Heimatstil errichtet. Erwähnenswert ist das erhaltene alte Dorfbackhaus.

Schmalkalden (Abb. 34), Kreisstadt — S 1

Lage und geologischer Untergrund — S 1.1

Die Kreisstadt Schmalkalden (Bild 23) liegt im 300 bis 350 m hohen südwestlichen Vorland des Thüringer Waldes in einem weiten, von Sandsteinbergen umgebenen Talkessel dort, wo die Stille von SO in die Schmalkalde mündet. Zahlreiche Panoramawege sowie der 438 m hohe Grasberg, der 432 m hohe Wolfsberg, die 425 m hohe Queste, der 394 m hohe Rötberg und die 532 m hohe Weidebrunner Kuppe gewähren reizvolle Aussichten. Besonders aufschlußreich ist der Blick vom Ende der Notstraße aus auf die Südhänge des Gebirges.
An den Sandsteinhängen der nahen Umgebung der Stadt wurden früher feste Bänke der weißen und rotgeflammten Sandsteine des Unteren Buntsandsteins zu Bau- und Werksteinen abgebaut, insbesondere zu beiden Seiten der Schmalkaldeniederung in Richtung Weidebrunn und am Bahnhof Schmalkalden-Stillertor. 500 m nordöstlich vom Gipfel des Grasberges sind in einem alten Bruch auf 20 m Profillänge die Sandsteine aufgeschlossen. Aus solchen besteht das 1827/38 errichtete Schloß Reinhardsbrunn bei Friedrichroda.

Geschichtliche und wirtschaftliche Entwicklung — S 1.2

Das Schmalkaldetal gehört zu den ältesten Siedlungsräumen des Thüringer Waldes. Den Talkessel erschlossen vom S her alte Straßenzüge schon vor der Jahrtausendwende (Abb. 35). Ihre Lage an einer wichtigen Straßengabel machte die Siedlung bald zu einem der bedeutendsten Orte im nördlichen Franken. Als nördlichster Ort des fränkischen Grabfeldgaus lag Schmalkalden unmittelbar an der Grenze zum thüringischen Westergau. Es bildete den Sitz einer Zent, eines mittelalterlichen Gerichtsbezirks, besaß früh eine eigene Pfarrkirche und stellte das Zentrum eines umfangreichen Kirchspiels dar, dessen Sprengel bis in die Gegend von Suhl reichte.
Urkundlich wird die villa *Smalacalta* bereits 874 genannt, als die fränkische Edle CUNIHILT ihren Besitz in vielen Orten des Grabfeldes dem Kloster Fulda übereignete. Der Name darf wohl als frühe germanische Bezeichnung für eine Siedlung an der schmalen Kalta gedeutet werden, zu *kalta* = kaltes Wasser, zumal der Fluß oberhalb Pappenheims den Namen Kaltes Wasser bewahrt hat. Der Zusatz *smala* bezieht sich auf die Enge des Tals von der Quelle bis Hohleborn. Möglicherweise handelt es sich bei dem gräflichen Eigengut um den Herrenhof in der Hofstadt, während die dörfliche Siedlung am Zusammenfluß von Schmalkalde und Stille noch älter sein dürfte. Aus einem Bauerndorf

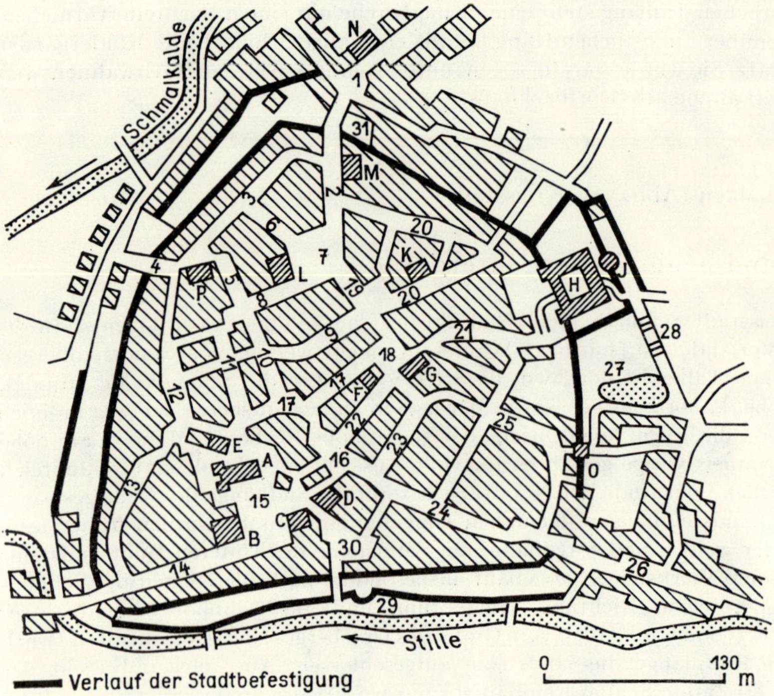

Abb. 34. Stadtplan von Schmalkalden (nach LOHSE 1958, verändert)

1 Weidebrunner Tor
2 Weidebrunner Gasse
3 Schmiedhof
4 Katzensprung
5 Mönchsgasse
6 Hölzersgasse
7 Platz der DSF
8 Klostergasse
9 Haargasse
10 Braugasse
11 Gillersgasse
12 Entenplan
13 Haindorfsgasse
14 Auer Gasse
15 Altmarkt
16 Salzbrücke
17 Stumpfelsgasse
18 Lutherplatz
19 Herrengasse
20 Pfaffengasse
21 Schloßberg
22 Steingasse
23 Judengasse
24 Stillergasse
25 Hoffnung
26 Stillertor
27 Schloßteich
28 Schloßtreppe
29 Hinter der Stadt
30 Hofstadt
31 Platz der Stadt-Fontaine

A Stadtkirche St. Georg
B Rathaus
C Ehem. Gasthaus zur Krone
D Todenwarthsche Kemenate
E Altes Kantorat
F Rosenapotheke
G Lutherhaus
H Schloß Wilhelmsburg
J Zwingerturm
K Henneberger Hof
L Hessenhof
M Große Kemenate
N Hospital u. Kapelle
O Pulverturm
P Stengelsches Haus

fränkischer Siedler mit einer stattlichen Gemarkung entstand im Lauf der folgenden Jahrhunderte die städtische Siedlung, die einerseits als Hauptstation im mittelalterlichen Verkehrsnetz über den Thüringer Wald strategische Bedeutung erlangte, durch die frühe Lokalisation des eisenverarbeitenden Handwerks aber auch einen wichtigen wirtschaftlichen Machtfaktor darstellte.

Schon vor 1057 hatte Würzburg von Schmalkalden Besitz ergriffen. In diesem Jahr trat der Bischof *Smalekaldum* an die Königin RICHEZA von Polen ab. Um 1100 faßten dann die Thüringer Landgrafen in dieser Gegend Fuß, die den Ort zur Stärkung ihrer Stellung südlich des Rennsteigs ausbauten und vermutlich am Ende des 12. Jh. zur Stadt erhoben. In dieser Zeit entstanden — nach dem baulichen Befund zu urteilen — der romanische Gründungsbau der Stadtkirche St. Georg (s. S 1.4) und der Altmarkt, die Burg und die älteste Stadtbefestigung. Urkundlich wird Schmalkalden jedoch erst 1272, in der Cronica Reinhardsbrunnensis vom Priester und Kaplan BERTHOLD schon 1227 als civitas bezeichnet, als Landgraf LUDWIG IV. aus seiner Stadt Schmalkalden zum Kreuzzug aufbrach. 1246 taucht erstmals ein Schultheiß in Schmalkalden auf.

In den Wirren des thüringischen Erbfolgestreites nach dem Tode des letzten Landgrafen ging der Ort im Juni 1247 an den Grafen HERMANN I. von Henneberg über und kam bei der hennebergischen Erbteilung von 1274 an den Stifter der Schleusinger Linie. Als Teil der Neuen Herrschaft fiel er 1291 an die askanischen Markgrafen von Brandenburg, wurde ab[illegible]r 1315 von BERTHOLD VII. von Henneberg-Schleusingen wieder zurückerworben. Ihm verdankte Schmalkalden seinen weiteren Aufschwung, da er die Stadt planmäßig in den Ausbau seines Territoriums einbezog und ihren wirtschaftlichen Aufstieg förderte. Seit 1360 teilten sich die Grafen von Henneberg-Schleusingen und die Landgrafen von Hessen die Herrschaft über Schmalkalden. Dieses Kondominat bestand bis zum Erlöschen des hennebergischen Grafenhauses 1583.

Schmalkalden ist eine innerhalb des alten Mauerringes aus verschiedenen Teilen allmählich zusammengewachsene Anlage (Abb. 35). Den Ausgangspunkt bildete eine kleine dörfliche Uranlage, in deren Nachbarschaft später zunächst selbständige Siedlungskomplexe entstanden, bevor alle zu einer Einheit zusammengefaßt wurden. Das alte Dorf lag auf dem erhöhten Gelände zwischen Altmarkt und Schloßberg und dürfte frühzeitig durch einen Herrenhof in der Hofstadt erweitert worden sein. Aus ihm entstand nach der Jahrtausendwende — wahrscheinlich erst nach der Zerstörung von 1078 — der befestigte stadtähnliche Marktflecken, dessen Kernstück die aus Markt und Kirchdorf zusammengesetzte Platzgruppe — Altmarkt, Rathaus, Kirche, Inspektur, Hofstadt — bildete. Seit der Mitte des 12. Jh. war sie mit dem Burgflecken um die aus dieser Zeit stammende Burg Waltaff verbunden. Diese zweite Stufe der Siedlungsentwicklung kam sichtbar zum Ausdruck durch die älteste Stadtbefestigung, die die beiden ursprünglich getrennten Siedlungskomplexe zusammenschloß.

Etwa gleichzeitig mit dem Ausbau des Dorfes zu einer stadtähnlichen Siedlung entwickelte sich um den heutigen Platz der Deutsch-Sowjetischen Freundschaft (Neumarkt) und den benachbarten Schmiedhof, dessen Name auf Ansiedlung der Schmiede und damit auf das älteste Gewerbe der Bewohner hinweist, eine zweite städtische Siedlung. Mittelpunkt ist der spätere Hessenhof (s. S 1.4), dessen Bauformen in die Zeit um 1225 weisen. Getrennt davon entstand etwa zur gleichen Zeit wie die Siedlung um den Neumarkt ein dritter Siedlungskomplex unterhalb des Burgberges, die Siedlung Pfaffendorf im Verlauf der heutigen Pfaffengasse. Die dritte Stufe der Siedlungsentwicklung war erreicht, als zwischen 1315 und 1328 die drei Siedlungskomplexe Altstadt, Neustadt und Pfaffendorf durch den Bau des inneren Mauerringes zu einer Einheit zusammengefaßt wurden. Diese Stadtbefestigung war mit Wehrgängen versehen und wies drei Haupttore auf.

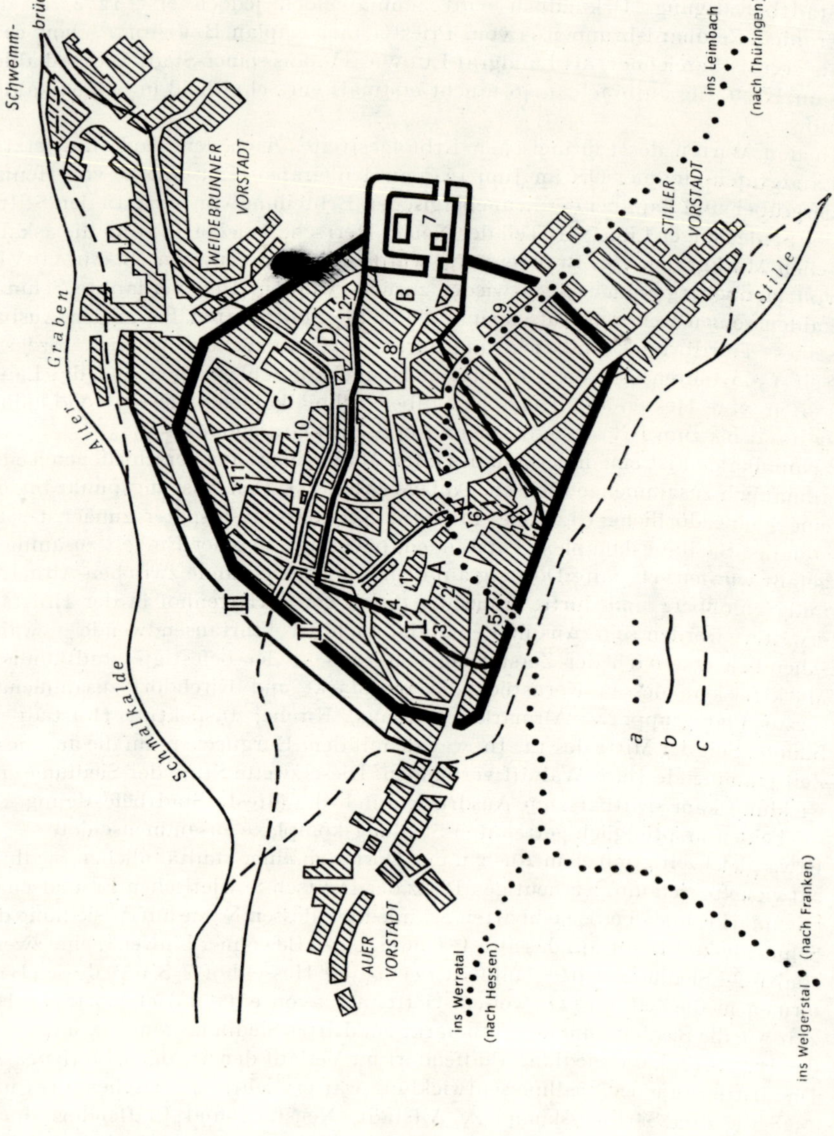
Schwemm-
brücke
WEIDEBRUNNER
VORSTADT
STILLER
VORSTADT
ins Leimbach
(nach Thüringen)
Stille
Graben
Schmalkalde
AUER
VORSTADT
ins Werratal
(nach Hessen)
ins Welgerstal (nach Franken)
a
b
c

Zu dieser Zeit erhielt Schmalkalden unter der Herrschaft BERTHOLDS VII. von Henneberg-Schleusingen fast den Rang einer Landeshauptstadt. 1320 wurde ein großes Stift gegründet, 1335 bekam die Stadt die gleichen Rechte und Privilegien verliehen, wie sie die Reichsstadt Gelnhausen besaß. In diese Jahrzehnte dürfte auch die Errichtung des Augustinerklosters fallen, von dem wir erstmals 1322 hören. 1339 gestattete BERTHOLD VII. den Bau eines Hospitals vor dem Weidebrunner Tor.

Bereits im 14. Jh. entwickelten sich die Vorstädte vor dem Auer Tor, dem Stillertor und dem Weidebrunner Tor. Sie wurden der lebensnotwendige Wirtschafts- und Existenzraum Schmalkaldens. Ihre Entstehung längs der drei wichtigsten Zufahrtsstraßen zur Stadt verdanken sie den speziellen Standortbedingungen für Eisenhandwerk und eisenverarbeitendes Gewerbe. Durch die Verlegung des Hauptverkehrs in das Schmalkaldetal entwickelte sich die Vorstadt Weidebrunner Tor zur wichtigsten Vorstadt, wo sich das Eisenhandwerk ansiedelte. Im Laufe des 15. Jh. wurde ein zweiter Befestigungsgürtel um die Stadt gelegt. Die letzte Stufe der Siedlungsentwicklung erlangte Schmalkalden durch die Ausweitung der Vorstädte in die Nebentäler hinein.

Die seit 1360 andauernde Doppelherrschaft von Hessen und Henneberg führte zu einem erbitterten Kampf zwischen zwei feudalen Mächten, von denen jede für sich einzelne Besitzungen und Hoheitsrechte beanspruchte. Der Ausdruck der geteilten Macht war die bei der Burg beginnende Scheidung in einen hessischen und einen hennebergischen Teil. In der Stadt gehörten die geistlichen Institutionen und nicht zuletzt auch die Bewohner verschiedenen Landesherrschaften an.

Schmalkaldens wirtschaftliche Entwicklung wurde im Mittelalter vom eisen- und stahlverarbeitenden Handwerk bestimmt, dessen Grundlage der Bergbau am Stahlberg (s. M 5) und an der Mommel (s. L 1) war. Die ältesten Nachrichten über das eisenverarbeitende Handwerk stammen aus der zweiten Hälfte des 14. Jh. 1348 erwarb das Schmalkalder Chorherrenstift einen Eisenhammer im oberen Trusetal, 1360 gab es Schleifkothen (s. E 6) vor der Stadt, 1395 ein Zainhaus am Stillertor. Eine urkundliche Nachricht aus dem Jahre 1397 zeigt, daß Schmalkalder Stahlwaren schon zu dieser Zeit auf der Frankfurter Messe gehandelt wurden. Bereits 1408 bestanden vier Zünfte, die Eisen

Abb. 35. Entwicklung des Stadtbildes von Schmalkalden im Mittelalter (nach WAHL 1974)

A Altstadt (um den Altmarkt)
B Burgflecken mit geistlichem Quartier
C Neustadt (um den Neumarkt)
D Sondersiedlung Pfaffendorf

a Verlauf des ältesten Verkehrsweges
b Ursprünglicher Gewässerverlauf
c Neu angelegter Gewässerverlauf

I Älteste Stadtbefestigung um 1200
II Innerer Mauerring nach 1315
III Äußerer Mauerring 15. Jh.

1 Stadtkirche St. Georg
2 Altes Rathaus
3 Inspektur (Dekanat)
4 Alte Schule
5 Romanisches Stadttor (Galgentor)
6 Herrenhof (Todenwarthsche Kemenate)
7 Burg Waltaff
8 Kollegiatstift (früher Jacobskapelle)
9 Henneberger Hof in der Hoffnung
10 Hessenhof
11 Augustinerkloster
12 Henneberger Hof (Heilig-Grabes-Behausung) in der Pfaffengasse

Abb. 36. Schmalkalder Innungssiegel (aus LOHSE 1955)

oben: Huf- und Zeugschmiede (16. Jh.), Mitte: Zainschmiede (1710), unten: Gürtler und Nagelschmiede (1737)

und Stahl weiterverarbeiteten und sich mit zunehmender Produktion weiter differenzierten. Unter den verschiedenen Innungen (Abb. 36) und Zünften hob sich schon früh als die wichtigste und angesehenste Zunft die der Stahlschmiede heraus. Seit den letzten Jahrzehnten des 15. Jh. werden mit dem Auftreten von Verlegern, die außerhalb der Zunft Eisen aufkauften und durch Stahlschmiedeknechte verarbeiten ließen, frühkapitalistische Züge sichtbar.

Mit dem Fortschreiten auf wirtschaftlichem Gebiet, dem großen gewerblichen Aufschwung an der Schwelle zum 16. Jh., stiegen auch die sozialen Spannungen, verschärften sich die Widersprüche. Die gewachsene ökonomische Stärke der Stadt gab ihr ein größeres Gewicht gegenüber der hennebergisch-hessischen Landesherrschaft. Es mehrten sich kommunalpolitische und ökonomische Auseinandersetzungen, nachdem bereits 1408 über Schmalkalden die Reichsacht verhängt worden war, weil sich die Bürgerschaft mit dem hennebergischen Landesherrn überworfen hatte. Am Vorabend der frühbürgerlichen Revolution wuchs vor allem der Widerstand gegen das Gebaren des katholischen Klerus, der in Schmalkalden außer in der Stadtkirche St. Georg, dem Chorherrenstift St. Egidii und Erhardi und dem Augustinerkloster in sechs weiteren Kapellen in und vor der Stadt präsent war. Tumulte und Ausschreitungen gegen die Stiftsgeistlichen, so 1521 und 1524, ein reformatorischer Versuch des Stiftsvikars BALTHASAR WILHELM (1524/25) und der Ausgang des Bauernkrieges in Schmalkalden, der eine Schwächung des Klerus zur Folge hatte, bewirkten, daß die Stadt ein früher Stützpunkt der Reformation im nördlichen Franken wurde.

Im Verlauf des Bauernaufstandes im oberen Werragebiet schloß sich die Bürgerschaft im April 1525 der Bewegung der Bauern an und öffnete ihnen die Tore; der Rat bekannte sich unter dem Druck der Ereignisse zu den zwölf Artikeln der Bauern. Als treibende Kräfte innerhalb der Stadt traten vor allem die Gesellen und verarmten Meister aus dem eisen- und stahlverarbeitenden Gewerbe auf. Während der Anwesenheit der Bauern in Schmalkalden wurden die Stiftsdekanei, Häuser der Geistlichen und das Augustinerkloster angegriffen und teilweise zerstört. Nachdem der Werrahaufen weitergezogen war, widerrief der Stadtrat sein Bekenntnis zu den Forderungen der Bauern. Die Stadt mußte ihre Unterstützung des Aufstands durch die Zahlung von je 1000 Gulden an beide Landesherren büßen, direkt beteiligte Bürger hatten gesondert Strafe zu zahlen. Im Juli 1525 wurden auf dem Altmarkt die Schmalkalder Bastian Steinmetz und Daniel Gebauer, auf dem Neumarkt zwei Brotteroder und ein Wasunger hingerichtet. S 1.2

Im Gefolge der Ereignisse des Bauernkrieges nutzte der hessische Landesherr als Anhänger der Kirchenreformation Luthers die im Widerstand gegen die Bauern demonstrierte Überlegenheit gegenüber dem Mitregenten aus und begann eigenmächtig in Schmalkalden mit der kirchlichen Erneuerung, indem er den katholischen Stadtgeistlichen nicht mehr zum Pfarramt zuließ und im Mai/Juni 1525 mit Wolfgang Grebe (Gräfe) den ersten evangelischen Prediger in der Stadtkirche St. Georg einsetzte. Die Reformation in Schmalkalden bewegte sich allerdings in engen Grenzen, da der hennebergische Mitregent weiterhin an der katholischen Glaubensordnung festhielt. Die unter seinem Patronat stehenden kirchlichen Einrichtungen, Stift, Kloster und Kapelle zum Heiligen Grab, wurden erst zwei Jahrzehnte später endgültig aufgehoben. Trotzdem war Schmalkalden unter den hessischen Städten, aber noch viel mehr in Henneberg-Schleusingen der Ort, in dem sich die Reformation am frühesten durchsetzen konnte.

Das weitere Ausbreiten der evangelischen Lehre wurde durch die Tagungen der protestantischen Stände, die seit 1529 in Schmalkalden zusammenkamen, begünstigt. Die Stadt gab dem am 31. Dezember 1530 geschlossenen Bündnis gegen Kaiser und Papst ihren Namen und ging mit dem Schmalkaldischen Bund und Martin Luthers Schmalkaldischen Artikeln von 1537 in die deutsche Nationalgeschichte ein. Aufgrund seiner geographischen Lage, der wirtschaftlichen Potenzen und der besonderen ideologischen Entwicklung unter der Doppelherrschaft Hessens und Hennebergs wurde Schmalkalden Gründungsstätte und bevorzugter Tagungsort des Bundes. Unter Führung des hessischen Landgrafen Philipp I. und des Kurfürsten Johann Friedrich I. von Sachsen trafen sich in den Mauern Schmalkaldens die Vertreter dieses Verteidigungsbündnisses von 1529 bis 1543 insgesamt acht Mal zu Beratungen des Schmalkaldischen Bundes. Die glanzvollste Bundestagung fand 1537 statt, als sich fast alle führenden protestantischen Theologen, unter ihnen Martin Luther und Philipp Melanchthon, in der Stadt versammelten. Einer der Beratungsgegenstände waren die Schmalkaldischen Artikel, die in der Folgezeit eine der wichtigsten Bekenntnisschriften der Protestanten wurden. Die spätere Konsequenz dieses Glaubensbündnisses war der 1546/47 sowohl in Süddeutschland als auch in Sachsen ausgetragene Schmalkaldische

 Krieg, der mit einer vernichtenden Niederlage des Bundes durch den Kaiser endete.

Von der zweiten Hälfte des 16. Jh. bis zum Beginn des Dreißigjährigen Krieges reichte die Blütezeit des älteren Schmalkalder Eisenhandwerks. Die fortdauernde Spezialisierung führte zur Bildung weiterer Zünfte. 1554/55 gab es 196 Meister des Schmiedehandwerks, 1578 insgesamt 270 Schmiedewerkstätten am Ort. Die produzierten Waren fanden auf Messen und Märkten außerhalb der Stadt Absatz. In die Monopolstellung der alten Stahlschmiedezunft brach 1554 der hennebergische Rentmeister HANS STEITZ ein, der sich als frühkapitalistischer Unternehmer über alle Zunftschranken hinwegsetzte, Lohnknechte beschäftigte und so viel Stahl herstellen ließ, wie er absetzen konnte. Der dadurch ausgebrochene Konflikt endete 1575 mit dem Stahlschmiederezeß, der auch die Jahresproduktionsmenge in diesem Handwerk neu festlegte. Sie war innerhalb von zwei Jahrzehnten von jährlich 1200 Zentner reinen Stahls auf 2900 Zentner angewachsen.

Nach 1583 wurde Hessen Alleinbesitzer über Stadt und Herrschaft Schmalkalden. Landgraf WILHELM IV. ließ ab 1585 anstelle der alten Burg Waltaff Schloß Wilhelmsburg (s. S 1.4) als Jagd- und Sommersitz erbauen. Am Ende des 16. Jh. zählte Schmalkalden 887 Haushalte.

Wie anderswo bedeutete der Dreißigjährige Krieg den Niedergang der Stadt, zumal Schmalkalden wegen seiner Verkehrslage ein Durchzugsort für die feindlichen Truppen war. Daß sich danach die Wirtschaft wieder erholen konnte, geht auf den weiteren Ausbau des Verlagssystems zurück. Die erstarrte und reaktionäre Zunftverfassung sowie die Engstirnigkeit der Zunfthandwerker blockierten jedoch in der Folgezeit die wirtschaftliche Entwicklung. Da im Handwerk bereits eine weitgehende Spezialisierung und Arbeitsteilung vorhanden waren, kam es nicht zur Ausbildung größerer Manufakturen, die die Ausbreitung neuer, kapitalistischer Produktionsverhältnisse begünstigt hätten. Lediglich die 1745 errichtete Gewehrmanufaktur von MATTHIAS CONRAD PISTOR in der Bohrmühle sowie zwei kleine Knopfmanufakturen entstanden im Laufe des 18. Jh. Es gab eine sehr große Zahl von Schmiedewerkstätten. Durch den starken ökonomischen Druck der Kaufleute und Verleger auf die Handwerker, so durch die Bezahlung der Waren in Form von Rohstoffen, Lebensmitteln oder anderen Waren, verloren viele ihre bisherige Unabhängigkeit und sanken zu den sogenannten Kleinfeuerarbeitern herab. Andere Ursachen für den Niedergang der Eisen- und Stahlwarenproduktion lagen im zunehmenden Mangel an Holz für die Holzkohleherstellung und in der Verknappung des heimischen Eisenerzes.

Bis weit in das 19. Jh. hinein basierten die wirtschaftlichen Verhältnisse Schmalkaldens auf einer überholten Produktionsweise. 1827 versuchte man, mit einer neuen Gewerbeordnung alle die Entwicklung hemmenden Faktoren zu beseitigen und eine freiere Gewerbetätigkeit zu fördern. Die Herausbildung der Produktivkräfte und die Entstehung leistungsfähiger kapitalistischer Betriebe gingen jedoch nur zögernd vor sich. Lediglich die Inbetriebnahme der Neuen Hütte 1835 nördlich von Weidebrunn (s. P 7) rationalisierte die Roheisengewinnung. Kapitalistische Fabrikbetriebe bildeten sich seit der zweiten Hälfte des 19. Jh. heraus. Sie bedingten den Anschluß an das Eisenbahnnetz, der 1874 durch den

Bau der Bahnlinie Schmalkalden—Wernshausen erfolgte (s. Q 5). Einen weiteren wesentlichen Fortschritt bedeutete die 1896 erfolgte Einführung des elektrischen Kraftstroms zum Antrieb der Maschinen. Die als Schmalkalder Artikel bezeichneten Werkzeuge und Kleineisenwaren fanden nunmehr auch auf dem Weltmarkt Absatz. 1902 wurde eine Königliche Fachschule für die Eisen- und Stahlwarenindustrie gegründet, die den Nachwuchs an Facharbeitern sichern sollte. S 1.2

In der kommunalen und wirtschaftlichen Entwicklung der Stadt brachten zunächst die französische Besetzung von 1806 bis 1813, die 1807 die Eingliederung der Herrschaft Schmalkalden in das neugebildete Königreich Westfalen zur Folge hatte, und dann der 1866 erfolgte Übergang an Preußen neue Bedingungen mit sich.

Schließlich begann sich mit der Entwicklung der Produktivkräfte und der veränderten sozialökonomischen Lage der Fabrikarbeiter in den letzten beiden Jahrzehnten des 19. Jh. auch die Arbeiterbewegung zu organisieren. 1890 wurde als erste Arbeiterorganisation ein sozialdemokratischer Wahlverein gebildet, der 1896 in einen Sozialdemokratischen Verein überging. Ein Ortsverein der SPD wurde jedoch erst 1905 gegründet. Als Gewerkschaftsorganisation entstand 1891 der Schmalkalder Metallarbeiterverband. Aufgrund der Struktur der Wirtschaft mit den Klein- und Mittelbetrieben, war die Arbeiterbewegung bis zum ersten Weltkrieg und zur Novemberrevolution 1918 nur schwach entwickelt und mit kleinbürgerlichen Elementen durchsetzt. 1920 wurde die Ortsgruppe der KPD gegründet, die vor allem im Kampf gegen die Arbeitslosigkeit in der Zeit der Weltwirtschaftskrise und gegen den aufkommenden Faschismus hervortrat.

Während der Herrschaft des Faschismus stellten die meisten größeren Betriebe ihre Produktion in den Dienst der Kriegsvorbereitung. Britisch-amerikanische Bombenangriffe verursachten am 20. Juli 1944 und am 6. Februar 1945 Schäden an Produktionsanlagen und im Stadtgebiet und forderten Menschenleben. Das Ende des zweiten Weltkrieges bedeutete die endgültige Lösung der fast sechs Jahrhunderte andauernden Bindung der Schmalkalder Exklave an Hessen und die Eingliederung in das Land Thüringen. Nach vorübergehender Besetzung durch amerikanische Streitkräfte seit dem 3. April 1945 wurde Thüringen Anfang Juli 1945 ein Teil der damaligen sowjetischen Besatzungszone.

Kunst- und Baudenkmale S 1.3

Bis in die Gegenwart konnte sich die Geschlossenheit des spätmittelalterlichen Stadtbildes von Schmalkalden erhalten. Aus diesem Grund steht die Innenstadt als Denkmal von nationaler Bedeutung seit 1976 auf der Zentralen Denkmalsliste der DDR. Gefährdungen des Bestandes erwachsen besonders aus den sehr schwierigen Verkehrsverhältnissen in der Stadt.

Das architektonische Bild von Schmalkalden wird durch eine große Anzahl stattlicher, im 15. bis 18. Jh. entstandener Bürgerhäuser, meist dreigeschossiger Steinhäuser und hessisch-niederdeutsch beeinflußter Fachwerkgebäude, charakterisiert. Zu den bedeutenden Steinbauten zählen die Große Kemenate,

Abb. 37. Lutherhaus am Lutherplatz in Schmalkalden 1949 (Zeichnung von ALFRED OEHRING; Museum Schloß Wilhelmsburg Schmalkalden)

Weidebrunner Gasse 26/28 (erste Hälfte 15. Jh.), die Rosenapotheke, Steingasse 11 (1545 und älter, hier seit 1664 Apotheke), die Todenwarthsche Kemenate, Altmarkt 5 (15./16. Jh.), und der Henneberger Hof — auch Heilig-Grab-Behausung —, Pfaffengasse 26 (zweite Hälfte 13./16. Jh., ursprünglich Wohnturm, Ende 15. Jh. Anbauten). Diese Gebäude haben als gemeinsames architektonisches Kennzeichen gestufte gotische Treppengiebel, ebenso wie das alte Rathaus von 1419, das 1901 teilweise abbrannte und 1903 einen Ergänzungsbau in Neurenaissanceformen erhielt. Manche Fachwerkbauten besitzen ein steinernes Erdgeschoß, etliche ein vorkragendes Obergeschoß. Sie sind im Inneren oft umgebaut und weisen teilweise gute Stuckdecken des Barocks auf. Hervorzuheben sind

Abb. 38. Hessenhof in Schmalkalden vor dem Umbau im Jahre 1837 (aus WEBER 1913)

das Ensemble am Lutherplatz (Bild 24), besonders Nr. 7 (Lutherhaus, Abb. 37) mit spätgotischem Hinterhaus, ferner Schmiedhof 19 (Bauherr HENRICH ZÖLNER 1580, 1776 verändert), Kirchhof 2 (Suppenküche, 1658, besonders schön konstruiertes Haus mit Mann-Figurationen), Kirchhof 9/10 (Altes Kantorat, 1608), Kirchhof 11 (Anfang 17. Jh., in Giebelstellung zur Straße, mit geschweiften Andreaskreuzen in den Gefachen) und Kirchhof 3 (Alte Superintendentur, 1669, in Giebelstellung zur Straße, mit Andreaskreuzen im ersten Obergeschoß, im Fachwerk Mann-Figuren) sowie Weidebrunner Gasse 20 (Liebaugsches Haus, Ende 16. Jh., über massivem Erdgeschoß Fachwerk in Giebelstellung zur Straße) und Hoffnung 19 (16. Jh., vorkragend in den Obergeschossen). Der Straßenzug Neue Reihe, eine Häuserzeile längs des Kunstgrabens vor dem Weidebrunner Tor, setzt sich aus einheitlichen dreigeschossigen Reihenhäusern zusammen, die nach dem Brand von 1747 als Neue Riehl (Neue Reihe) errichtet wurden.

Eine Besonderheit bildet der Hessenhof, Platz der Deutsch-Sowjetischen Freundschaft 5 (Abb. 38), aus dem 13. und 16. Jh. mit seinem stattlichen Fachwerk über massivem Erdgeschoß, in dessen romanischem Gewölbe sich die Iwein-Malszenen (Abb. 39) aus dem 13. Jh. befinden. Die in 70 bis 75 cm hohen Bildstreifen angeordneten Secco-Malereien auf Kalkputz bedecken die Wände

S 1.3 des 4,25 m langen, 4 m breiten und 3,25 m hohen Raumes. Nach dem Versroman des HARTMANN VON AUE († zwischen 1210 und 1220) sind 21 Szenen aus der Iweinsage dargestellt. Der aus dem süddeutsch-alpinen Raum stammende Meister schuf diese Malereien um 1227. Sie stellen die älteste profane Malerei auf dem Gebiet der DDR dar und gehören wahrscheinlich zu den umfangreichsten Bildzyklen überhaupt. Sie wurden erst im 19. Jh. wiederentdeckt und seither einige Male restauriert. Seit 1977 sind parallel zur Konservierung der Malerei zusätzliche Maßnahmen zur Feuchtesanierung mit sichtbarem Erfolg eingeleitet worden. Durch Untersuchungen im ultravioletten Licht wurden längst zerstörte Ausmalungen durch ihre Fluoreszenz wieder erkennbar. Damit ist eine ursprünglich vielfarbigere und reichere Malerei bewiesen.

Im unregelmäßigen Straßennetz von Schmalkalden stehen die Kirchen ebenso wie die Wilhelmsburg in wichtigen Blickbeziehungen. Die Stadtkirche St. Georg, von deren romanischem Vorgängerbau Reste im jetzigen Südturm erhalten blieben, wurde in der Zeit zwischen 1437 und 1509 als spätgotische Hallenkirche errichtet. Sie zeichnet sich durch außerordentlich weite Raumverhältnisse aus. Das Äußere wirkt nüchtern, nur die südliche Chorwand zum Markt besitzt eine reiche Schaufassade mit filigranähnlich angelegtem Maßwerkschmuck zwischen den Strebepfeilern und in den Fenstern. Die Zweiturmfassade mit Doppelportal wurde nicht vollendet, die oberen Stockwerke entstanden erst seit 1570. Von der Ausstattung sind besonders das Chorgestühl aus der zweiten Hälfte des 16. Jh., der Taufstein von etwa 1560 und die Kanzel von 1669 hervorzuheben.

Von der Stadtmauer blieben Reste erhalten; der Pulverturm, ein fünfgeschossiger Rundturm, gehörte zur inneren Mauer. In die Stadtbefestigung einbezogen war das Schloß Wilhelmsburg (Abb. 40), das an Stelle der mittelalterlichen Waltaffburg und des 1319 gestifteten Kollegiatsstiftes auf einem Bergsporn aus Mittlerem Buntsandstein am Fuße der Queste als regelmäßige Vierflügelanlage mit vier Wendelsteinen in den inneren Hofecken und ehemals reichen Renaissancedachgiebeln errichtet wurde. Der hessische Landgraf WILHELM IV.

Abb. 39. Malerei (Iweins Hochzeitsmahl) im Hessenhof in Schmalkalden (aus WEBER 1913)

berief dafür den Baumeister CHRISTOPH MÜLLER und dessen Sohn HANS. Auf den Vater geht weitgehend der Außenbau zurück, der 1590 vollendet wurde. Dem Sohn können mit Sicherheit vier Portale zugeschrieben werden. Für den inneren Ausbau zeichnet der Niederländer WILHELM VERNUKKEN, Hofbildhauer in Kassel, verantwortlich, der wie HANS BECKER als Stukkateur bekannt S 1.3

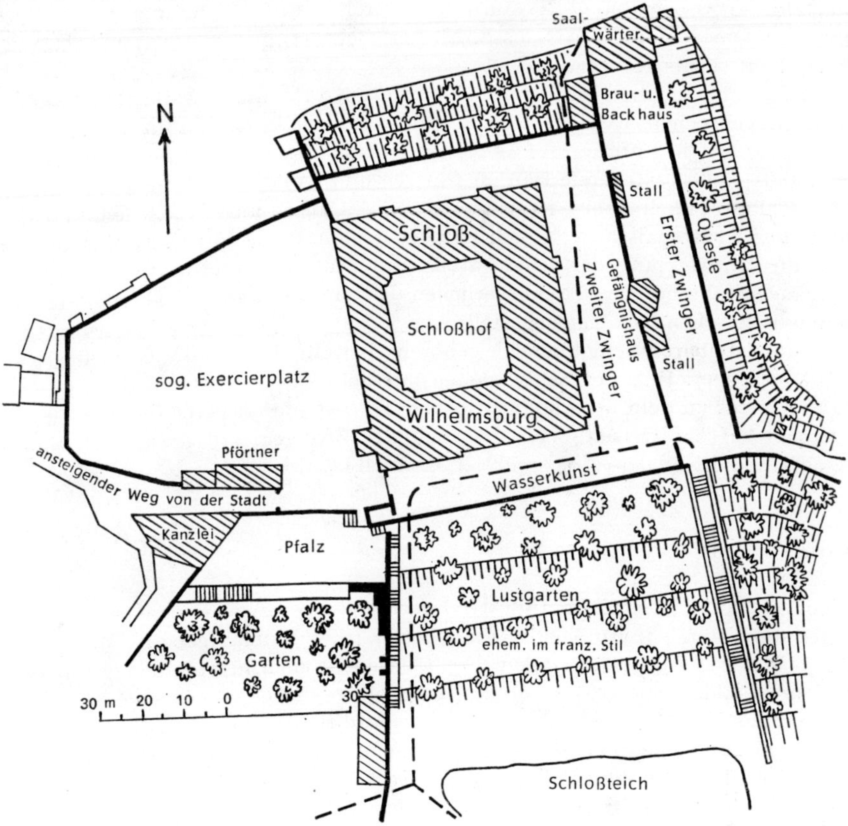

Abb. 40. Lageplan vom Schloß Wilhelmsburg in Schmalkalden (nach WEBER 1913, nach einer Aufnahme von 1859)

ist. Die inneren Malereien und Stukkaturen entstanden unter dem Einfluß von Ornamentstichvorlagen des Floriskreises, benannt nach dem niederländischen Ornamentzeichner CORNELIS FLORIS (1514/75) und dessen Schüler HANS VRIEDEMAN DE VRIES († 1603 oder 1623). In den Raumfolgen, den Gemächern, die von den Treppentürmen erschlossen werden, ist besonders der Weiße Saal (1586/90) mit reichem Wand- und Deckenstuck hervorzuheben, dessen Wände ursprünglich mit Ledertapeten verkleidet waren. In den übrigen Räumen des Schlosses finden wir weitere reiche Dekorationen, besonders Fenster- und Tür-

S 1.3 rahmungen in Roll- und Beschlagwerkornamentik. Die Schloßkapelle stellt ein frühes Beispiel des protestantischen Kirchenbaus mit ringsumlaufenden Doppelemporen hinter einer dreigeschossigen Arkadenwand dar. Auf der Ostseite befinden sich in einer Achse Altar, Kanzel und Orgel. Die mit einem hölzernen Pfeifenwerk ausgestattete Orgel wurde im Jahre 1586 von DANIEL MEYER aus Göttingen geschaffen und ist die älteste auf dem Gebiet der DDR. Seit der im Jahre 1976 beendeten Restaurierung durch WILHELM RÜHLE aus Moritzburg bei Dresden unter wissenschaftlicher Betreuung von HARTMUT HAUPT, Jena, dient sie als Konzertorgel.

Das Schloß befand sich seit 1813 im Verfall, um 1820 mußten die Renaissancegiebel abgebrochen werden. Rekonstruktionsversuche nahm in der zweiten Hälfte des 19. Jh. FRIEDRICH LASKE vor. Gründlich wurde der aus rotgeflammten Sandsteinen bestehende Bau im Inneren und Äußeren seit 1964 restauriert. Das Schloß Wilhelmsburg ist ein erstrangiges Bau- und Kunstdenkmal der deutschen Spätrenaissance. Es enthält ein regionalgeschichtliches Museum, in dem die Entwicklung der Eisenwaren- und Stahlwarenproduktion sowie die Vorgänge während der frühbürgerlichen Revolution und die Geschichte des Schmalkaldischen Bundes dargestellt sind.

Zum unmittelbaren Schloßbereich gehören als weitere Bauten die Schloß-Pfalz (Anfang des 17. Jh.), der Schloßgarten mit der Wasserkunst auf der Südseite des Schlosses und ein ursprünglich in vier Terrassen angelegter Lustgarten mit Treppe. Auf der Ostseite befinden sich der Zwinger mit Turm und Mauer (1589/92), die Kanzlei (1604) und der Marstall (1618).

S 1.4 Volkskunde

Eine verspätet einsetzende Industrialisierung (s. S 1.2) sowie das — bedingt durch die historische Entwicklung — über Jahrhunderte aufgebaute Mißtrauen der Bevölkerung gegenüber allem Fremden und Neuen führten dazu, daß sich in Schmalkalden eine große Vielfalt alten Volksbrauches sehr lange erhielt. Die hier vorhandenen reichen volkskulturellen Traditionen waren ein Grund dafür, daß 1976 auf Schmalkalden die Wahl zum Austragungsort für das Folklorefestival im Rahmen der Konzeption zur Entwicklung der Folklorepflege in der DDR durch das Ministerium für Kultur fiel. Seitdem finden hier im Wechsel regelmäßig das Bezirks- und das DDR-Folklorefestival statt, aus deren Anlaß sich nicht nur eine Vielzahl von Volkskunstgruppen mit ihren Programmen versammelt, sondern auch wissenschaftliche Veranstaltungen zur Erbepflege stattfinden. Bereits 1974 richtete man in Schmalkalden einen Festplatz mit einer Bühne für 3000 Zuschauer ein.

Die Regionalhistoriker bescheinigen den vor allem im 18./19. Jh. unter besonders schlechten sozialökonomischen Bedingungen lebenden Schmalkaldern, daß sie bei einer weit verbreiteten Armut eine ausgesprochene Neigung zum Feiern besaßen. Die Kirmes, das wichtigste Volksfest, ist hierfür das beste Beispiel. Diese feierten die Einwohner in einigen Stadtteilen in der Johanniswoche (Johannistag — 24. Juni), also in der Zeit der Sommersonnenwende, in anderen in der Pfingstwoche mit großem Aufwand. Die Kirmes läßt sich bis in das Mittelalter zurückverfolgen und geht wohl auf das um 1320 gegründete Augustinerkloster (Kirmes — von Kirchweihe) zurück. 1341 verlegte Bischof Otto von Würzburg sie auf den Sonntag nach Fronleichnam. Somit dürfte die Klösterer Kirmes auch die älteste sein. S 1.4

Am Kirmesmontag zog die Schmalkalder Jugend zum Andreasbrunnen im Pfaffenbachtal, um die Kirmestannen einzuholen. Hier fand bei Musik, Gesang, Tanz und verschiedenen Spielen der eigentliche Auftakt des Festes statt. Der Dienstag war dem Setzen der Kirmestannen vorbehalten, mit ihnen wurden die Tanzbrücken geschmückt. Diese stellen eine Schmalkalder Besonderheit dar, sie wurden über die Kunstgräben geschlagen, die durch die Stadt flossen, und dienten dem Tanz im Freien, den Zeremonienmeister überwachten. Die größte Freude bereitete der Jugend der mit Mummenschanz ausgefüllte Kirmessonnabend. Den Höhepunkt der Kirmes bildete jedoch der Umzug am Sonntag, bei dem der Kirmesscheumpfer (Kirmesbursche) seine Kirmesscheumpfere (Kirmesbraut) mit sich führte. Voran zog die Kapelle, hinter der die Kirmesfahne getragen wurde. Das Ende des Festes bildete der Käsmontag, der Tag des Katzenjammers und des leeren Geldbeutels, dieser wurde „auf die Bleiche gelegt".

Bis in die zweite Hälfte des 19. Jh. hinein ging Jung und Alt in der Tracht der Kirmes. Die Kleidung der Schmalkalder Frauen zeichnete sich vor allem durch die hohe Tukkartsmütze mit dem in die Stirn ragenden Schnabel (Schneppe) aus. Sie war mit breiten, zum Teil aufrecht stehenden Bandschleifen aus schwarzer Seide besetzt. Als einzige Kirmesgesellschaft in Schmalkalden befestigten die Stillertörer in der Spitze des Maibaumes eine geputzte Puppe. Es handelt sich um einen über ganz Mitteleuropa verbreiteten Brauch zur Zeit des Wechsels vom Winter zum Sommer.

Die Schmalkalder Kirmes, seit der Jahrhundertwende kaum noch gefeiert, hat seit etwa 1972 wieder eine Belebung erfahren. Der Jugendklub Schmalkalden veranstaltet jährlich unter großer Anteilnahme der Jugendlichen die Obertörer Kirmes, benannt nach einem Straßenzug zwischen dem Obertor und der Schwemmbrücke.

Zweimal im Jahr war die Queste, der oberhalb des Schlosses Wilhelmsburg aufragende Berg, Austragungsstätte sehr alten, wohl auf die vorchristliche Zeit zurückgehenden Volksbrauchs. Hier traf sich am Abend vor der Walpurgisnacht (30. April zum 1. Mai) die Jugend zu allerlei Neckspielen. Ein Fest der Jugend war das Questenfest, das dem Berg seinen Namen gab. Am Sonnabend vor Pfingsten fand sie sich hier zusammen, um den Questenbaum, einen geschälten Stamm, aufzurichten. Bei Gesang und Spiel verbrachte man den Abend am Feuer. Der Morgen wurde schweigend erwartet, um dann begeistert die aufgehende Sonne zu begrüßen und einen mit Laubbüscheln (Quasten = Questen) behängten Kranz, den Questenkranz, aufzuziehen. Auch in diesem Fall handelt es sich um das Begrüßen des Sommers, das in dieser Form einst weit verbreitet war und heute noch in Questenberg/Harz (s. Bd. 29, A 8) gefeiert wird. Charakteristisch ist die Lage der Austragungsstätte: Immer wählte man dafür Berge, die einen freien Blick nach O erlaubten, um frühzeitig den Sonnenaufgang wahrnehmen zu können.

Auf eine Stiftung Graf Heinrichs X. von Henneberg-Schleusingen aus dem Jahre 1379 ging das Hirschessen zurück. Nach dieser erhielt die Stadt jährlich

S 1.4 am 15. August einen geschossenen Hirsch aus den herrschaftlichen Wäldern. Das Hirschessen stellte in der Zeit zwischen dem ausgehenden 14. bis in die zwanziger Jahre des 17. Jh. das größte Volksfest dar. Es wurde von den Angehörigen der städtischen Oberschicht und deren Gästen, darunter oftmals den Landesherren, im Rathaus gefeiert, vom Volk auf dem Markt. Höhepunkte waren neben dem Essen und Trinken der Tanz im Freien, die Darbietung des Schwertertanzes durch die Gesellen sowie die Aufführung von Schauspielen. Hierin verdeutlicht sich nicht allein die Freude der Schmalkalder am Feiern, sondern auch ein gewachsenes Selbstbewußtsein des Bürgertums gegenüber der Landesherrschaft.

S 1.5 Gegenwärtige Verhältnisse

Schmalkalden ist Sitz des VEB Werkzeugkombinat Schmalkalden, der 1964 gegründet wurde, und Standort seines seit 1970 in Richtung zum Dorf Asbach (Bild 22) stark erweiterten Stammbetriebes. Dem Kombinat gehören in der Stadt acht Betriebe an. Die 3300 Beschäftigten produzieren nahezu 20000 verschiedene Erzeugnisse: Handwerkszeuge, wie Äxte, Beile und Sägen, vor allem aber modernste Maschinenwerkzeuge mit numerischer Steuerung und Rotationswerkzeuge. Seit 1983 werden Mähmesser gefertigt. Aber auch einige kleinere Betriebe gibt es in der Stadt, wie den VEB Hartmetallwerk und den VEB Stahl- und Schneidwaren. Dem Maschinen- und Fahrzeugbau zuzuordnen sind der VEB Feinmeßzeugfabrik Suhl, Betrieb Lehren- und Meßgerätewerk, der VEB Schmalkalder Kranbau als Produzent von Kränen und Laufkatzen sowie der VEB Stanz- und Ziehteile, der neben verschiedenen Kleineisenwaren vor allem Wäschetrockner und Kartonagen herstellt.
Im engen Zusammenhang mit der Funktion Schmalkaldens als Standort des Werkzeugmaschinenbaus ist die Entwicklung der Ingenieurschule für Maschinenbau zu sehen. Aus der Fachschule für Eisen- und Stahlwarenindustrie (s. S 1.2) hervorgegangen, bildet sie gegenwärtig etwa 2000 Studenten zu qualifizierten Kadern für diesen Industriebereich aus. Sehr enge Beziehungen bestehen zwischen der Ingenieurschule als Forschungseinrichtung und dem Werkzeugkombinat als Praxispartner.
Zu einem weiteren bedeutenden Industriezweig der Stadt entwickelte sich der Sportgerätebau, der vor allem auf die Herstellung von Wintersportgeräten spezialisiert ist. Schmalkalden ist Sitz des VEB Kombinat Sportgeräte und Standort des Stammbetriebes mit 900 Beschäftigten. Jährlich stellt der Betrieb etwa 80000 Paare Ski für den Export in 30 Länder sowie für den Binnenmarkt her. Ausländische Hauptabnehmer sind die skandinavischen Länder, die Alpenländer sowie Kanada und Island. Auch Rodel, Schlittschuhe und Rollschuhe gehören zum Produktionsprogramm des Betriebes. So werden hier die Rennschlitten und Bobs für unsere in diesen Disziplinen überaus erfolgreichen Leistungssportler entwickelt und hergestellt. Neben den beiden profilbestimmenden Zweigen ist in Schmalkalden eine Reihe weiterer Industriebetriebe angesiedelt, wie der VEB Schuhfabrik, der VEB Nougat- und Marzipanfabrik und der VEB Spielzeugelektrik Meiningen, der Spielwaren verschiedener Art liefert.

Entsprechend ihrer Funktion als industrielles Zentrum des Gebietes ist die Stadt verkehrsmäßig gut erschlossen. Über die Bahnlinie Wernshausen–Schmalkalden–Zella-Mehlis (s. Q 5) besteht Anschluß an das Streckennetz der Deutschen Reichsbahn. Daneben ist Schmalkalden Ausgangspunkt für die Stichbahn nach Pappenheim (s. P 6), die für die im oberen Schmalkaldetal gelegenen Siedlungen bzw. Industriebetriebe von wesentlicher Bedeutung ist. S 1.5
Die landwirtschaftliche Produktion der Stadt obliegt der LPG (T) Mittelstille und der LPG (P) Schmalkalden. Letztere bearbeitet insgesamt 4250 ha Nutzfläche der Gemeinden Asbach, Floh, Hohleborn, Mittelstille, Pappenheim, Seligenthal und der Stadt Schmalkalden. In der Stadt befindet sich eine Baumschule für Obst- und Ziergehölze.
Um 1970 errichtete man in Schmalkalden-Ost (Bild 22), im Gebiet der Dr.-Salvador-Allende-Straße, 500 Wohnungen, die zum Teil an das Heizwerk des Werkzeugkombinats angeschlossen sind. In den Jahren 1972/76 kamen über 500 Wohnungen hinzu, ebenso 286 Feierabend- und Pflegeplätze in einem neuen Heim. Das Neubaugebiet Walperloh entstand zwischen Walperloh, Grenzweg und Grenzwiese.
Eine Besonderheit für Schmalkalden bildet das dem Bezirksfachkrankenhaus Robert Koch angeschlossene Sol- und Mineralbad, welches aus der 1836 aufgegebenen hessischen Saline hervorgegangen ist. Es wird durch eine natürlich zutage tretende Quelle versorgt, die auch der Getränkeindustrie als Rohstofflieferant (Selterswasser-Produktion) dient. Vor allem aber nutzt der VEB Getränkekombinat das Wasser der Lauraquelle.
Jährlich suchen etwa 3400 Urlauber in Betriebsferienheimen Schmalkaldens Erholung. Zahlreiche kultur- und kunsthistorische Sehenswürdigkeiten und verschiedene kulturelle Höhepunkte im Leben der Stadt, wie die jeweils im Juni stattfindenden Schmalkalder Kulturtage, die Betriebsfestspiele des VEB Werkzeugkombinat oder die Tage der Folklore (s. S 1.4), bieten den Gästen die Möglichkeit für eine abwechslungsreiche Urlaubsgestaltung.

Asbach, Kreis Schmalkalden, S 2

begleitet mit seinen Häusern den Bach gleichen Namens auf 2 km Länge. Der Wasserlauf schneidet sich am Südwestrand des Thüringer Waldes tief zwischen Komberg (487 m) und Kohlberg (569 m) ein, ehe er die sanften Hügelformen des Buntsandsteinvorlandes erreicht. Der Ort liegt an der Randverwerfung, der Kohlbergstörung, und zwar größtenteils auf Zechsteinsedimenten. Auf einem Sporn aus rotliegenden Sandsteinen und Schiefertonen breitet sich die östliche Dorflage aus. Holozäne Talsedimente überdecken größtenteils diese Gesteine.
Bereits 1168 wird Asbach (von althochdeutsch *ask* = Esche) urkundlich genannt. Es gehörte bis 1340 zum Amt Schmalkalden, blieb aber während des Kondominats von Hessen und Henneberg (s. S 1.2) bis 1575 in hessischem Alleinbesitz. Die Erzvorkommen in der Umgebung ließen schon früh den Bergbau heimisch werden. So bestehen der Komberg und der Ringberg aus rotbraunem, einsprenglingsreichem Oberhofer Quarzporphyr, auf dessen Mineralgängen mit Eisen- und Manganerzen vermutlich bereits frühgeschichtlicher Bergbau umging.

S 2 Bis 1912 förderte man Mangan. Ebenso gaben in den Karbonatgesteinen des Zechsteins geringe metasomatische Eisen-Baryt-Mineralisationen saxonischen Alters zum Abbau Anlaß, wie die Vorkommen am Kühberg, wo Kupfererz im 16. Jh. und Kobalterz von 1722 bis 1847 gewonnen wurden.

Das Schaubergwerk Finstertal (Bild 25) in Asbach mit seinem 300 m langen Gangsystem gehört dem Museum Wilhelmsburg in Schmalkalden an und gibt einen Einblick in den alten Bergbau. Nach 1920 sollte hier ein Roteisen-Manganerz-Vorkommen erschlossen werden, doch erwies sich der Abbau als nicht rentabel.

Im 16. Jh. errichtete der Schmalkalder Rentmeister Hans Steitz (s. S 1.2) eine Schmelzhütte sowie Eisenhämmer und Schleifkothen. Im 19. Jh. verdienten sich viele Einwohner durch die Eisen- und Stahlwarenproduktion ihren Unterhalt, meist als Schleifer, Schlosser und Schmiede. Einige Handwerker arbeiteten für die unterhalb des Ortes 1745 eingerichtete Schmalkalder Gewehrfabrik Bohrmühle (s. S 1.2), die übrigen für Handelsleute. Obwohl es auch ausgedehnte landwirtschaftliche Nutzflächen gab, war Asbach ein Gewerbedorf. 1668 kaufte die hessische Landesherrschaft den Vorderen Hof und richtete ein herrschaftliches Gut ein, zu dem der Heftenhof, ein Viehhof im Ebertsgrund, gehörte.

Nahe dem Ortsausgang in Richtung Schmalkalden stand die gotische Wallfahrtskapelle Zum Heiligen Grab, die im 16. Jh. säkularisiert und abgebrochen wurde. 1954 fand man hier bei einer Schürfung Keramik aus dem 14. und 15. Jh., und zwar Bruchstücke von fünf Töpfen mit Kragenrand bzw. Dornrand und Holzkohle sowie von einer Schüssel mit Hohlkehle und Keulenrand.

Die Straßen und Wege innerhalb von Asbach weisen amtliche Namen auf, die vielfach mit Flur-, Berg- oder Talnamen in Verbindung zu bringen sind, wie Kothenwiese, Siffig, Schöntal, Roter Grund und Käbach. Die Hauptstraße des Dorfes, die Schmalkalder bzw. Talstraße, kommt von der Kreisstadt und führt talaufwärts nach Struth-Helmershof. An der Talstraße steht eine Reihe von Gebäuden mit erhaltener Volksarchitektur, wie sich das Dorf überhaupt durch einige stattliche mitteldeutsch-fränkische Dreiseitgehöfte sowie ein- und zweiflügelige Anlagen auszeichnet. Die Obergeschosse vieler Fachwerkhäuser kragen leicht vor. Hervorzuheben sind die Häuser Talstraße 77 und 138 sowie das klassizistische Fachwerkhaus Talstraße 46 mit hohem Kniestock. Talstraße 105 ist eines der seltenen Beispiele für fast vollständig mit grauen Schiefern behängte Gebäude.

Die schlichte Kirche, 1730 erbaut, besaß eine reiche Ausstattung, die bei der Restaurierung von 1905 zum Teil entfernt wurde. Der Orgelprospekt stammt aus der Barockzeit, und die Decke der Orgelbühne über dem Altar weist eine Darstellung des Abendmahls von dem Schmalkalder Kirchenmaler Fabarius (gestiftet 1747) auf.

Heute pendelt eine große Zahl der Werktätigen von Asbach in die nahe Kreisstadt Schmalkalden, deren Stadtgrenze unmittelbar an die Gemarkung anschließt. In der Gemeinde selbst haben der VEB Werkzeugkombinat Schmalkalden und der VEB Ultra-Möbel die größten Produktionskapazitäten für Hartmetallwerkzeuge bzw. Campingmöbel. Darüber hinaus sind Betriebsteile des VEB Sportgeräte und des VEB Spielzeugelektrik angesiedelt.

Seit 1972 stieg die Bedeutung Asbachs als Erholungsort. Jährlich werden nahezu

1 200 Urlauber durch den FDGB-Feriendienst und 1 500 durch das betriebliche Erholungswesen betreut. Die Gemeinde ist heute Kurort und trägt den Titel Staatlich anerkannter Erholungsort. S 2

Näherstille, seit 1978 Stadtteil von Schmalkalden, **S 3**

erstreckt sich auf knapp 1,5 km Länge beiderseits der Stille, in die am unteren Ortsrand der Asbach mündet. Das breite Tal der Stille wird agrarisch genutzt. Die bewaldeten Buntsandsteinberge, die bis 400 m Höhe ansteigen, ziehen sich weit zurück. Lediglich bei Näherstille verengt sich das Tal zwischen dem 370 m hohen Gackenberg im O und dem Grasberg (438 m) im W.
Die Stille — 948 *Stillaha* — verweist mit ihrem Namen auf ein stilles Wasser, also einen Bach mit geringem Gefälle. Der an ihr liegende Ort tritt urkundlich 1333 auf, als das Schmalkalder Stift zwei Güter in *Nydern Stylla* erwirbt. 1340 erscheint *Neherstilla* unter den Besitzungen des Amtes Schmalkalden. Bis 1791 war Näherstille unter die Ämter Schmalkalden und Hallenberg geteilt und gehörte erst seitdem ganz zum Amt Schmalkalden. Die landesherrlichen Rechte des Amtes Hallenberg gingen auf ehemaligen Besitz der Hartenberger, seit 1379 Römhilder Linie des Hauses Henneberg, zurück. So war 1420 das Dorfgericht im Besitz dieser Linie.
Im Ort befanden sich zwei Stiftsgüter, der Kapitelhof — auch Dechantshof genannt — und der dem Schmalkalder Stadtrat gehörende Mönchshof. Der Kapitelhof (Abbildung bei Weber 1913, Tafelband) war ein Fachwerkbau des 15. Jh., dessen Oberstock einen ungewöhnlich weiten Überhang aufwies, der durch Konsolen abgefangen wurde. Das Haus — heute Suhler Str. 28 — blieb in seiner ursprünglichen Form nicht mehr erhalten, wurde aber aufgrund seiner baulichen Besonderheiten unter Denkmalschutz gestellt. Mit den Stiftsgütern war die Schäfereigerechtigkeit verbunden. 1513 hielt man hier 900 Schafe. Die Einwohner des Ortes betrieben Landwirtschaft, vorwiegend Ackerbau. Ende des 16. Jh. wird eine Mahlmühle erwähnt, im 19. Jh. eine Ziegelhütte unterhalb des Dorfes. Seit dem Ende des 19. Jh. faßte die Werkzeugfabrikation in einigen Werkstätten Fuß.
Eine eigene Kirche besaß Näherstille nicht, dafür entstand 1851 eine Kirchenschule, Diemarsgraben 1, ein Gebäude mit Schulräumen und einem Betsaal. Seit 1984 werden die Zimmer für Versammlungen örtlicher gesellschaftlicher Organe und als Gemeindeschwesternstation genutzt.

Mittelstille, Kreis Schmalkalden, **S 4**

erstreckt sich am Mittellauf der Stille inmitten eines weitgespannten Tales im Buntsandsteinvorland. Bereits im Jahre 1210 wurden Güter in *Stilla media* genannt. 1420 gab es eine Kapelle in Mittelstille, die sich offenbar außerhalb des Ortes befand. Ein Schulhaus ist seit der Mitte des 17. Jh. vorhanden. 1864 wurde eine Kirchenschule mit Unterrichtsräumen und Betsaal errichtet. Dieses Gebäude, Suhler Straße 35, dient Wohnzwecken, als Sitz dem Rat der

S 4 Gemeinde und im Obergeschoß kirchlichen Veranstaltungen. Ihren Unterricht erhalten die Klassen 5 bis 8 in dem Gebäude Suhler Straße 3/5, die anderen Klassen in Springstille, mit dem Mittelstille schulisch zusammengehört. Von den zwei ehemaligen Mahlmühlen steht noch die Neumühle, Suhler Straße 67, oberhalb des Ortes. In ihrem Obergeschoß ist ein Mühlstein eingemauert.

Mittelstille ist nach seiner Wirtschaftsstruktur eine typische Agrargemeinde mit einer großen Auspendleranzahl. Der hohe Grünlandanteil an der landwirtschaftlichen Nutzfläche mit Grünlandzahlen um 33 stellt eine günstige Voraussetzung für die Viehhaltung dar. Im Verlauf der genossenschaftlichen Entwicklung hat sich im Ort die LPG Mittelstille herausgebildet. Sie betreut auch die Viehbestände der Gemeinden im Schmalkaldetal, Hohleborn, Seligenthal und Floh, sowie die von Asbach und Schmalkalden. Der Genossenschaft gehören unter anderem 3700 Rinder und 1250 Schweine. In Mittelstille selbst betreibt die LPG die Kälberaufzucht. Die Industrie spielt dagegen eine geringe Rolle und wird lediglich durch eine Produktionsstätte des VEB Handwerkzeuge Steinbach-Hallenberg repräsentiert. Den kulturellen Höhepunkt in der Gemeinde bilden die Festspiele des Stillergrundes, die gemeinsam mit Springstille im Mai/Juni veranstaltet werden.

S 5 Hohe Straße

Die Hohe Straße gilt als eine der ältesten, vielleicht schon frühgeschichtlich genutzten Fernverbindungen von Franken in das westliche Thüringer Becken. Sie führte nach Überschreiten der Werra bei Walldorf über die Buntsandsteinhochflächen südwestlich von Näherstille, umging die Stadt Schmalkalden, verlief über die Ebenen zwischen Asbach und Floh zum Rand des Thüringer Waldes, wo sie zwischen Rödersberg (616 m) und Falkenberg zur Ebertswiese hinaufstieg, und erreichte schließlich Friedrichroda. Zusätzliche Gabelungen überschritten den Kamm des Gebirges auch an anderen Stellen, wie an der Alten Ausspanne am Nesselberg, am Possenröder Kreuz und an der Ausspanne am Heuberg.

Die Hohe Straße lebt als einzige von den alten Straßen im Schmalkalder Raum fort, und zwar als Flurname zwischen dem Henneberger Haus und dem Stillertor in Schmalkalden sowie als Wegname zwischen Seligenthal und dem Rennsteig (Wanderkarte 1980).

Anhang

A. Klimawerte (Periode 1891–1930; nach EHWALD 1956)

Station	Höhe in m ü. NN	Temperatur in °C Mittelwerte				Länge der Vegetationsperiode in Tagen Mitteltemperatur		Jahres-niederschlag
		Jahr	Januar	Juli	Amplitude	über +5 °C	über +10 °C	in mm
Trusetal	315	—	—	—	—	—	—	696
Bad Liebenstein	350	7,3	−1,3	16,0	17,3	211	144	688
Winterstein	355	—	—	—	—	—	—	946
Ruhla	500	—	—	—	—	—	—	788
Brotterode	582	5,8	−2,8	14,6	17,4	189	126	1051
Großer Inselsberg	906	4,1	−3,7	12,5	16,2	167	93	1252

B. Einwohnerzahlen vom 16. bis 20. Jahrhundert

	16. Jh.[1]	1659[2]	1747/1786[3]	1827/1833[4]	1871[5]	1910[6]	1939[7]	1946[8]	1964[9]	1971[10]	1981[11]
Asbach	351	—	585	594	804	1308	1547	1909	1713	1627	1510
Altenbreitungen	365	261	641	zu Frauenbreitungen							
Altenstein, Schloß	—	—	41	55	25	20	zu Schweina				
Atzerode	5	—	27	48 zu Seligenthal							
Aue	50	—	99	154	220	822	1031	1229	zu Schmalkalden		
Auwallenburg	234	—	302	426	468	646	zu Herges-Auwallenburg				
Bairoda	?	14	37	60	88	138	174	224	zu Bad Liebenstein		
Breitungen (Werra)	—	—	—	—	—	—	3474	4108	+5846	5870	5662
Brotterode	828	—	1278	2034	2794	3263	3828	4332	4134	4071	3732
Elmenthal	99	—	144	160	234	297	316	409	zu Trusetal		
Fambach	635	—	702	989	986	1333	1835	2286	2212	2229	2208
Farnbach, Hof	?	14	22	zu Meimers							
Fischbach	95	120	220	287	344	868	510	598	529	562	552
Floh	288	—	797	993	1001	1449	1667	2170	1844	1796	1624
Frauenbreitungen	243	131	295	+1594	1611	2290	zu Breitungen				
Glücksbrunn, Fabrik	—	—	158	zu Schweina							
Haindorf	54	—	72	116	200	310	380	471	zu Mittelschmalkalden		
Herges	144	—	617	352	518	932	zu Herges-Auwallenburg				
Herges-Auwallenburg	—	—	—	—	—	—	1822	2188	zu Trusetal		
Herrenbreitungen	378	—	423	790	797	946	1417	1694	zu Breitungen		
Heßles	8	—	54	112	149	273	366	432	379	400	388
Hohleborn	45	—	203	352	396	451	487	587	552	537	462
Kleinschmalkalden GA	27	48	350	553	625	767	652	siehe Pappenheim			
PA	405	—	646	939	1217	1726	1709				
Laudenbach	32	—	59	90	136	211	203	275	zu Trusetal		
Liebenstein, Bad	—	?	278	710	1043	1850	2622	3259	+8588	8436	3794
Marienthal	—	—	?	16	47	77	zu Schweina				
Meimers	27	20	55	193	232	315	359	430	358	359	685
Mittelschmalkalden	117	—	122	200	311	578	646	840	1147	1139	976
Mittelstille	162	—	189	188	270	460	544	694	655	601	774
Möckers	77	24	?	182	199	357	389	634	411	401	372
Näherstille	189	—	203	266	362	773	998	1267	1119	1001	zu Schmalkalden
Niederschmalkalden	?	100	177	281	383	534	715	955	992	933	885

Pappenheim	—	—	—		—		—	—	—	2722	2360	2227	1998
Reichenbach	54	—	81		92		93	141	141	187	156	152	zu Schmalkalden
Ruhla GA	560	1192		1305		1926	2444	3966	+8797	9226	7982	7088	6211
Ruhla WA		856		1078		1411	1887	3917					
Schmalkalden	3992	—	4712		4822		5790	10020	10840	12663	14527	14744	17385
Schweina	?	?		748		1357	1659	3533	4016	4687	zu Bad Liebenstein		3851
Seligenthal	288	—	653		1052		1112	1623	1871	2140	2011	1939	1770
Sorga, Hof	?	?		?		14	15	19	zu Bad Liebenstein				
Steinbach	?	?		1055		1416	1295	1732	1825	2305	2078	1971	1742
Trusen	194	—	284		424		495	820	1200	1405	zu Trusetal		
Trusetal	—	—	—		—		—	—	—	—	4413	4387	4243
Volkers	36	—	59		62		76	111	124	165	zu Schmalkalden		
Wahles	27	—	68		98		122	151	213	275	312	321	328
Weidebrunn	104	—	194		312		334	565	700	892	zu Schmalkalden		
Wernshausen	243	184		221		896	918	1544	2151	2531	2664	2525	2503
Winterstein	160	117		430		620	661	449	1120	1396	1258	1180	1105

Anmerkungen zu dieser Tabelle auf Seite 176.

Anmerkungen

Bei Angaben von Mannschaft bzw. Haushalt in den Quellen beträgt der Multiplikationsfaktor 4,5.

+ vor der Einwohnerzahl: Es sind umfangreichere Eingemeindungen vorausgegangen.
GA = Gothaer Anteil
PA = Preußischer (vor 1866 hessischer) Anteil
WA = Weimarer Anteil

[1]) Orte in der Herrschaft Schmalkalden nach Oekonomischer Staat des Landgrafen Wilhelm IV. von Hessen 1585, Zahlenangaben (Haushalte) entnommen aus Heinrich Reimer, Historisches Ortslexikon für Kurhessen, Marburg 1926; Kleinschmalkalden GA 1566 nach Staatsarchiv (STA) Weimar, Geheimes Archiv Gotha oo II Nr. 26; Winterstein und Fischbach 1531 nach STA Weimar, EGA Rep. Pp 646/1; Meininger Orte nach STA Meiningen, GHA III 610.

[2]) Ruhla, Winterstein und Fischbach 1652, übrige Orte nach STA Meiningen, Kreis Meiningen I Nr. 981 und 989.

[3]) Orte in der Herrschaft Schmalkalden nach Stadt- und Dorfbuch des Ober- und Niederfürstentums Hessen 1747, Zahlenangaben (Haushalte) entnommen aus Heinrich Reimer, Historisches Ortslexikon für Kurhessen, Marburg 1926; andere Orte 1786 nach F. G. Leonhardi, Erdbeschreibung der Churfürstlichen und Herzoglich Sächsischen Lande, 2. Band, Leipzig 1790.

[4]) Orte in der Herrschaft Schmalkalden nach Kurhessisches Staats- und Adreß-Handbuch auf das Jahr 1827, Kassel 1827; Gothaer Orte nach Landes- und Volkskunde besonders in Bezug auf das Herzogtum Gotha, 2. Band, 1. Heft, S. 3–4; Meininger Orte nach Statistik des Herzogthums Sachsen Meiningen, hrg. vom Statistischen Bureau im Herzoglichen Staatsministerium, Abteilung des Innern, Band 2, Meiningen 1885, S. 312–316.

[5]) Orte in der Herrschaft Schmalkalden nach Die Gemeinden und Gutsbezirke des Preußischen Staates und ihre Bevölkerung. Nach den Urmaterialien der Volkszählung vom 1. Dezember 1871. Provinz Hessen-Nassau, Berlin 1873; Gothaer und Meininger Orte wie 4.

[6]) Orte in der Herrschaft Schmalkalden nach Thüringer Hausfreund Schmalkalden Nr. 22/1911; andere Orte nach Ortsverzeichnis der Thüringischen Staaten auf Grund der Volkszählung vom 1. Dezember 1910, hrg. vom Statistischen Bureau vereinigter Thüringischer Staaten, von dem Statistischen Bureau des Herzogl. Sächs. Staatsministeriums in Meiningen und dem Statistischen Bureau des Herzogl. S. Staatsministeriums in Gotha, Weimar 1912.

[7]) Gemeinde-Verzeichnis für Land und Gau Thüringen auf Grund der Ergebnisse der Volks-, Berufs- und Betriebszählung vom 1. Mai 1939, Weimar 1942.

[8]) Volks- und Berufszählung vom 29. Oktober 1946 in der sowjetischen Besatzungszone Deutschlands, hrg. von der Deutschen Wirtschaftskommission, Statistisches Zentralamt, Band 2 Gemeindestatistik, Heft 4 Thüringen, Berlin 1948.

[9]) Schriftenreihe der Volks- und Berufszählung am 31. Dezember 1964, Band 3 Wohnbevölkerung nach Gemeinden, hrg. von der Staatlichen Zentralverwaltung für Statistik im Oktober 1965.

[10]) Ortslexikon der Deutschen Demokratischen Republik, zusammengestellt und bearbeitet von Heinz Adomeit, Berlin 1974.

[11]) Volks-, Berufs-, Wohnraum- und Gebäudezählung in der DDR 1981.

C. Zugehörigkeit der Verwaltungsbezirke zu den Staaten

Abkürzungen:

FS	= Freistaat	K	= Königreich
FT	= Fürstentum	KT	= Kurfürstentum
G	= Gericht	L	= Land
GHT	= Großherzogtum	LG	= Landgrafschaft
GS	= Grafschaft	LH	= Landesherrschaft
H	= Herrschaft	MA	= Mittelalter
HT	= Herzogtum	V	= Vogtei

G, seit 1722 Amt Altenstein: MA: Herren von Frankenstein, 1340 Herren von Salza; LH: 1346 Landgrafen von Thüringen (Wettiner, die seit 1423 Kurfürsten, seit 1547 Herzöge von Sachsen waren), 1572 FT Coburg, 1596 FT Eisenach (Herzöge von Sachsen-Coburg-Eisenach, 1641 Herzöge von Sachsen-Eisenach mittlerer Linie), 1645 FT Gotha, 1681 FT Meiningen (Herzöge von Sachsen-Meiningen, 1714 von Sachsen-Coburg-Meiningen), 1722 landesherrlich, 1806 HT Sachsen-Coburg-Meiningen, 1826 HT Sachsen-Meiningen, 1920 L Thüringen.

Amt (Zent) Brotterode: MA: Landgrafen von Thüringen, vor 1360 Grafen von Henneberg-Schleusingen, 1360 zur ideellen Hälfte an die Landgrafen von Hessen und die Grafen von Henneberg-Schleusingen, weiter wie H (Oberamt) Schmalkalden.

Amt Eisenach: MA: Landgrafen von Thüringen (seit 1247 Wettiner, die seit 1423 Kurfürsten, seit 1547 Herzöge von Sachsen waren), 1572 FT Coburg, 1596 FT Eisenach (Herzöge von Sachsen-Coburg-Eisenach, 1641 Herzöge von Sachsen-Eisenach mittlerer Linie, 1645 Herzöge von Sachsen-Weimar, 1672 Herzöge von Sachsen-Eisenach jüngerer Linie, 1741 Herzöge von Sachsen-Weimar-Eisenach), 1806 HT, seit 1815 GHT, seit 1918 FS Sachsen-Weimar-Eisenach, 1920 L Thüringen.

Amt Frauenbreitungen: MA: GS Henneberg-Schleusingen, 1660 FT Gotha, 1681 FT Meiningen (Herzöge von Sachsen-Meiningen, seit 1714 von Sachsen-Coburg-Meiningen), weiter wie G, seit 1722 Amt Altenstein.

Amt (V) Herrenbreitungen: MA: Herren von Frankenstein, vor 1300 Herren von Salza, 1337 Grafen von Henneberg-Schleusingen, seit 1347 V Herrenbreitungen als Zubehör des Amtes Schmalkalden betrachtet, seit 1553 (nach der Säkularisation der Klosters) landesherrliches Amt, weiter wie H (Oberamt) Schmalkalden.

G Liebenstein: MA: Steinsche Gerichte zu Liebenstein, LH wie Amt Altenstein, 1673 landesherrlich, 1677 an Waldenburger, 1702 an Trier, 1710 an von Fischern, 1800 landesherrlich, 1827 aufgelöst.

H (Oberamt) Schmalkalden: MA: Landgrafen von Thüringen, 1247 Grafen von Henneberg-Coburg, 1291 Markgrafen von Brandenburg, 1317 Grafen von Henneberg-Schleusingen, 1353 Burggrafen von Nürnberg, 1360 zur ideellen Hälfte an die Landgrafen von Hessen, seit 1567 von Hessen-Kassel, und die Grafen von Henneberg-Schleusingen, 1584 LG Hessen-Kassel, 1626 LG Hessen-Darmstadt, 1648 LG, seit 1803 KT Hessen-Kassel, 1866 K, seit 1918 FS Preußen, 1945 L Thüringen.

Stadt und Amt Schmalkalden: wie H (Oberamt) Schmalkalden.

Amt Tenneberg: MA: Landgrafen von Thüringen (seit 1247 Wettiner, die seit 1423 Kurfürsten, seit 1547 Herzöge von Sachsen waren), 1572 FT Coburg (Herzöge von Sachsen-Coburg-Eisenach), 1641 FT Gotha (Herzöge von Sachsen-Gotha, seit 1672 von Sachsen-Gotha-Altenburg), 1806 HT Sachsen-Gotha-Altenburg, 1826 HT Gotha (der Herzöge von Sachsen-Coburg-Gotha), 1918 FS Gotha, 1920 L Thüringen.

Amt Wasungen: MA: Grafschaft Henneberg-Schleusingen, 1660 FT Gotha, 1681 FT Meiningen (Herzöge von Sachsen-Meiningen, seit 1714 von Sachsen-Coburg-Meiningen), weiter wie G, seit 1722 Amt Altenstein.

D. Zugehörigkeit der Orte zu den Verwaltungs- und Justizbezirken

(Die Jahreszahlen geben die Zeit des Besitzübergangs bzw. der Verwaltungsveränderung an.)

A = Amt
AG = Amtsgericht(sbezirk)
FG = Friedensgericht(sbezirk)
J = Justiz
JA = Justizamt
K = Kreis
KA = Kreisamt
KG = Kreisgericht(sbezirk)
LA = Landratsamt
LG = Landgericht(sbezirk)
LK = Landkreis
MA = Mittelalter
OA = Oberamt
V = Verwaltung
VA = Verwaltungsamt
VB = Verwaltungsbezirk

Brott. = Brotterode
Eisen. = Eisenach
FBreit. = Frauenbreitungen
HBreit. = Herrenbreitungen
Lieb. = (Bad) Liebenstein
Mein. = Meiningen
Salz. = (Bad) Salzungen
Schmalk. = Schmalkalden
Walt. = Waltershausen
Was. = Wasungen

Altenbreitungen: MA: Kloster FBreit. u. Vogtei Frankenberg-Frauenbreitungen 1542 A FBreit., 1840 mit Frauenbreitungen zu einer Gemeinde verschmolzen: Alten- und Frauenbreitungen. Weiteres siehe Frauenbreitungen.

Alten- und Frauenbreitungen: siehe Frauenbreitungen.

Asbach: MA: A Schmalk., 1619 OA Schmalk., 1806 Kanton Floh, 1813 A Schmalk.; V: 1821 K Schmalk., 1849 VB Schmalk., 1851 K Schmalk., 1945 LK Schmalk., 1950 LK Suhl, 1952 LK Schmalk.; J: 1807 FG Floh, 1813 A Schmalk., 1821 LG Schmalk., 1850 JA Schmalk., 1868 AG Schmalk., 1952 AG Suhl, 1952 KG Schmalk.

Atzerode: MA: Wüstung im A Schmalk., im 16. Jh. Hof, später Wohnsiedlung für Bergleute des Stahlbergs, im 19. Jh. zu Seligenthal.

Aue: MA: A Schmalk., 1619 OA Schmalk., 1807 Kanton Schmalk., 1813 A Schmalk.; V: 1821 K Schmalk., weiter wie Schmalk.; J: 1807 FG Schmalk., 1813 A Schmalk., 1821 LG Schmalk., weiter wie Schmalk. Am 1. 7. 1950 in Mittelschmalkalden, am 1. 1. 1957 in Schmalk. eingemeindet.

Auwallenburg: MA: zum Burgvogteibezirk der Wallenburg, 1859 A Schmalk., 1619 OA Schmalk., 1807 Kanton Seligenthal, 1813 A Schmalk.; V: 1821 K Schmalk., 1849 VB Schmalk., 1851 K Schmalk.; J: 1807 FG Seligenthal, 1813 A Schmalk., 1821 JA Brott., 1868 AG Brott. Am 24. 12. 1936 mit Herges-Vogtei zur Gemeinde Herges-Auwallenburg zusammengeschlossen.

Bairoda: Teil A. Häusergruppe im A FBreit., Gemeinde Frauenbreitungen, 1850 selbständige Gemeinde; V: VA Salz., 1874 K Mein., 1922 LK Mein.; J: KG Salz., 1879 AG Salz., 1. 10. 1923 in Lieb. eingemeindet, 1. 8. 1924 wieder selbständige Gemeinde. Teil B. Gut im A HBreit., Gemeinde Herrenbreitungen, 1807 Kanton HBreit., 1813 A HBreit.; V: 1821 K Schmalk., 1849 VB Schmalk., 1851 K Schmalk., 1945 LK Schmalk.; J: 1807 FG HBreit., 1813 A HBreit., 1821 LG Schmalk., 1841 JA HBreit., 1868 AG Schmalk. 1945 A und B vereinigt, K Mein., AG Salz., 1. 7. 1950 in Lieb. eingemeindet, 1. 6. 1974 zu Meimers.

Breitungen (Werra): 14. 9. 1925 durch Umbenennung der Gemeinde Alten- und Frauenbreitungen entstanden; V: LK Mein., 1952 LK Schmalk.; J: AG Salz., 1952 KG Schmalk. Am 1. 7. 1950 HBreit. eingemeindet, 1954 Farnbach eingemeindet.

Brotterode: MA: A (Zent) Brott., 1806 Kanton Brott., 1813 A Brott.; V: 1821 K Schmalk., 1849 VB Schmalk., 1851 K Schmalk., 1945 LK Schmalk., 1950 LK Mein., 1952 LK Schmalk.; J: 1807 FG Brott., 1813 A Brott., 1821 JA Brott., 1868 AG Brott., 1949 AG Schmalk., 1952 AG Mein., 1952 KG Schmalk.

Bußhof: Hof in der Flur FBreit.

Dippachshof: Hof in der Flur Aue.

Ehrental: Hof in der Flur Schmalk.

Elmenthal: MA: zum Kloster HBreit., 1553 A (Vogtei) HBreit., 1807 Kanton HBreit., 1813 A HBreit.; V: 1821 K Schmalk., 1849 VB Schmalk., 1851 K Schmalk., 1945 LK Schmalk.; J: 1807 FG HBreit., 1813 A HBreit., 1821 JA Brott., 1868 AG Brott., 1949 AG Schmalk. Am 1. 7. 1950 mit Herges-Auwallenburg, Laudenbach und Trusen zu Trusetal zusammengeschlossen.

Fambach: MA: zum Kloster HBreit., 1553 A (Vogtei) HBreit., 1807 Kanton Seligenthal, 1813 A HBreit.; V: 1821 K Schmalk., 1849 VB Schmalk., 1851 K Schmalk., 1945 LK Schmalk., 1950 LK Mein., 1952 LK Schmalk.; J: 1807 FG Seligenthal, 1813 A HBreit., 1821 LG Schmalk., 1841 JA HBreit., 1868 AG Schmalk., 1952 AG Mein., 1952 KG Schmalk.

Fischbach: MA: Wangenheimsche Patrimonialgerichte im A Tenneberg, 1848 A Tenneberg; V: 1858 LA Walt., 1922 LK Gotha; J: 1858 JA Tenneberg, 1923 AG Walt., 1952 AG Gotha, 1952 KG Gotha.

Floh: MA: A Schmalk., 1619 OA Schmalk., 1807 Kanton Floh, 1813 A Schmalk.; V: 1821 K Schmalk., weiter wie Schmalk.; J: 1807 FG Floh, 1813 A Schmalk., 1821 LG Schmalk., weiter wie Schmalk.

Frauenbreitungen: MA: Kloster FBreit. und Vogtei Frankenberg-Frauenbreitungen, 1542 A FBreit., 1840 mit Altenbreitungen zu einer Gemeinde verschmolzen: Alten- und Frauenbreitungen; V: 1827 KA FBreit., 1829 VA Salz., 1874 K Mein., 1922 LK Mein.; J: 1827 JA Glücksbrunn, 1829 KG Salz., 1879 AG Salz. Am 14. 9. 1925 umbenannt in Breitungen (Werra).

Glücksbrunn: Industrieanlage am Nordrand von Schweina, eigene Gemarkung, 1. 10. 1923 mit Schweina nach Lieb. eingemeindet, 1. 8. 1924 bei Schweina. 1827—1829 Sitz des JA für das Gebiet der ehemaligen Ämter Altenstein und FBreit. sowie des Gerichts Lieb.

Haindorf: MA: A Schmalk., 1619 OA Schmalk., 1807 Kanton Schmalk., 1813 A Schmalk.; V: 1821 K Schmalk., weiter wie Schmalk.; J: 1807 FG Schmalk., 1813 A Schmalk., 1821 LG Schmalk., weiter wie Schmalk. Am 1. 7. 1950 in Mittelschmalkalden eingemeindet.

Herges(-Vogtei): MA: zum Kloster HBreit., 1553 A (Vogtei) HBreit., 1807 Kanton HBreit., 1813 A HBreit.; V: 1821 K Schmalk., 1849 VB Schmalk., 1851 K Schmalk.; J: 1807 FG HBreit., 1813 A HBreit, 1821 JA Brott., 1868 AG Brott. Am 24. 12. 1936 mit Auwallenburg zur Gemeinde Herges-Auwallenburg zusammengeschlossen.

Herges-Auwallenburg: Entstanden 24. 12. 1936 durch Zusammenschluß von Herges-Vogtei und Auwallenburg; V: K Schmalk., 1945 LK Schmalk., 1950 LK Mein.; J: AG Brott., 1949 AG Schmalk. Am 1. 7. 1950 mit Elmenthal, Laudenbach und Trusen zu Trusetal zusammengeschlossen.

Herrenbreitungen: MA: zum Kloster HBreit., 1553 Amt (Vogtei) HBreit., 1807 Kanton HBreit., 1813 A HBreit.; V: 1821 K Schmalk., 1849 VB Schmalk., 1851 K Schmalk., 1945 LK Schmalk.; J: 1807 FG HBreit., 1813 A HBreit.,

1821 LG Schmalk., 1841 JA HBreit., 1868 AG Schmalk. Am 1. 7. 1950 in Breitungen (Werra) eingemeindet.

Heßles: MA: zum Kloster HBreit., 1553 A (Vogtei) HBreit., 1807 Kanton Seligenthal, 1813 A HBreit.; V: 1821 K Schmalk., 1849 VB Schmalk., 1851 K Schmalk., 1945 LK Schmalk., 1950 LK Mein., 1952 LK Schmalk.; J: 1807 FG Seligenthal, 1813 A HBreit., 1821 LG Schmalk., 1841 JA HBreit., 1868 AG Schmalk., 1952 AG Mein., 1952 KG Schmalk.

Hohleborn: MA: A Schmalk., 1619 OA Schmalk., 1807 Kanton Brott., 1813 A Schmalk.; V: 1821 K Schmalk., 1849 VB Schmalk., 1851 K Schmalk., 1945 LK Schmalk., 1950 LK Mein., 1952 LK Schmalk.; J: 1807 FG Brott., 1813 A Schmalk., 1821 LG Schmalk., 1850 JA Schmalk., 1868 AG Schmalk., 1952 AG Mein., 1952 KG Schmalk.

Kleinschmalkalden: zweigeteilter Ort: Teil A. (westlich der Schmalkalde): MA: A (Zent) Brott., 1806 Kanton Brott., 1813 A Brott.; V: 1821 K Schmalk., 1849 VB Schmalk., 1851 K Schmalk.; J: 1807 FG Brott., 1813 A Brott., 1821 JA Brott., 1868 AG Brott. Teil B. (östlich der Schmalkalde): MA: A Tenneberg; V: 1858 LA Walt., 1922 LK Gotha; J: 1858 JA Tenneberg, 1879 AG Tenneberg, 1923 AG Walt. A. und B. am 1. 10. 1945 vereinigt unter dem Namen Pappenheim, LK Schmalk.

Laudenbach: MA: zum Kloster HBreit., 1553 A (Vogtei) HBreit., 1807 Kanton HBreit., 1813 A HBreit.; V: 1821 K Schmalk., 1849 VB Schmalk., 1851 K Schmalk., 1945 LK Schmalk., 1950 LK Mein.; J: 1807 FG HBreit., 1813 A HBreit., 1821 JA Brott., 1868 AG Brott., 1949 AG Schmalk. Am 1. 7. 1950 mit Herges-Auwallenburg, Elmenthal und Trusen zu Trusetal zusammengeschlossen.

Liebenstein, seit 1907 Bad Liebenstein: 1800 Zusammenschluß der Wohnstätten Sauerbrunn und Sauerbrunngrumbach zur Gemeinde Lieb., Gericht Lieb.; V: 1827 KA FBreit., 1829 VA Salz., 1874 K Mein., 1922 LK Mein., 1950 K Salz.; J: 1827 JA Glücksbrunn, 1829 KG Salz., 1879 AG Salz., 1952 KG Salz. 1. 10. 1923 Zusammenschluß der Gemeinden Bad Liebenstein, Bairoda (thür. Anteil), Steinbach und Schweina und der Gemarkungen Bad Liebenstein-Stahlbad, Domäne Bad Liebenstein, Altenstein, Marienthal, Sorga, Glücksbrunner Werke und Profisch zur Großgemeinde Bad Liebenstein, 1. 8. 1924 Ausgemeindung von Steinbach, Bairoda (thür. Anteil) und Schweina mit Altenstein, Glücksbrunner Werke und Profisch, 1. 4. 1937 Ausgemeindung des oberen Teils von Marienthal, 1. 7. 1950 Eingemeindung von Schweina mit den dazugehörigen Gemarkungen sowie von Bairoda, 1. 6. 1974 Ausgemeindung von Schweina, wobei die Gemarkung Altenstein allerdings bei Lieb. blieb, sowie von Bairoda, 1959 Stadt.

Marienthal: Gut, seit Ende 19. Jh. Fabriksiedlung, selbständige Gemarkung, Gericht Lieb.; V: 1827 KA FBreit., 1829 VA Salz., 1874 K Mein., 1922 LK Mein.; J: 1827 JA Glücksbrunn, 1829 KG Salz., 1879 AG Salz., 1. 10. 1923 in Lieb. eingemeindet, 1. 4. 1937 oberer Teil in Schweina eingemeindet, 1. 7. 1950 wieder ganz in Lieb. eingemeindet.

Meimers: MA: Kloster FBreit., 1542 A FBreit.; V: 1827 KA FBreit., 1829 VA Salz., 1874 K Mein., 1922 LK Mein., 1952 LK Salz.; J: 1827 JA Glücksbrunn, 1829 KG Salz., 1879 AG Salz., 1952 KG Salz.

Mittelschmalkalden: MA: A Schmalk., 1619 OA Schmalk., 1807 Kanton Schmalk., 1813 A Schmalk.; V: 1821 K Schmalk., weiter wie Schmalk.; J: 1807 FG Schmalk., 1813 A Schmalk., 1821 LG Schmalk., weiter wie Schmalk.

Mittelstille: MA: A Schmalk., 1619 OA Schmalk., 1807 Kanton Floh, 1813

A Schmalk.; V: 1821 K Schmalk., weiter wie Schmalk.; J: 1807 FG Floh, 1813 A Schmalk., 1821 LG Schmalk., weiter wie Schmalk.

Möckers: MA: A Schmalk., 1617 A Was.; V: 1829 VA Was., 1869 VA Mein., 1872 K Mein., 1922 LK Mein., 1952 LK Schmalk.; J: 1829 Land- und Stadtgericht Was.; 1850 LG Was., 1879 AG Was., 1949 AG Mein., 1952 KG Schmalk.

Näherstille: MA: A Schmalk. u. A Hallenberg je zur Hälfte, 1791 OA Schmalk., 1807 Kanton Floh, 1813 A Schmalk.; V: 1821 K Schmalk., weiter wie Schmalk. Am 1. 1. 1978 in Schmalk. eingemeindet.

Niederschmalkalden: MA: A Schmalk., 1617 A Was.; V: VA Was., 1869 VA Mein., 1872 K Mein., 1922 LK Mein., 1952 LK Schmalk.; J: 1829 Land- und Stadtgericht Was., 1850 LG Was., 1879 AG Was., 1949 AG Mein., 1952 KG Schmalk. 1. 10. 1923 bis 1. 8. 1924 nach Wernshausen eingemeindet.

Nüßleshof: Dorf, dann Hof des Klosters HBreit., im 19. Jh. zu Heßles.

Pappenheim: Entstanden 1. 10. 1945 durch Zusammenschluß von Kleinschmalkalden, preuß. Anteil (A.) und thür. Anteil (B.); V: LK Schmalk., 1950 LK Mein., 1952 LK Schmalk.; J: AG Brott., 1949 AG Schmalk., 1952 AG Mein., 1952 KG Schmalk.

Reichenbach: MA: A Schmalk., 1619 OA Schmalk., 1807 Kanton Seligenthal, 1813 A Schmalk.; V: 1821 K Schmalk., weiter wie Schmalk.; J: 1807 FG Seligenthal, 1813 A Schmalk., 1821 LG Schmalk., weiter wie Schmalk. Am 1. 1. 1972 in Schmalk. eingemeindet.

Röthof: Hof in der Gemarkung Schmalk.

Ruhla: Teil A. (westlich des Erbstroms): MA: A Wartburg (= Eisenach); V: 1850 III. Verwaltungsbezirk (Eisen.) von Sachsen-Weimar-Eisenach; J: JA Eisen., 1879 AG Eisen. Teil B. (östlich des Erbstroms): MA: teils Scharfenbergische Gerichte zu Thal, teils A Tenneberg, 1834/38 ganz A Tenneberg; V: 1858 LA Walt.; J: JA Tenneberg, 1879 AG Tenneberg; 1894 Stadt. Teil A und B am 1. 4. 1921 als Stadt Ruhla vereinigt; V: III. Verwaltungsbezirk von Sachsen-Weimar-Eisenach, 1922 LK Eisen.; J: AG Eisen., 1923 AG Thal-Heiligenstein, 1949 AG Eisen., 1952 KG Eisen.

Sauerbrunn: Häusergruppe mit Badequelle im Gericht Lieb., 1800 zu Lieb.

Sauerbrunngrumbach: Gemeinde im Gericht Lieb., 1800 zu Lieb.

Schmalkalden: MA: Herrschaft Schmalk., 1619 OA Schmalk., 1807 Kanton Schmalk., 1813 A Schmalk.; V: 1821 K Schmalk., 1849 VB Schmalk., 1851 K Schmalk., 1907 K Herrschaft Schmalk., 1945 LK Schmalk., 1950 LK Suhl, 1952 LK Schmalk.; J: 1807 FG Schmalk., 1813 A Schmalk., 1821 LG Schmalk., 1850 JA Schmalk., 1868 AG Schmalk., 1952 AG Suhl, 1952 KG Schmalk.

Schweina: MA: Gericht Altenstein, 1722 A Altenstein; V: 1827 KA FBreit., 1829 VA Salz., 1874 K Mein., 1922 LK Mein., 1950 LK Salz.; J: 1827 JA Glücksbrunn, 1829 KG Salz., 1879 AG Salz., 1952 KG Salz., 1. 10. 1923 bis 1. 8. 1924 eingemeindet in Lieb., 1. 7. 1950 bis 1. 6. 1974 erneut eingemeindet in Lieb.; die 1923 eingemeindete Gemarkung Altenstein blieb aber bei Lieb.

Seligenthal: MA: A Schmalk., 1619 OA Schmalk., 1807 Kanton Seligenthal, 1813 A Schmalk.; V: 1821 K Schmalk., weiter wie Schmalk.; J: 1807 FG Seligenthal, 1813 A Schmalk., 1821 LG Schmalk., weiter wie Schmalk.

Sorga: Gut mit eigener Gemarkung, A FBreit.; V: VA Salz., 1874 K Mein., 1922 LK Mein.; J: KG Salz., 1879 AG Salz., am 1. 10. 1923 in Lieb. eingemeindet.

Steinbach: MA: Gericht Altenstein, 1722 A Altenstein; V: 1827 KA FBreit., 1829 VA Salz., 1874 K Mein., 1922 LK Mein., 1950 LK Salz.; J: 1827 JA Glücksbrunn, 1829 KG Salz., 1879 AG Salz., 1952 KG Salz. 1. 10. 1923 bis 1. 8. 1924 eingemeindet in Lieb.

Todenwarth: Hof in der Gemarkung Fambach.

Trusen: MA: zum Kloster HBreit., 1553 A (Vogtei) HBreit., 1807 Kanton HBreit., 1813 A HBreit.; V: 1821 K Schmalk., 1849 VB Schmalk., 1851 K Schmalk., 1945 LK Schmalk., 1950 LK Mein.; J: 1807 FG HBreit., 1813 A HBreit., 1821 LG Schmalk., 1841 JA HBreit., 1868 AG Schmalk. Am 1. 7. 1950 mit Elmenthal, Herges-Auwallenburg und Laudenbach zu Trusetal zusammengeschlossen.

Trusetal: Entstanden 1. 7. 1950 durch Zusammenschluß von Elmenthal, Herges-Auwallenburg, Laudenbach und Trusen. V: LK Mein., 1952 LK Schmalk.; J: AG Schmalk., 1952 AG Mein., 1952 KG Schmalk.

Volkers: MA: A Schmalk., 1619 OA Schmalk., 1807 Kanton Schmalk., 1813 A Schmalk.; V: 1821 K Schmalk., weiter wie Schmalk.; J: 1807 FG Schmalk., 1813 A Schmalk., 1821 LG Schmalk., weiter wie Schmalk. 1961 in Schmalk. eingemeindet.

Wahles: MA: zum Kloster HBreit., 1553 A (Vogtei) HBreit., 1807 Kanton HBreit., 1813 A HBreit.; V: 1821 K Schmalk., 1849 VB Schmalk., 1851 K Schmalk., 1945 LK Schmalk., 1950 LK Mein., 1952 LK Schmalk.; J: 1807 FG HBreit., 1813 A HBreit., 1821 LG Schmalk., 1841 JA HBreit., 1868 AG Schmalk., 1952 AG Mein., 1952 KG Schmalk.

Weidebrunn: MA: A Schmalk., 1619 OA Schmalk., 1807 Kanton Seligenthal, 1813 A Schmalk.; V: 1821 K Schmalk., weiter wie Schmalk.; J: 1807 FG Seligenthal, 1813 A Schmalk., 1821 LG Schmalk., weiter wie Schmalk. Am 1. 7. 1950 in Schmalk. eingemeindet.

Wernshausen: MA: zum Kloster FBreit., 1542 A FBreit.; V: 1827 KA FBreit., 1829 VA Salz., 1874 K Mein., 1922 LK Mein., 1952 LK Schmalk.; J: 1827 JA Glücksbrunn, 1829 KG Salz., 1879 AG Salz., 1952 KG Salz. 1. 10. 1923 bis 1. 8. 1924 war Niederschmalkalden eingemeindet.

Winne: MA: Dorf, dann Hof des Klosters HBreit., im 19. Jh. zu HBreit.

Winterstein: Teil A. (größerer Anteil): MA: Wangenheimsche Patrimonialgerichte im A Tenneberg; Teil B. (kleinerer Anteil): MA: A Tenneberg. 1848 A. und B. vereinigt; V: A Tenneberg, 1858 LA Walt., 1922 LK Gotha; J: 1858 JA Tenneberg, 1879 AG Tenneberg, 1923 AG Walt., 1952 AG Gotha, 1952 KG Gotha.

E. Literaturverzeichnis

I. Karten

Atlas Deutsche Demokratische Republik. Gotha 1976. 1. Lief.

Geographische Übersichtskarte des Kreises Herrschaft Schmalkalden (Wüstungen) 1:150000. In: PISTOR, A.: Die wüsten Dörfer und Höfe im Kreise Herrschaft Schmalkalden. Neue Beiträge zur Geschichte deutschen Altertums (1928), S. 9–22

Geologische Karte 1:25000. Blatt 70/13 (Schmalkalden), bearb. 1879–87, hrsg. 1907; Blatt 70/7 (Ruhla), bearb. bis 1918, hrsg. 1920

MOERS, J.: Karte der Herrschaft Schmalkalden aus dem Jahre 1589. In: WEBER, P. (Bearb.): Die Bau- und Kunstdenkmäler im Regierungsbezirk Cassel. Marburg 1913. Tafelband, Tafel 2

Topographische Karte (Meßtischblatt) 1:25000. Nr. 5128 (Ruhla), Ausgabe 1953; Nr. 5228 (Schmalkalden), Ausgabe 1934

Wanderkarte Westlicher Thüringer Wald. 1:50000. Tourist Verlag 1980, 6. Aufl.

II. Archivalische Quellen

Das Gebiet um den Großen Inselsberg, um Schmalkalden, Bad Liebenstein und Breitungen hatte eine wechselvolle territoriale Vergangenheit. Das überlieferte Archivgut ist deshalb auf viele Archive verstreut. Die Archivalien der ehemaligen Herrschaft Schmalkalden befinden sich bis 1583 sowohl im Gemeinschaftlichen Hennebergischen Archiv im Staatsarchiv (STA) Meiningen als auch in den Beständen von Hessen, seit 1567 Hessen-Kassel im STA Marburg. Seit 1583 wird hierfür das Archivgut bis 1945 allein im STA Marburg aufbewahrt. Lediglich neuere Teile des Bestandes Landratsamt Schmalkalden ebenso wie jüngere Bergakten befinden sich im STA Weimar, Außenstelle Gotha. Für die ehemals sächsisch-meiningischen Gebiete (Breitungen außer Ortsteil Herrenbreitungen, Bad Liebenstein, Schweina) liegt das Archivgut im STA Meiningen. Für den nördlichen Streifen bis südlich zum Rennsteig ist das Archivgut im STA Weimar, Außenstelle Gotha, vorhanden, für die Nordwestecke (Ruhla westlich des Erbstroms) befindet es sich im STA Weimar. Die älteren Akten vor 1572 über den ganzen Streifen nördlich des Rennsteigs werden im STA Weimar, Ernestinisches Gesamtarchiv, aufbewahrt.
Einzelheiten sind aus den gedruckten Übersichten über die Bestände des Thüringischen Landeshauptarchivs Weimar 1959, des Landesarchivs Gotha 1960 und des Landesarchivs Meiningen 1960 sowie aus den vom Staatsarchiv Marburg veröffentlichten Übersichten und Findbüchern zu ersehen. Für die kommunalen Aktenbestände kommen die Kreisarchive Bad Salzungen, Eisenach, Gotha und Schmalkalden in Betracht.

Büros für Territorialplanung bei den Räten der Bezirke Erfurt und Suhl: Arbeitsmaterial

Institut für Denkmalpflege, Arbeitsstelle Erfurt:
- Inventarisation der Kreise Gotha, Eisenach, Bad Salzungen und Schmalkalden
- Restaurierungsberichte und Dokumentationen
- Orgelgutachten

Kreisplankommissionen in den Kreisen Bad Salzungen, Eisenach und Schmalkalden:
Statistiken, Konzeptionen und Arbeitsunterlagen

III. Literatur

AHRENDT, K.: Die Besiedlung und die Bewohner des zweiherrigen Ortes Kleinschmalkalden. Heimatkalender für den Kreis Herrschaft Schmalkalden auf das Jahr 1933, S. 51–53

ANONYM: Von der alten Ruhlaer Kirmes. Heimatgrüße (Beilage der Ruhlaer Zeitung für Heimatgeschichte u. Heimatpflege) 1934, Nr. 13

BADSTÜBNER, E.: Kirchen in und um Schmalkalden. Berlin 1969

BADSTÜBNER, E.: Die romanischen Bauten in Breitungen an der Werra. Berlin 1972 (Corpus der romanischen Kunst im sächsisch-thüringischen Gebiet, Reihe A, Bd. 3)

BADSTÜBNER, E.: Stadtkirche und Schloßkapelle zu Schmalkalden. Berlin 1972 (Das christliche Denkmal 83)

BAUER, L.: Beiträge zur Hydrogeographie Thüringens. Habil.-Schrift Friedrich-Schiller-Univ. Jena 1959

BAUER, L.: Die Abflußhöhen und Abflußspenden Thüringens. Petermanns Geogr. Mitt. 108 (1964), S. 63–68

BECK, A.: Geschichte des gothaischen Landes. Bd. 3: Geschichte der gothaischen Landstädte, Marktflecken und Dörfer. 2 Teile. Gotha 1875

BEHM-BLANCKE, G.: Forschungsprobleme der Völkerwanderungszeit und des frühdeutschen Mittelalters in Thüringen. Ausgrabungen u. Funde 8 (1963) 5, S. 255–261

Beiträge zur Geschichte Schmalkaldens. Hrsg. Museum Schloß Wilhelmsburg. Schmalkalden 1974

Beiträge zur politischen, wirtschaftlichen und kulturellen Entwicklung in der Stadt Schmalkalden von 1945 bis 1973. Hrsg. Rat der Stadt. Schmalkalden 1974

BESCHORNER, H. (Hrsg.): Registrum dominorum marchionum Missnensium 1378. Verzeichnis der den Landgrafen von Thüringen und Markgrafen zu Meißen jährlich in den wettinischen Landen zustehenden Einkünfte. 1. Bd. Berlin u. Leipzig 1933

BICKEL, W.: Der Inselsberg im Thüringerwald. Brotterode 1913

BICKEL, W.: Chronik und Urkundenbuch von Brotterode (Kreis Herrschaft Schmalkalden). Brotterode 1925

BICKEL, W.: 900 Jahre Brotterode in Thüringen. Brotterode 1939

BINDMANN, M.: Volkstrachten zwischen Rennsteig und Rhön. Südthüringer Forschungen (1980) 15, S. 15–48 (mit Abbildungen von Trachten aus Wernshausen und Steinbach)

BÖHNE, E.: Die Eisenerzlagerstätten der Klinger Spalte zwischen Trusegrund und Thüringer Tal am Südwestrand des Thüringer Waldes. Jb. Preuß. Geol. Landesanstalt 40 (1919) 1922, 2, S. 71–128

BÖRNER, W.: Burg Liebenstein. Geschichtliche Daten. Bad Liebenstein 1955

BÖRNER, W.: Bad Liebenstein. Kleine Chronik des Bades. o. O. 1957

BOSL, K.: Franken um 800. Strukturanalyse einer fränkischen Königsprovinz. Erlangen 1959

BOTHE, F.; MEYER, E.: Landeskunde der Provinz Hessen-Nassau. Breslau 1914

Breitunger Heimatbuch. Alten-, Frauen- und Herrenbreitungen in Wort und Bild 933—1933. Breitungen 1933

Brückner, G.: Landeskunde des Herzogthums Meiningen. 2 Teile. Meiningen 1853

Buchholtz, W. H. S.: Das Bad zu Ruhla. Eisenach 1795

Bücking, H.: Erläuterungen zur geologischen Karte von Preußen und benachbarten Bundesstaaten. Lief. 129. Blatt Schmalkalden. Berlin 1906

Claus, M.: Die Thüringische Kultur der älteren Eisenzeit (Grab-, Hort- und Einzelfunde). Jena 1940/41 (Irmin II/III)

Creutzburg, N.: Das Lokalisationsphänomen der Industrien. Am Beispiel des nordwestlichen Thüringer Waldes. Forschungen zur deutschen Landes- u. Volkskunde 22 (1925), S. 229—374

Danz, C. F.; Fuchs, C. F.: Physisch-medizinische Topographie des Kreises Schmalkalden. Marburg 1848

Dellit, O.: Ein Kapitel aus der Geschichte eines zweiherrigen Ortes (Kleinschmalkalden). Mitt. der Vereinigung für Gothaische Geschichte u. Altertumsforschung 1909/10 (1910), S. 47—85

Diemar, H. (Bearb.): Die Chroniken des Wigand Gerstenberg von Frankenberg. Marburg 1909 (Veröffentl. der Histor. Kommission für Hessen u. Waldeck)

Die Stadtkirche in Schmalkalden. Schmalkalden 1896 (Zschr. des Vereins für Hennebergische Geschichte u. Landeskunde in Schmalkalden 13)

Diezel, R.: Ruhla. In: E. Keyser (Hrsg.): Deutsches Städtebuch. Bd. 2: Mitteldeutschland. Stuttgart u. Berlin 1941, S. 354—355

Dobenecker, O.: Regesta diplomatica necnon epistolaria historiae Thuringiae. Bde. 1—4. Jena 1896—1939

Donat, P.: Die ur- und frühgeschichtliche Besiedlung des oberen Werragebietes. Diss. Jena 1966

Ehwald, E.: Vergleichende Forstklimatologie des Thüringer Gebirges und benachbarter mitteleuropäischer Mittelgebirge. Berlin 1956 (Wiss. Abh. d. Deutschen Akad. d. Landwirtschaftswissenschaften 11)

Ellenberg, J.: Die geologisch-geomorphologische Entwicklung des südwestthüringischen Werragebietes im Pliozän und Quartär. Diss. Jena 1968

Ellenberg, J.: Schwermineralverteilung, Sedimentation und Stratigraphie im Quartär der mittleren Werra. Zschr. geol. Wiss. 3 (1975) 11, S. 1389—1404

Ellenberg, J.: Zur rezenten Sedimentation der Werra in Südthüringen. Zschr. geol. Wiss. 4 (1976) 5, S. 781—795

Engels, Ch.: Die Erschließung von Kohlensäurewässern in Bad Liebenstein. In: Exkursionsführer zur Tagung Geol. Ges. DDR. Berlin 1962, S. 17—18, 54—62

Festschrift zur 400-Jahrfeier der Einführung der Reformation in Schmalkalden. Schmalkalden 1925

Feustel, R.; Schade, W.; Herrmann, K.-H.; Suhle, A.: Die Wüste Kapelle Glasbach am Rennsteig. Alt-Thüringen 5 (1961), S. 223—279

Frankenstein, K.: Bevölkerung und Hausindustrie im Kreise Schmalkalden seit Anfang des 19. Jahrhunderts. Tübingen 1887

Freyberg, B. v.: Thüringen. Geologische Geschichte und Landschaftsbild. Oehringen 1937 (Schriften des Deutschen Naturkundevereins N. F. 5)

Freyburg, E.: Gesteinstechnische Untersuchungen von Sandsteinen des südwestthüringischen Buntsandsteins. Diss. Hochschule für Architektur u. Bauwesen Weimar 1969

Fritze, E.: Geschichte über Schloß Altenstein, Bad Liebenstein und Nachbarorte. Meiningen 1925

FÜSSLEIN, W.: Die Anfänge des Kollegiatsstiftes S. Egidii und S. Erhardi zu Schmalkalden. Zschr. des Vereins für Hennebergische Geschichte u. Landeskunde in Schmalkalden 18 (1923), S. 5–23

FÜSSLEIN, W.: Zwei Jahrzehnte würzburgische Stifts-, Stadt- und Landesgeschichte 1254–1275. Meiningen 1926 (Neue Beiträge zur Geschichte deutschen Altertums 32)

FÜSSLEIN, W.: Die Erwerbung der Herrschaft Coburg durch das Haus Henneberg-Schleusingen in den Jahren 1311–1316. Schriften des Hennebergischen Geschichtsvereins Schleusingen 15 (1928), S. 51–132

Gebrüder Thiel GmbH, Ruhla i. Thür., 1862–1937. o. O. 1937

GEISTHIRT, J. C.: Historia Schmalkaldica oder Historische Beschreibung der Herrschaft Schmalkalden. Schmalkalden 1881–1889 (Zschr. des Vereins für Hennebergische Geschichte u. Landeskunde zu Schmalkalden, Supplementshefte 1–6)

GEISTHIRT, J. C.: Schmalkaldia Literata (1720). Schmalkalden 1894 (Zschr. des Vereins für Hennebergische Geschichte u. Landeskunde zu Schmalkalden 12)

GELLERT, J. F.: Morphologische Probleme im Rumpftreppengebirge und Schichtstufenland. Wiss. Zschr. der Päd. Hochschule Potsdam, math.-nat. Reihe 2 (1955) 2, S. 65–80

GELLERT, J. F.: Morphogenetische Untersuchungen in den sächsisch-thüringischen Mittelgebirgen. Geogr. Berichte 7 (1962) 2, S. 209–214

GERBING, L.: Die frühere Verteilung von Laub- und Nadelwald im Thüringerwald. Mitt. des Vereins für Erdkunde zu Halle 1900 (1900), S. 1–22 (mit einer Karte im Maßstab 1:100000)

GERBING, L.: Die Ruhlaer Tracht. Ruhla 1909

GERBING, L.: Die Flurnamen des Herzogtums Gotha und die Forstnamen des Thüringerwaldes zwischen Weinstraße im Westen und der Schorte (Schleuse) im Osten. Jena 1910

GERBING, W.: Die Pässe des Thüringer Waldes in ihrer Bedeutung für den innerdeutschen Verkehr und das deutsche Straßennetz. Halle 1904

GERLACH, H.: Bad Liebenstein–Bad Salzungen. Berlin, Leipzig 1978, 2. Aufl. (Tourist Wanderatlas)

GERLACH, H.: Schmalkalden und Umgebung. Berlin, Leipzig 1980, 2. Aufl. (Tourist Wanderheft)

GERLACH, H.: Brotterode–Pappenheim–Trusetal–Steinbach bei Bad Liebenstein. Berlin, Leipzig 1981 (Wanderheft 10)

GERLAND, O.: Beiträge zur Geschichte des hessischen Forstwesens. Zschr. des Vereins für hessische Geschichte u. Landeskunde N. F. 5 (1874), S. 1–87

GERLAND, O.: Über die gemeinschaftliche Regierung von Hessen und Henneberg in der Herrschaft Schmalkalden. Zschr. des Vereins für Hennebergische Geschichte u. Landeskunde 1 (1875), S. 48–58

GÖTZE, A.; HÖFER, P.; ZSCHIESCHE, P.: Die vor- und frühgeschichtlichen Altertümer Thüringens. Würzburg 1909

GREBE, C.: Die Überführung des Mittelwaldes in Hochwald. In: BURGHARD (Hrsg.): Aus dem Walde, 3 (1872), S. 1–40

GRÜNEBERG, H.: Die Wälder um den Inselsberg im nordwestlichen Thüringer Wald. Diss. Humboldt-Univ. Berlin, Forstwiss. Fak. Eberswalde 1963

HABICHT, H.: Schmalkalder Geschichtsschreiber bis zum 18. Jahrhundert. Zschr. des Vereins für Hennebergische Geschichte u. Landeskunde in Schmalkalden 2 (1877), S. 49–73

Habicht, H.: Ein halbes Jahrhundert aus dem Theaterleben Schmalkaldens. Zschr. des Vereins für Hennebergische Geschichte u. Landeskunde in Schmalkalden 3 (1880), S. 3–30

Häfner, J. R.: Die 6 Kantone der vormaligen Herrschaft Schmalkalden. Bde. 1–4. Schmalkalden 1808–1826

Hävernick, W. (Bearb.): Die mittelalterlichen Münzfunde in Thüringen. Jena 1955. Text- u. Tafelband (Veröffentl. der thüringischen historischen Kommission 4)

Handbuch der Naturschutzgebiete der Deutschen Demokratischen Republik. Bd. 4: Bezirke Erfurt, Suhl und Gera. Leipzig, Jena, Berlin 1974

Handy, P.: Der Schmalkaldische Bund und die Stadt Schmalkalden. In: Beiträge zur Geschichte Schmalkaldens. Schmalkalden 1974, S. 57–74

Handy, P.: Zur Entwicklung der Arbeiterbewegung im Kreis Schmalkalden von ihren Anfängen bis 1914. Südthüringer Forschungen 12 (1977), S. 8–25

Handy, P.; Wahl, V.: Martin Luther und die Schmalkalder Bundesversammlung von 1537. Jb. für Regionalgeschichte 10 (1983), S. 7–25

Handy, P.; Wahl, V.: Schmalkalden zur Reformationszeit. Wiss. Zschr. der Friedrich-Schiller-Univ. Jena, gesellschaftswiss. u. sprachwiss. Reihe 32 (1983), S. 119–133

Harm, R.: Die „Neue Hütte“ bei Schmalkalden und ihre Restaurierung. In: Denkmale in Thüringen. Weimar 1973, S. 61–65

Harm, R.: Die Entwicklung von Bibliothek, Musikschule und Museum in Schmalkalden von 1945 bis zur Gegenwart. In: Beiträge zur politischen, wirtschaftlichen u. kulturellen Entwicklung in der Stadt Schmalkalden von 1945 bis 1973. Schmalkalden 1974, S. 87–109

Hattenbach, K.: Thüringisch-fränkisches Mittelgebirge. Südliches Vorland des Thüringer Waldes. Thüringer Wald. In: Handbuch der naturräumlichen Gliederung Deutschlands. 6. Lief. Remagen 1959, S. 609–615

Hecht, G.: Wässer. In: Hoppe, W.; Seidel, G.: Geologie von Thüringen. Gotha u. Leipzig 1974, S. 940–964

Heim, J. L.: Geologische Beschreibung des Thüringer Waldgebürges nach seinen Flözlagern. 1. Teil. Meiningen 1796; 2. Teil. Meiningen 1806

Held, W.: Die Vermögens- und Sozialstruktur Schmalkaldens unter Berücksichtigung der Vorstädte in der Mitte des 16. Jahrhunderts. Jb. für Regionalgeschichte 9 (1982), S. 235–254

Held, W.: Landesherrliche Aktivitäten unmittelbar nach den Bauernkriegsereignissen in und um Schmalkalden. Jb. für Regionalgeschichte 10 (1983), S. 108–114

Henning, E.: Die Entwicklung der Landesherrschaft zwischen dem nördlichen Thüringer Wald und dem südlichen Maingebiet am Beispiel der Grafschaft Henneberg (1078–1583). Mainfränkisches Jb. für Geschichte und Kunst 24 (1972), S. 1–36

Henning, E.: Die Neue Herrschaft Henneberg. Jb. der Coburger Landesstiftung 26 (1981), S. 43–70

Henning, E.: Die gefürstete Grafschaft Henneberg-Schleusingen im Zeitalter der Reformation. Köln u. Graz 1981

Henning, E.; Jochums, G. (Bearb.): Bibliographie zur Hennebergischen Geschichte. Köln u. Wien 1976. Nachträge und Ergänzungen zur Bibliographie. Mainfränkisches Jb. für Geschichte u. Kunst 31 (1979), S. 163–168

Hering, F.: Aus der Zeit der ersten künstlichen Bestandesgründung in den ehemals gothaischen Forsten des Thüringer Waldes. Allgemeine Forst- u. Jagdzeitung 113 (1937), S. 81–87

HERING, F.: Aus der Zeit der ältesten Forstwirtschaft in Thüringen mit besonderer Berücksichtigung der vormals gothaischen Anteile des Thüringer Waldes. Allgemeine Forst- u. Jagdzeitung 115 (1939), S. 20–28, 50–65

HERTEL, L.: Thüringer Sprachschatz. Weimar 1890

HESS, H.: Der Thüringer Wald in alten Zeiten. Wald- und Jagdbilder. Gotha 1898 (mit einer Karte 1:200000)

HESS, U.: Die politischen Verhältnisse in der Stadt und im Kreis Schmalkalden 1867–1914. In: Beiträge zur Geschichte Schmalkaldens. Schmalkalden 1974, S. 89–103

HINTZENSTERN, H. v.: Dorfkirchen in Thüringen. Berlin 1979 (betr. Breitungen)

HÖHLEIN, U.: Hydrologie der oberen Werra. Dipl.-Arbeit Geogr. Institut Friedrich-Schiller-Univ. Jena 1958

HOFMANN, G.: Die natürliche Waldvegetation Westthüringens, ihre Gliederung und ihr Weiserwert für Boden, Klima und Ertrag. Diss. B Akademie der Landwirtschaftswiss. Berlin, Institut für Forstwiss. Eberswalde 1974

HOPPE, W.: Die Grundwasserführung der Gesteine Thüringens. Geologie 3 (1954) 6/7, S. 876–890

HOPPE, W.: Die Mineral- und Heilwässer Thüringens. Berlin 1972 (Geologie Jg. 21, Beiheft 75)

HOPPE, W.; SEIDEL, G. (Hrsg.): Geologie von Thüringen. Gotha u. Leipzig 1974

HOPPERT: Boas uns d' Rühler Lüat erzählen. Thüringen in Wort und Bild. Bd. 1. Berlin 1900

HOSSFELD, A.: Geschichte des Eisenbergbaus im Schmalkalder Gebiet. Ein Überblick über die Entwicklung der wirtschaftlichen und sozialen Verhältnisse von 1827–1958. Staatsexamensarbeit Friedrich-Schiller-Univ. Jena 1959

HUNDT, R.: Die Bergwiesen des Harzes, Thüringer Waldes und Erzgebirges. Jena 1964 (Pflanzensoziologie 14)

JÄSCHKE, K.-U.: Zu Breitunger Urkunden des 12. und beginnenden 13. Jahrhunderts. 1. Teil. Archiv für Diplomatik, Schriftgeschichte, Siegel- und Wappenkunde 15 (1969), S. 1–154; 2. Teil. Ebenda. 16 (1970), S. 142–213

JUNCKER, C.: Christian Junckers Beschreibung des Rennsteigs (1703). Veröff. von PAUL MITZSCHKE. Meinigen 1891

KAHLKE, H. D.: Urzeitliche Tierfunde aus dem Werratal. Urania 58 (1982) 2, S. 2–5

KAISER, E.: Landeskunde von Thüringen. Erfurt 1933

KAISER, E.: Thüringer Wald und Schiefergebirge. Gotha 1955

KAISER, E.: Süd-Thüringen. Gotha 1956

KIUS, O.: Das Forstwesen Thüringens im sechzehnten Jahrhundert. Jena 1869 (Hildebrandts Jahrbücher für Nationalökonomie u. Statistik, Bd. 11, H. 2 u. 3)

KNETSCH, C.: Die Erwerbung der Herrschaft Schmalkalden durch Hessen. Marburg 1898

KNETSCH, C.: Die Schmalkalder Stahlschmiede im 16. Jahrhundert. Zschr. des Vereins für Hennebergische Geschichte u. Landeskunde in Schmalkalden 16 (1911), S. 35–84

KNETSCH, C.: Baltzer Wilhelm und die Anfänge der Reformation in Schmalkalden. Zschr. des Vereins für Hennebergische Geschichte u. Landeskunde in Schmalkalden 18 (1923), S. 25–32

KNETSCH, C.: Schmalkalden am Ende des 16. Jahrhunderts. Neue Beiträge zur Geschichte deutschen Altertums. Lief. 34 (1929), S. 3–29

Koch, E.: Einige Nachrichten über das frühere Schloß zu Schmalkalden. Zschr. des Vereins für Hennebergische Geschichte u. Landeskunde in Schmalkalden 15 (1905), S. 86–118

Koch, E.: Die Amt Schmalkalder Holzordnungen aus den Jahren 1533, 1555, 1570 und die Amt Schmalkalder sowie Cent Benshäuser Waldbereitung vom Jahre 1570. Zschr. des Vereins für Hennebergische Geschichte u. Landeskunde in Schmalkalden 16 (1911), S. 85–158

Koch, E.: Eine alte Straße aus Thüringen nach Franken und Hessen. Zschr. des Vereins für Thüringer Geschichte u. Altertumskunde N. F. 23 (1918), S. 55–77

Koch, H. G.: Wetterheimatkunde von Thüringen. Jena 1953

Krähahn, G.: Die Großformen des Thüringer Waldes. Geogr. Berichte 9 (1964), S. 107–112

Krähahn, G.: Zur Entwicklungsgeschichte der Thüringer-Wald-Täler. Diss. Päd. Hochschule Potsdam 1973

Kreis Herrschaft Schmalkalden. Schmalkalden 1929

Krüger, M.: Das 900jährige Brotterode. Heimatkalender für den Kreis Herrschaft Schmalkalden auf das Jahr 1939, S. 66–73

Krüger, M.: Das Schmalkalder Hirschessen. In: Heimatbuch für den Kreis Herrschaft Schmalkalden. Heimatkalender für 1940. Schmalkalden 1940

Krug, G.: Der Fluß- und Schwerspatbergbau im 25. Jahr des Bestehens der Deutschen Demokratischen Republik. Schmalkalden 1974

Kühnlenz, F.: Erlebnisse an der Werra. Heimatgeschichtliche Wanderungen. Rudolstadt 1973

Kürbis, P.: Zur Forstgeschichte des Brotteroder Centwaldes im Thüringer Wald. Mitt. aus Forstwirtschaft u. Forstwiss. 13 (1942), S. 352–376

Landau, G.: Beschreibung des Kurfürstentums Hessen. Kassel 1842 (S. 526 bis 560: Der Kreis Schmalkalden)

Langhammer, J.: Der Schmalkalder Bergbau nach 1945. In: Beiträge zur politischen, wirtschaftlichen u. kulturellen Entwicklung in der Stadt Schmalkalden von 1945 bis 1973. Schmalkalden 1974, S. 61–70

Lehfeldt, P. (Bearb.): Bau- und Kunstdenkmäler Thüringens. H. 11: Herzogtum Sachsen-Coburg und Gotha. Landratsamt Waltershausen. Amtsgerichtsbezirke Tenneberg, Thal und Wangenheim. Jena 1891

Libavius, A.: Tractatus medicus physicus und Historia, deß fürtreffl. Casimirianischen Sawer Brunnen unter Libenstein, nicht fern von Schmalkalden gelegen ... Coburgk 1610

Lippert, W.; Beschorner, H. (Hrsg.): Das Lehnbuch Friedrichs des Strengen, Markgrafen von Meißen und Landgrafen von Thüringen, 1349/50. Leipzig 1903

Locke, O.: Aus Brotterodes Vergangenheit. Brotterode 1912

Lohse, H.: Schmalkalder Bergbau, Hüttenwesen und Eisenhandwerk. Ein Beitrag zur Wirtschaftsgeschichte Südthüringens. Schmalkalden o. J. (1955)

Lohse, H.: Schmalkalden, schöne alte Stadt am Thüringer Wald. Schmalkalden 1957

Lohse, H.: Schmalkalder Gewehre. Ein Kapitel aus der Geschichte der Schmalkalder Eisenindustrie. Thüringer Heimat 3 (1958), S. 148–157

Lohse, H.: Schmalkalden. Wanderung durch eine alte Stadt. Schmalkalden o. J. (1958), 5. Aufl.

Lohse, H.: Schmalkaldisch für Liebhaber. Schmalkalden 1962

Lohse, H.: 600 Jahre Schmalkalder Eisengewinnung und Eisenverarbeitung vom 14.–20. Jahrhundert. Ein Beitrag zur Wirtschaftsgeschichte Südthüringens. Meiningen 1965 (Südthüringer Forschungen 1; auch Diss. Halle 1962)

LUDWIG, O.: Der Rennsteig. Rudolstadt 1977, 2. Aufl.

MAGER, P.; ULLRICH, R.: Zur sozialistischen Umgestaltung der Schmalkaldener Werkzeug- und Kleineisenindustrie von 1945 bis zur Gegenwart. In: Beiträge zur politischen, wirtschaftlichen u. kulturellen Entwicklung in der Stadt Schmalkalden von 1945 bis 1973. Schmalkalden 1974, S. 17—60

MARQUART, E.: Denkmale der Vorzeit aus dem Kreis Meiningen und seiner nächsten Umgebung. Jb. 1937 des hennebergisch-fränkischen Geschichtsvereins (1937), S. 17—31

Materialien für den Heimatkundeunterricht. Kreis Schmalkalden, Bezirk Suhl. Schmalkalden 1955

MAURER, H. A.: Die Erneuerung der Stadtkirche St. Georg zu Schmalkalden. Kunst u. Kirche 30 (1967) 3, S. 135—138

MEINHOLD, R.: Die Neuaufschlüsse im Steinkohlenvorkommen der Öhrenkammer bei Ruhla. Hallesches Jb. für Mitteldeutsche Erdgeschichte 1 (1952), S. 76—82

MEINHOLD, R.: Steinkohlenbergbau in Thüringen 1946—1949. Zschr. geol. Wiss. 8 (1980) 10, S. 1321—1331 (betr. Grube Öhrenkammer bei Ruhla)

MERTENS, K.: Die Stadtkirchen Thüringens. Berlin 1982 (betr. Brotterode, Ruhla, Schmalkalden)

MEUSEL, H.: Vergleichende Arealkunde. Berlin 1943

MICHEL, K.: Die Ingenieurschule Schmalkalden. In: Beiträge zur politischen, wirtschaftlichen u. kulturellen Entwicklung in der Stadt Schmalkalden von 1945 bis 1973. Schmalkalden 1974, S. 81—86

MIETHE, A. D.: Gedenkstätten, Arbeiterbewegung, Antifaschistischer Widerstandskampf, Aufbau des Sozialismus. Leipzig, Jena, Berlin 1974

MINCKWITZ, H. v.: Künstlicher Holzanbau im 18. Jahrhundert in den vormals Gothaischen Forsten des Thüringer Waldes. Forstwirtschaft — Holzwirtschaft 5 (1951) 18, S. 36—46, 86—91

MINCKWITZ, H. v.: Die Fichtenharznutzung im Thüringer Schiefergebirge in früherer Zeit, besonders im ehemaligen Fürstentum Schwarzburg—Rudolstadt. Archiv für Forstwesen 6 (1957) 5/6, S. 441—460

MÖBIUS, H.: Bibliographie zur thüringischen Kunstgeschichte. Berlin 1974 (Schriften zur Kunstgeschichte 16)

MÖLLER, E.: Der Landkreis Schmalkalden. Eine landeskundliche Studie. Staatsexamensarbeit Friedrich-Schiller-Univ. Jena 1956

MÖLLER, L.: Hydrographische Betrachtungen an Quellen und Bächen um Bad Liebenstein im südwestlichen Thüringer Wald. In: Festschrift für NORBERT KREBS (Länderkundliche Forschungen). Stuttgart 1936

MÖLLER, W.: Das Bauernhaus und das Industriehaus im Kreis Herrschaft Schmalkalden. Meiningen 1920

MOSENGEIL, F.: Liebenstein und die neuen Arkadier. Frankfurt am Main 1826, 2. Aufl.

MÜCKE, E.: Durch die Werrasenke zur Vorderrhön. In: Exkursionsführer Südthüringen. VII. Wiss. Arbeitstagung d. Fachverbandes der Schulgeographen 1976 in Suhl. Leipzig 1976

MÜCKE, K. H.: Der Kampf der Volksmassen gegen Unterdrückung und napoleonische Fremdherrschaft in Schmalkalden 1806—1813. In: Beiträge zur Geschichte Schmalkaldens. Schmalkalden 1974, S. 75—88

MÜLLWITZ, W. v.: Der Thüringer Wald und seine nächsten Umgebungen. Erfurt 1830

NEUMANN, W.: Grundgebirge von Ruhla—Brotterode. Geologische Übersicht.

In: Exkursionsführer 11. Jahrestagung Geol. Ges. DDR. Berlin 1964, S. 101–130

Obstfelder, G. A.: Chronik der Stadtkirche zu St. Georg in Schmalkalden. Schmalkalden 1909

Patze, H.: Entstehung der Landesherrschaft in Thüringen. Teil 1. Köln u. Graz 1962 (Mitteldeutsche Forschungen 22)

Patze, H. (Bearb.) unter Mitwirkung von H. Hammerstein, M. Rossner und W. Leist: Bibliographie zur thüringischen Geschichte. Köln u. Graz 1965 (Mitteldeutsche Forschungen 32, 1)

Peschel, K.: Die Gliederung der jüngeren Bronzezeit in Thüringen. In: Mitteleuropäische Bronzezeit. Berlin 1978, S. 87–120

Pistor, A.: Aus der Fuhrmannszeit und von zwei alten Heer- und Handelsstraßen aus Thüringen nach Franken und Hessen. Heimatkalender für den Kreis Herrschaft Schmalkalden auf das Jahr 1919, S. 57–60

Pistor, A.: Die geschichtliche Entwicklung der Eisen- und Stahlindustrie im Kreise Herrschaft Schmalkalden. Beiträge zur Geschichte der Technik und Industrie. Jb. des Vereins deutscher Ingenieure 9 (1919), S. 69–96

Pistor, A.: Die wüsten Dörfer und Höfe im Kreise Herrschaft Schmalkalden. Neue Beiträge zur Geschichte deutschen Altertums. Lief. 33 (1928), S. 9–22

Pistor, A.: Die ehemalige Gewehrfabrik Bohrmühle bei Asbach-Schmalkalden und die Familie Pistor. In: Heimatbuch für den Kreis Herrschaft Schmalkalden. Schmalkalden 1936, S. 51–57

Pläncknner, J. v.: Der Thüringer Wald. Gotha 1830

Regel, F.: Die Entwicklung der Ortschaften im Thüringer Wald (nordwestliches und zentrales Gebiet). Gotha 1884 (Petermanns Geogr. Mitt., Ergänzungsheft 76)

Regel, F.: Thüringen. Jena 1892

Regel, F.: Thüringen. Ein geographisches Handbuch. 2. Teil. Jena 1895

Reh, H.: Die Mineralquellen des Bades Liebenstein in Thüringen. Geologie 3 (1954) 6/7, S. 891–916

Reimer, H.: Historisches Ortslexikon für Kurhessen. Marburg 1926

Reisehandbuch Thüringer Wald. Berlin, Leipzig 1977, 3. Aufl.

Reutermann, H.: Zur Entwicklung des Schulwesens in der Stadt Schmalkalden. In: Beiträge zur politischen, wirtschaftlichen u. kulturellen Entwicklung in der Stadt Schmalkalden von 1945 bis 1973. Schmalkalden 1974, S. 71–80

Röding, K.: Statistik und Topographie des Kurfürstentums Hessen. Marburg 1823 (S. 114–118: Herrschaft Schmalkalden)

Rohbock, L.; Koelster, C.: Die reußischen Lande, Thüringen und Anhalt. Darmstadt 1862 (Das Königreich Sachsen, Thüringen u. Anhalt, dargestellt in malerischen Original-Ansichten, 2. Abt.)

Ruske, H.; Sehte, H.: Hermann Danz. In: Beiträge zur politischen, wirtschaftlichen u. kulturellen Entwicklung in der Stadt Schmalkalden von 1945 bis 1973. Schmalkalden 1974, S. 7–16

Sandner, G.: Fulda-Werra-Bergland. In: Handbuch der naturräumlichen Gliederung Deutschlands. 5. Lief. Remagen 1957, S. 555–557

Sax, E.: Die Hausindustrie in Thüringen. 2. Teil: Ruhla und das Eisenacher Oberland. Jena 1884 (Sammlung nationalökonomischer u. statistischer Abhandlungen des staatswiss. Seminars zu Halle a. d. Saale, 2. Bd., 8. H.)

Schilling, W.; Wiefel, H.: Jungpleistozäne Periglazialbildungen und ihre regionale Differenzierung in einigen Teilen Thüringens und des Harzes. Geologie 11 (1962) 4, S. 428–460

SCHLEIFF, H.-V.: Baudenkmale am Fuße der Wilhelmsburg. Der Fachwerkbau in Schmalkalden. Urania 58 (1982) 10, S. 18–25

SCHLOTHAUER, A.: Dear Rühler Kirchenstriet. Ruhla 1908

SCHLOTHAUER, A.: Über Beziehungen zwischen Ruhla und Brotterode. Heimatgrüße (Beilage zur Ruhlaer Zeitung für Heimatgeschichte u. Heimatpflege) 1935, Nr. 1

SCHLÜTER, H.: Waldgesellschaften und Wuchsbezirksgliederung im Grenzbereich der Eichen-Buchen- zur Buchenstufe am Nordwestabfall des nordwestlichen Thüringer Waldes. Archiv für Forstwesen 8 (1959) 5, S. 427–493

SCHLÜTER, H.: Geobotanische Grundlagen einer Höhenstufen- und Wuchsbezirksgliederung im Thüringer Gebirge. Archiv für Forstwesen 10 (1961) 7, S. 765–791

Schmalkalden die schöne Konventstadt in Thüringen. Schmalkalden o. J.

Schmalkalden die historische Konventstadt und ihre Umgebung. Führer durch Stadt und Kreis Herrschaft Schmalkalden. Schmalkalden 1927

SCHMIDT-EWALD, W.: Der Ursprung der Ämter Gotha und Tenneberg. Zschr. des Vereins für thüringische Geschichte u. Altertumskunde N. F. 34 (1940), S. 95–116

SCHMÖGER, K.-H.: Ein Beitrag zur Geschichte des deutschen Bauernkrieges in Südthüringen. Meiningen 1975 (Südthüringer Forschungen 11)

SCHMOLITZKY, O.: Das Bauernhaus in Thüringen. Berlin 1968 (Veröff. des Instituts für deutsche Volkskunde 47)

SCHÖNHEIT, W.: Die Wallenburg. Monatsblatt für wanderfrohe Nachbarn 1 (1924/25), S. 239–245

SCHRÖDER, I.: Durchs Trusenthal über Brotterode nach dem Inselsberg. Thüringen in Wort und Bild. Bd. 1. Berlin 1900

SCHULTZE, J. H.: Thüringer Wald. Salzunger Buntsandsteinland. Süd-Thüringer Buntsandstein-Waldland. In: Die Naturbedingten Landschaften der Deutschen Demokratischen Republik. Gotha 1955, S. 305–306, 323–325

SITTE, J.; WEIGEL, H.: Zur physischen Geographie des Kreises Eisenach. Eisenach 1978 (Eisenacher Schriften zur Heimatkunde 2)

STAUB, A. W.: Beiträge zur Kenntnis der Schwerspat- und Flußspat-Lagerstätten des Thüringer Waldes und des Richelsdorfer Gebirges. Zschr. deutschen geol. Ges. 80 (1928) 1929, S. 43–96

STEINER, W.: Mineralwässer, Erze und Spate auf einer Spalte. Urania 56 (1980) 1, S. 58–61 (betr. Gebiet Bad Liebenstein)

STORCH, L.: Wanderbuch durch den Thüringerwald. Ilmenau 1841

Thüringische Bibliographie, Regionalbibliographie für die Bezirke Erfurt, Gera und Suhl. 1961ff. Hrsg. Nationale Forschungs- u. Gedenkstätten der klassischen deutschen Literatur in Weimar

TREBSDORF, F.: Geschichte des Kupferschiefer-, Kobalt- und Eisenbergbaus im Altensteiner Revier des ehemaligen Herzogtums Sachsen-Meiningen. Diss. Jena. Eisfeld 1935

TRINIUS, A.: Thüringer Wanderbuch. Minden i. Westf. 1886–1902. 8 Bände (Bände 3 u. 5 betreffen das Gebiet zwischen Ruhla und Schmalkalden)

TRINIUS, A.: Der Rennstieg. Eine Wanderung von der Werra bis zur Saale. Minden i. W. o. J. (1890)

TRINIUS, A.: Das grüne Herz Deutschlands. Eine Wanderfahrt durch den Thüringer Wald. Berlin 1910

VILMAR, A.: Entstehung und erste Entwicklung des ehemaligen Klosters in Herrenbreitungen. Zschr. des Vereins für Hennebergische Geschichte u. Landeskunde in Schmalkalden 10 (1891), S. 12–23

Vilmar, A.: Sitten und Gebräuche im Kreis Schmalkalden. Thüringer Monatsblätter 1899, Nr. 11
Vilmar, A.: Das Schmalkalder Land. In: Hessler, C. (Hrsg.): Hessische Landes- u. Volkskunde. Bd. II: Hessische Volkskunde. Marburg 1904, S. 465–496
Völker, H. L. W.: Das Thüringer Waldgebirge, nach seinen physischen geographischen, statistischen und topographischen Verhältnissen geschildert. Weimar 1836 (mit einer Karte im Maßstab von etwa 1:250000)
Voigt, J. C. W.: Mineralogische Reisen durch das Herzogthum Weimar und Eisenach und einige angränzende Gegenden. 1. Teil. Dessau 1782 (betr. Stahlberg, Mommel, Seligenthal, Steinbach, Schweina, Schmalkalden); 2. Teil. Weimar 1785 (betr. Ruhla, Meisenstein, Großen Inselsberg)
Voigt, J. C. W.: Tagebuch einer mineralogischen Reise in die nordwestlichen Gegenden des Thüringerwaldgebirges, Sommer 1788. Leipzig 1789
Voss, G. (Bearb.): Bau- und Kunstdenkmäler Thüringens. H. 35: Herzogtum Sachsen-Meiningen. Amtsgerichtsbezirk Salzungen. Jena 1909
Wagenbreth, O.; Steiner, W.: Geologische Streifzüge. Landschaft und Erdgeschichte zwischen Kap Arkona und Fichtelberg. Leipzig 1982
Wagner, J. G.: Geschichte der Stadt und Herrschaft Schmalkalden nebst einer kurzen Übersicht der Geschichte der ehemaligen gefürsteten Grafschaft Henneberg. Marburg u. Leipzig 1849
Wahl, V.: Der Name Schmalkalden. In: Beiträge zur Geschichte Schmalkaldens. Schmalkalden 1974, S. 5–12
Wahl, V.: Ursprung und Entwicklung der Stadt Schmalkalden im Mittelalter. In: Beiträge zur Geschichte Schmalkaldens. Schmalkalden 1974, S. 13–34
Wahl, V.: Alte Straßen im Schmalkalder Raum. Urgeschichte u. Heimatforschung 14 (1977), S. 36–52
Wahl, V.: Bergbau, Berggerichte und Bergverwaltung im Gebiet zwischen Suhl, Steinbach-Hallenberg und Schmalkalden vom 15. bis 19. Jahrhundert. Südthüringer Forschungen 13 (1979), S. 7–48
Walch, E. J.: Historische, statistische, geographische und topographische Beschreibung der Königlich- und Herzoglich-Sächsischen Häuser und Lande überhaupt und des Sachsen-Coburg-Meiningischen Hauses und dessen Lande insonderheit. Nürnberg 1811
Weber, H.: Geomorphologische Studien in Westthüringen. Stuttgart 1929 (Forschungen zur deutschen Landes- u. Volkskunde Bd. 27, H. 3)
Weber, H.: Geomorphologische Probleme des Thüringer Landes. Zschr. für Geomorphologie 7 (1932), S. 177–206
Weber, H.: Untergrund und Oberflächengestalt im Thüringer Walde. Berlin 1941 (Monographien zur Geol. u. Paläontologie, Serie 2, H. 8)
Weber, H.: Blockbildung und Oberflächenformen des Granits im Thüringerwald. Zschr. für Geomorphologie 11 (1943) 6/6, S. 330–336
Weber, H.: Pliozän und Auslaugung im Gebiet der oberen Werra. Geologica 8. Berlin 1952
Weber, H.: Einführung in die Geologie Thüringens. Berlin 1955
Weber, H.: Formenkundliche Probleme im Thüringischen Gebirge. Hallesches Jb. für Mitteldeutsche Erdgeschichte 2 (1957), S. 142–165
Weber, P.: Die Ausgrabungen im Kloster Herrenbreitungen an der Werra. Monatshefte für Kunstwiss. 5 (1912), S. 177–184
Weber, P. (Bearb.): Die Bau- und Kunstdenkmäler im Regierungsbezirk Cassel. Bd. 5: Kreis Herrschaft Schmalkalden. Marburg 1913. Text- und Tafelband

WENIG, E. K.: Es sagt aus alten Tagen. Ein neues Thüringer Sagenbuch. Rudolstadt 1982
WENZEL, W.; HANTKE, D.; EBERT, R.: Die Happelshütte bei Schmalkalden – ein eisenhüttenmännisches Denkmal. Neue Hütte 14 (1969) 1, S. 55–57
Werte unserer Heimat
Bd. 18, Weimar und seine Umgebung. Berlin 1971
Bd. 29, Der Kyffhäuser und seine Umgebung. Berlin 1976
Bd. 34, Um Eberswalde, Chorin und den Werbellin-See. Berlin 1981
Bd. 39, Zwischen Rennsteig und Sonneberg. Berlin 1983
WÖLFING, G.: Spätmittelalterliche Volksbewegungen und Klassenkämpfe in den Städten Schmalkalden, Wasungen und Meiningen. Diss. Friedrich-Schiller-Univ. Jena 1966
WÖLFING, G.: Schmalkalden in der frühbürgerlichen Revolution. In: Beiträge zur Geschichte Schmalkaldens. Schmalkalden 1974, S. 35–56
WÖLFING, G.: Die Bürgerkämpfe in den Städten Schmalkalden, Wasungen und Meiningen von 1476 bis 1525. Jb. für Regionalgeschichte 5 (1975), S. 73–91
WOLF, R.: Nachrichten über Kleinschmalkalden P. A. auf Grund der im Thurmknopf der Kirche auf preußischer Seite befindlichen Urkunden und sonstigen Quellen zusammengestellt. Schmalkalden 1901
ZICKGRAF, E.: Beiträge zur Geschichte der Abtei Herrenbreitungen. Zschr. des Vereins für hessische Geschichte u. Landeskunde 41 (1936), S. 17–34
ZICKGRAF, E.: Die Stadt Schmalkalden im Bauernkrieg. Zschr. des Vereins für Hennebergische Geschichte u. Landeskunde in Schmalkalden 24 (1937), S. 37–44
ZICKGRAF, E.: Landwehren am Thüringer Wald. Jb. 1937 des hennebergisch-fränkischen Geschichtsvereins (1937), S. 5–16
ZICKGRAF, E.: Forschungen zur Geschichte der Wildbänne und alter Grenzen im Gebiet der Grafschaft Henneberg-Schleusingen. Jb. 1939 des hennebergisch-fränkischen Geschichtsvereins, S. 11–39
ZICKGRAF, E.: Zur Geschichte des Frankensteiner Wildbannes. Jb. 1940 des hennebergisch-fränkischen Geschichtsvereins, S. 50–57
ZICKGRAF, E.: Die gefürstete Grafschaft Henneberg-Schleusingen. Geschichte des Territoriums und seiner Organisation. Marburg 1944 (Schriften des Instituts für geschichtliche Landeskunde von Hessen u. Nassau 22)
ZIEGLER, A.: Das Thüringerwalddorf Ruhla und seine Umgebung. Eine culturgeschichtliche Ortskunde. Dresden 1876, 4. Aufl.
ZIEGLER, A.: Zur Geschichte des Meerschaums mit besonderer Berücksichtigung der Meerschaumgruben von Eski Schehr in Kleinasien und der betreffenden Industrie zu Ruhla in Thüringen. Dresden 1878
ZIEGLER, E.: Das Territorium der Reichsabtei Hersfeld. Marburg 1939 (Schriften des Instituts für Geschichte u. Landeskunde von Hessen u. Nassau 7)
ZIESSLER, R.: Schloß Wilhelmsburg in Schmalkalden. In: Denkmale in Thüringen. Weimar 1973, S. 270–288
ZIESSLER, R.: Denkmale im Bezirk Suhl. Suhl 1984
ZILCHER, F. P.: Die Herrschaft Schmalkalden in topographischer und statistischer Hinsicht. Schmalkalden 1832
ZIMMERMANN, E.: Erläuterungen zur geologischen Karte von Preußen und benachbarten deutschen Ländern. Lief. 183. Blatt Ruhla. Berlin 1930

IV. Periodika

Freies Wort. Organ der Bezirksleitung Suhl der SED. Suhl Jg. 29 (1980) ff.

Heimatbuch für den Kreis Herrschaft Schmalkalden mit Führer durch Stadt und Kreis Schmalkalden. Heimatkalender auf das Jahr .... Schmalkalden 1936–1941

Heimatgrüße. Beilage der Ruhlaer Zeitung für Heimatgeschichte und Heimatpflege. Ruhla Jg. 1 (1931)–10 (1940)

Heimatkalender für den Kreis Herrschaft Schmalkalden auf das Jahr .... Schmalkalden 1914–1935

Schmalkalder Kulturbote. Schmalkalden Jg. 1 (1953)–7 (1959)

Schriften des Hennebergischen Geschichtsvereins. Schleusingen Nr. 1 (1908) bis Nr. 18 (1935)

Zeitschrift des Vereins für Hennebergische Geschichte und Landeskunde in Schmalkalden. Schmalkalden Heft 1–24, 1875–1937

F. Abbildungsverzeichnis

Gestaltung der Abbildungsunterlagen: Dipl.-Geogr. Joachim Bieler, Dresden (Abb. 9, 34 und Übersichtskarte); Dr. Jochen Helbig, Dresden (Abb. 15, 17, 26 und Titelvignette); Ella Meißner, Dresden (Abb. 24, 25, 30); Günter Oehmigen und Werner Zschocke, Dresden (Abb. 20, 27, 28, 29, 31, 35, 40); Siegfried Pertzsch, Dresden (Abb. 1, 2, 4, 5, 6, 7, 8, 10, 19); Heinz Schulze, Dresden (Abb. 3, 11, 12, 14, 21, 32)

Nachweis der Bilder und Reproduktionen (Abb.): Dipl.-Phil. Bernd Bahn, Weimar 5; Eberhard Dreßel, Schmalkalden 16, 17, 18, 19, 20, 22; Dr. Hans Grüneberg, Eberswalde 8, 11; Ilke Handy, Schmalkalden 21, 24, 25, Abb. 37, 38, 39; Kunstanstalt Straub und Fischer, Meiningen 9; Eberhard Renno, Weimar Abb. 14, 16, 22, 23; Sächsische Landesbibliothek, Abt. Fotothek Dresden Abb. 33; Ernst Schäfer, Weimar 1, 2, 3, 4, 10, 12, 13, 14, 23; Dr. sc. Walter Steiner, Weimar 6, 7, 15, 26, Abb. 18

G. Namenverzeichnis

H. Sachverzeichnis

1 Rennsteig beim 691 m hohen Glöckner

2 Heimatmuseum Ruhla

3 Glasmosaikfenster in der Ruhlaer Kirche St. Concordia

4 Schloß Altenstein (Zustand vor 1982)

5 Grundriß der ehemaligen Kapelle Glasbach

6 Blick über Steinbach zur 575 m hohen Zugfinkskuppe

7 Luther-denkmal an der Straße von der Wüstung Glasbach nach Steinbach

8 Perlgras-Buchen-Wald in der Wintersteiner Rotliegendmulde

9 Großer Inselsberg von Südosten

10 Reitsteine am Südosthang des Großen Inselsberges

11 Renkformen von Buchen an den Reitsteinen

12 Brunnentempel und Theater in Bad Liebenstein

13 Postgebäude in Bad Liebenstein

14 Blick vom Seimberg über Brotterode (Zustand um 1960)

15 Katzenstein am Rand des Farnbachtales bei Bairoda

16 Blick über Trusen zum 656 m hohen Großen Gieselsberg (rechts)

17 Blick über Auwallenburg zum 518 m hohen Eichenkopf

18 Basilika des ehemaligen Benediktinerklosters Herrenbreitungen

19 Gaststätte Seeblick auf dem Heuberg bei Breitungen

20 Blick über Wernshausen nach Nordosten

21 Neue Hütte bei Weidebrunn

22 Blick über ein neues Wohngebiet und den VEB Werkzeugkombinat Schmalkalden, dahinter das Dorf Asbach und der 569 m hohe Kohlberg

23 Schmalkalden von der Wilhelmsburg aus

24 Fachwerkhäuser am Lutherplatz in Schmalkalden

25 Schaubergwerk Finstertal in Asbach

26 Grabmal von Friedrich Fröbel in Schweina